imaginist

想象另一种可能

理
想
国
imaginist

The Great Philosophers

An Introduction to Western Philosophy

大哲学家

[英] 布莱恩·麦基 编

王幸华 译

九 州 出 版 社
JIUZHOUPRESS

图书在版编目(CIP)数据

大哲学家 / (英) 布莱恩·麦基编；王幸华译 . --
北京：九州出版社，2024.5
ISBN 978-7-5225-2880-9

Ⅰ.①大… Ⅱ.①布… ②王… Ⅲ.①哲学思想—研
究—世界 Ⅳ.① B1

中国国家版本馆 CIP 数据核字 (2024) 第 090990 号

The Great Philosophers: An Introduction to Western Philosophy
by Bryan Magee
Text Copyright © Bryan Magee 1987
This edition arranged with CURTIS BROWN - U.K.
Through BIG APPLE AGENCY, INC., LABUAN, MALAYSIA
Simplified Chinese edition published by Beijing Imaginist Time Culture Co., Ltd.
This translation has been edited for a Chinese audience.
All rights reserved.

著作权合同登记图字：01-2024-1411

大哲学家

作　　者	［英］布莱恩·麦基 编　王幸华 译
责任编辑	牛　叶
出版发行	九州出版社
地　　址	北京市西城区阜外大街甲35号（100037）
发行电话	（010）68992190/3/5/6
网　　址	www.jiuzhoupress.com
印　　刷	山东新华印务有限公司
开　　本	1230毫米×880毫米　32开
印　　张	15.25
字　　数	329千
版　　次	2024年5月第1版
印　　次	2024年7月第1次印刷
书　　号	ISBN 978-7-5225-2880-9
定　　价	78.00元

正是因为他们的好奇，人们开始，

并且首先开始做哲学。

◇ 亚里士多德 ◇

这种好奇感是哲学家的标志。

哲学的确没有其他的起源。

◇ 柏拉图 ◇

布莱恩·麦基
（Bryan Magee，1930—2019）

序 言

在英语世界，对大多数人而言，甚至对大多数受过大学教育的人而言，哲学并不是他们精神装置的一部分。我假设大多数聪明的男女，不管受过何种教育，都阅读小说和观赏戏剧；他们通过读报纸对政治产生兴趣，也通过这一点和他们的工作经验，捡起一点经济学，他们中的许多人阅读传记作品，并由此学到点儿历史。但是，除了对那些研究它的少数人而言，哲学仍然是一本未被打开的书。这部分是因为，在 20 世纪，这个学科已经变得职业化和技术化；部分是因为所有学科的过度专业化——英国教育特别容易遭受这一批评，即它没有把通识教育提高到一个足够高的水平；部分是因为盎格鲁－撒克逊人的傲慢，他们不太关心抽象的观念。不管理由是什么，大多数博览群书的盎格鲁－撒克逊人在整个成年生活中都熟悉这些伟大哲学家的名字，但却不知道他们的名声取决于什么，到底是因为什么让这些著名的哲学家中的任何一位有名气。

为什么柏拉图和亚里士多德在去世两千多年后依然是家喻户晓的名字？对于近代的一些哲学家，我们也可以提出相似的问题。答案当然是，他们的著作是西方文化和文明的根基。但是如何成为根基的？这本书为回答这个问题提供了开端。

假设你要去一所大学学习哲学，你几乎一定会发现，课程的核心是关于人类知识的本质、范围和界限的，也就是某种——以希腊词"*episteme*"（即知识）命名——被称作知识论（epistemology）的东西。在这一学科的大部分历史中，在近代当然也是如此，这已经构成了它的主要关注点，因此主导了大学课程，也主导了这本书。但是哲学的次要分支也可以是令人着迷的。对于一些人来说，最有意思的是道德哲学和政治哲学；但也有美学、逻辑学、语言哲学、心灵哲学、科学哲学、宗教哲学和许多其他分支。有几个分支在这本书中有所涉及；但因篇幅所限，我们当然不可能公平地对待所有这些分支；因此为了清晰起见，我一直密切关注该学科发展的主流，并始终遵循这一点，只在必要时才关注它的次要方面。抵抗离题的诱惑是困难的，因为很多东西我都想囊括在内，但受篇幅所限又不能讨论。

　　这本书基于 BBC 于 1987 年首次播出的系列电视节目。但它不仅仅包括这些节目的转写本：参与对话的学者和我从这些转写本开始，但是我们对待它们像对待任何初稿一样不敬。作为主编，我要重申的一点是，这本书有其自身的生命，独立于这些电视节目，因此我们会不厌其烦地使它本身尽可能完善，不受我们在屏幕上说过话的限制。参与对话的学者在每一个方面都进行了改进，从详细的润色到彻底的重构。在电视节目播出时出版这本书，意味着在最后一期节目（恰好是关于美国实用主义者的节目）录完后，必须立即将完整的手稿送给出版商。这对于这期节目的主角而言尤其困难，因为他想要重新梳理自己的讲述，而由于时间紧迫，当务之急是我要把手稿立即送到出版社，而且当时我在伦敦，而对话者在纽约。他给了我详细的注释和大纲，我也尽力了，但是我们本想用更多时间来处理书中的讨论。

　　这个系列电视节目的准备和录制经历了两年半时间，但是最重要的决定是最早开始的——怎么划分主题以及邀请哪些嘉宾。这两个问题都有不同的但同样站得住脚的答案，在这两个问题上，我也都改变过主意。在节目准备期间，我与一个私人智囊团进行了磋商，它主要由伯纳德·威廉斯（Bernard Williams）和以赛亚·伯林（Isaiah Berlin）组成，但也包括安东尼·昆顿（Anthony Quinton）和约翰·塞尔（John Searle）。这四位先生经常关于同一问题给我四个不相容的建议，仅出于这个原因，他们中的任何一个人都不应该因为我实际做出的决定而受到责备。但是他们的帮助是无价的，因为这意味着每一个决定都得到过除我之外的其他人的批评性意见，并在被采纳之前与其他可行的选择进行了比较。我对他们所有人都致以最衷心的感谢。我还要感谢该系列节目的制片人吉尔·道森（Jill Dawson），她管理非常广泛的行政安排，并在大多数节目中指导工作室工作人员和摄像机。最后，我要感谢苏珊·考利（Susan Cowley）对手稿的打字输入，感谢华威大学（The University of Warwick）的戴维·米勒（David Miller），他阅读了手稿并提供了许多有用的建议。

布莱恩·麦基

1987 年 3 月

目 录

1

P   l   a   t   o

柏拉图

对话迈尔斯·伯恩耶特

迈尔斯·伯恩耶特
（Myles Burnyeat，1939—2019）

引 言

麦基：任何讲述西方哲学故事的尝试都应该从古希腊人开始，他们不仅培育了第一位西方哲学家，而且其中一些还是最伟大的西方哲学家。最为人熟知的一个名字是苏格拉底（Socrates），他死于公元前 399 年。但在他之前，也有杰出的希腊哲学家，其中一些名字也广为流传，例如毕达哥拉斯（Pythagoras）和赫拉克利特（Heraclitus）。还有其他一些人也有相似的水平——首先是泰勒斯（Thales），他的学说在公元前 6 世纪繁荣发展。

如果说前苏格拉底时期的哲学家有一个共同的关切，那就是试图找到解释整个自然的普遍原则。用今天的话说，他们像关心"宇宙学"或"科学"一样关心"哲学"。苏格拉底有意识地反对他们。他认为，我们最需要学习的并不是自然怎么运作，而是我们自己应该如何生活，因此我们要考虑的首先和最重要的问题应该是道德问题。据我们所知，他从来没有写过任何东西：他所有的教导都是靠口口相传的。既然任何一个前苏格拉底时期的哲学家的著作都没有直接流传到我们，这意味着我们关于我所提及的任何哲学家的知识都是通过其他人的著作获得的二手资料——尽管我应该强调这确实包括一些长摘要和大量的直接引用。即便

如此，第一个写下我们现在实际拥有的作品的哲学家是柏拉图
(Plato)。他是苏格拉底的学生。事实上，我们关于苏格拉底的
大多数知识都是从柏拉图的著作中获得的。然而，就柏拉图本身
而言，他毫无疑问是有史以来最伟大的哲学家之一——有些人
认为他是最伟大的哲学家。因此，如果我们必须在一个连续的
故事中选择一个任意的出发点，那么一个好的出发点是公元前
399 年，即从苏格拉底之死和柏拉图随后的著作开始。就让我
们从这里开始。

　　苏格拉底去世时，柏拉图大约 31 岁，他活到了 81 岁。在那
半个世纪里，他在雅典创立了他著名的学校——学园（Academy），
这是我们现在所说的大学的原型。在此期间，他也写出了很多著
作。几乎所有的著作都以对话形式展开，不同的论证从不同角色
的口中说出来，其中一个角色，几乎总是苏格拉底。大多数对话，
尽管不是所有的对话，都以苏格拉底在其中与之交谈的一个对象
命名，因此我们有《裴洞篇》（*Phaedo*）、《拉刻篇》（*Laches*）、
《欧悌甫戎篇》（*Euthyphro*）、《泰阿泰德篇》（*Theaetetus*）、《巴
门尼德篇》（*Parmenides*）和《蒂迈欧篇》（*Timaeus*）等。*它
们总共有二三十篇——其中一些 20 页，一些 80 页，有几篇有
300 页。其中最有名的对话是《理想国》（*Republic*）和《会饮
篇》（*Symposium*），所有这些最有趣的对话现在都有纸质版译
本。这些最好的对话不仅被看作伟大的哲学著作，也被当作伟大

---

* 书名翻译参见：柏拉图，《柏拉图对话集》，王太庆译，商务印书馆，2019。——
　译者注

的文学著作：柏拉图是一个艺术家和思想家——他的对话录具有美学形式和戏剧性，许多鉴赏家认为，他的散文是有史以来最好的希腊散文。与我讨论他的著作的，是英语世界最权威的柏拉图专家之一、剑桥大学古代哲学教授迈尔斯·伯恩耶特（Myles Burnyeat）。

讨　论

麦基：据我所知，你认为柏拉图作为创造性哲学家的整个职业生涯在某种程度上是由苏格拉底之死引发的。这个想法是怎么来的？

伯恩耶特：我认为苏格拉底在公元前399年的死对于许多人而言是一个创伤性事件。苏格拉底一直是雅典一个令人着迷的存在，深受喜爱，备受憎恨。他甚至曾经在戏剧舞台上、在公众节日、在全雅典人民面前被讽刺。然后，突然这个众人皆知的形象不在那里了。他不在那里的原因是，他已经被以不敬神和腐蚀青年的名义判处了死刑；对于那些喜爱他的人而言，他的死因比死亡本身更让人痛苦。他有许多忠实的追随者，其中一些人，包括柏拉图，开始撰写苏格拉底的对话录——苏格拉底主导的哲学对话。这一定就像一群人对雅典人说："看，他并没有离开。他还在这里，仍然在问那些尴尬的问题，仍然在用他的论证绊倒你。"当然，这些苏格拉底式的对话也在捍卫他的声誉，表明他受到了不公正的谴责：他是青年的伟大教育者，而不是伟大败坏者。

麦基：苏格拉底的死并不只是某个让柏拉图离开，然后后来被他抛之脑后的事情，不是吗？从某种意义上来说，柏拉图的整个职业生涯必须参考苏格拉底才能被解释——或者至少能够参考苏格拉底得到解释。

伯恩耶特：我认为这能够做到。对于柏拉图而言，为了让苏格拉底的精神永生，意味着要继续以苏格拉底做哲学的方式来做哲学。第一个结果是一组早期的对话——其中最重要的是《申辩篇》（*Apology*）、《格黎东篇》（*Crito*）、《欧悌甫戎篇》、《拉刻篇》、《卡尔弥德篇》（*Charmides*）、《普罗泰戈拉篇》（*Protagoras*）和《高尔吉亚篇》（*Gorgias*）——它们描述了苏格拉底对他感兴趣的这些问题（大多是道德问题）的讨论。但是，既然以苏格拉底的方式做哲学意味着通过哲学化的思考来做哲学，这个过程逐渐引导柏拉图在伦理学和其他哲学领域发展了他自己的思想。因此，苏格拉底的形象有一种进化——从早期对话中的牛虻提问者，逐渐变成了一个阐述政治学、形而上学和方法论领域重大理论问题的人。那就是中期对话的苏格拉底，出现在：《美诺篇》（*Meno*）、《会饮篇》、《裴洞篇》和《理想国》。

麦基：简而言之，在早期对话中，柏拉图是以苏格拉底的方式来处理苏格拉底感兴趣的主题，并且很经常且毫无疑问地把柏拉图知道的苏格拉底的观点放到苏格拉底口中。但是随着时间的流逝，柏拉图的计划促使他以自己的方式处理他感兴趣的主题，并表达他自己的想法——但是大部分仍然是通过苏格拉底之口。

伯恩耶特：我认为这是正确的。作为思考苏格拉底思想的产物，他可以合理提出这些观点，并且以苏格拉底之口说出来。我认为柏拉图对苏格拉底的历史性声明是非常重要的，那就是，苏格拉底是一个独立思考且教导其他人独立思考的人。因此如果你想成为苏格拉底的追随者，那就意味着独立思考，并且在必要时离开苏格拉底的思想和领域。

苏格拉底
（Socrates，前 469—前 399）

麦基：苏格拉底处理道德问题的那些早期对话有一定的特征模式。苏格拉底在与某个对话者交谈，这个人理所当然地认为他知道一个非常熟悉的术语的含义，比如"友谊""勇敢"或"虔诚"；但是通过简单地询问，让他接受所谓的"苏格拉底式提问"，苏格拉底向这个人，更重要的是，向旁观者表明，他们根本没有清楚掌握他们认为已经掌握了的概念。从那以后，这种做法本身在哲学中起到了重要的作用，是吗？

伯恩耶特：确实如此。这些做法仍然被广泛地应用于哲学教育，向想了解点哲学的人介绍哲学。你从一个熟悉和重要的概念开始——它总是一个对我们的生活重要的概念——你使人们认识到这个概念存在问题。他们试图思考它，他们产生了一个答案，苏格拉底表明这个答案是不充分的。最终你不会得到一个确切的答案，但是你对自己原先有的这个问题有了更好的把握。不管你是一个 20 世纪的读者还是一个古代读者，你都被卷入了这个问题之中；你仍然想要得到答案，并感觉或许可以贡献点什么。

麦基：不得不说，在两千多年之后，我们仍然对"美""勇敢""友谊"和其他此类术语的含义感到困惑。我们取得了任何进展吗？

伯恩耶特：答案一定是"既是又不是"，对吗？我认为，柏拉图将非常坚定地认为，即使他确实知道这些答案，如果他把它们告诉我们，也不会对我们有任何好处。我的意思是，这些问题的本质是，你必须自己解决它们。答案一文不值，除非它是通过你自己的思考获得的。这也是为什么作为一种手段，这些对话能成功地把你吸引到哲学中。

麦基：在这些早期对话中（我们目前还只局限于这些对话），苏格拉底一直在说的一件事是，他没有什么可以教的——他唯一做的事情就是问问题。在我看来，这种说法有些不诚实：某些明确无误的学说确实是从这些对话的表面下浮现出来的。你同意吗？

伯恩耶特：一些学说确实浮现出来了，但不是很多。例如，《申辩篇》中出现了一组非常重要的观念，当苏格拉底声称，对于一个好人而言，不管是在他活着之时还是死去之后都不可能受到伤害；还有在《高尔吉亚篇》中，当他详细论证不正义伤害行为者，而正义有利于行为者，苏格拉底说的是，唯一真正的伤害是对灵魂的伤害。你可能失去所有的金钱或者因为疾病而残疾，但是没有什么比得上你过一种不正义的生活对你造成的伤害——你自己给自己造成的伤害。相反，也没有什么比得上好人从践行美德中获得的好处，最终结果是，他认为，除了他的美德的丧失，没有什么损失是伤害。

这是苏格拉底非常强调的一组观念；在某些方面，他甚至会声称自己有知识。这也是柏拉图从不背弃苏格拉底的领域。他仍然相信这个命题的真实性，即不正义伤害行为者，正义有利于行为者。

麦基：因此，假如你的灵魂仍然未受影响，世俗的不幸就不会对你的灵魂产生任何真正深刻而持久的伤害。

伯恩耶特：没错。但是还有另一组观念，苏格拉底并没有声称有知识，柏拉图最终也将在此背弃苏格拉底。这组观念总结起来就是一句话：美德即知识（virtue is knowledge）。在这些早期对话中，当某个人问"什么是勇敢？""什么是虔诚？""什么是正义？"时，或迟或早，随着讨论的进行，这个观点浮现出来，即这种美德，不管是勇敢、虔诚还是正义，都应该被看成是一种知识。这个观点就像第一组观念一样强烈和悖谬，因为常识——我的意思是那时和现在的常识——通常假设拥有知道在一个特定情况下最好做什么的智慧是一回事，在做这件事会有危险和困难的情况下，拥有去做它的勇气，或者拥有抵制更简单的选择的节制是另一回事。智慧是一种美德、一个人值得钦佩的品质，勇敢是另一种美德，节制是第三种美德。一个人可能拥有其中一种美德而没有其他美德，或者在不同程度上拥有这些美德。但是如果勇敢只是知道最好做什么，那么这种对比就不会产生。如果我不做正确的事情，不可能是因为我知道我应该做什么但缺乏实施它的勇气。相反，如果我缺乏这种勇气，那么我也缺乏这种知识；我不知道要做的正确之事是什么。因此我做任何错误的事情都是出于无知：我之所以去做它是因为我不知道它不是我应该做的事情。但是任何出于无知而做的事情都是非自愿的。因此，总结起来，用苏格拉底的著名口号就是："无人有意作恶。"

麦基：对生活在弗洛伊德（Freud）之后时代的我们而言，几乎不可能相信所有行为的来源是在意识之中，或者甚至在原则上可以被行为者所知。因此，我认为现在没有人会相信苏格拉底的那个特殊学说。

伯恩耶特：嗯，我想首先说的是，当时大多数人也并不相信。

苏格拉底是故意和明知故犯地违背常识。在《普罗泰戈拉篇》中，他实际上将自己对勇敢的立场描述为与全人类的信念背道而驰的立场。尽管硬币的另一面是，今天仍然有哲学家在生动地争论，在某种程度上，唯一能让我们付诸行动的就是我们关于什么是善和什么是恶的信念；如果它们不能做这项工作，那么什么才可以呢？有很多人仍然觉得很难承认，在认知之外还有其他东西，比如意志或其他力量，在人的行为中起作用。

麦基：柏拉图选择写作的对话形式产生了两个重要但是或许无法解决的问题。第一，在何种程度上这是历史上的苏格拉底（我们被给定这是他的观点），在何种程度上这是由柏拉图创造的戏剧人物？毕竟，每一段对话都是在苏格拉底死后写成的。第二，作者自己的观点是什么？几乎所表达的每一种意见都被放入了柏拉图之外的人口中。

伯恩耶特：我认为，在某种意义上我们必须担心这些问题，在某种意义上我们又无须担心这些问题。我们无须担心的是，柏拉图对苏格拉底的描画做出了这样的陈述：这是一个独立思考的人，他可以推翻长期以来的结论，如果它们被证明是错误的，并且他也教其他人这样做。因此，如果柏拉图开始认为美德不只是知识，尽管知识仍然是最重要的因素——并且他确实开始思考这一点——那么抛弃美德即知识的学说并在《理想国》中提出一个更好的、他自己的观点就完全符合苏格拉底的精神。另一方面——也是在这个意义上，我们确实需要担心你提出的问题——最重要

的是，我们注意到当苏格拉底在《理想国》中说的某些话与苏格
拉底在《普罗泰戈拉篇》中说的话不一致时发生了什么。重要的
是注意到，我们正在获取一个新观点，以及它如何与《理想国》
中的其他关注联系起来：它产生了一个复杂得多的关于道德教育
的图景，它也使得一个关于理想政治社会的新愿景得以可能。重
要的是研究以及探究的过程，但是这个过程必须跟随一个关于我
们从哪里走向哪里的警示性的理解。

麦基：换句话说，因为我们的假设和信念都可以接受永久的
质疑，所有"结论"不具有任何特殊的地位。它们只是进一步探
究道路上的中转站。

伯恩耶特：是的，我认为这是柏拉图非常坚信的事情。

麦基：并且通过他的实践向我们证明了。

伯恩耶特：正是如此。并且我认为他将声称，正是这一点使
得苏格拉底的精神永存。

麦基：更经常发生在原创艺术家而不是哲学家身上的是，通
常把柏拉图的作品分为三个阶段：早期、中期和后期。迄今为止，
在这个讨论中，我们只限于早期对话。如果现在进入中期，我们
会发现，柏拉图第一次开始提出他自己的明确观念，并且，当然，
为这些观念辩护。你认为，柏拉图的明确学说中最重要的是什么？

伯恩耶特：我认为我们必须在其中挑出两个明确学说：一个是形式理论（Theory of Forms）；另一个是学习即回忆的学说，也就是说，学习某个东西就是在你的心灵中回忆在你出生前你就已经具备的知识资源。

柏拉图
（Plato，前427—前347）

麦基：让我们先来看第二个问题。许多人，当他们第一次听到我们一出生就有知识的观点，会认为它听起来很奇怪。但是与之紧密相关的观念在我们的西方文化中一直存在。现代理念论哲学家认为，一定存在内在知识（innate knowledge）或内在观念（innate ideas）。我认为，大多数伟大的宗教也相信这些东西。今天，我们甚至有乔姆斯基（Chomsky）这样杰出的思想家认为，我们一出生，在我们的心灵中就有一整套语法程序。因此如果严肃讨论，这种信念值得认真考虑。它的柏拉图版本是什么？

伯恩耶特：柏拉图的版本是，这种知识是灵魂的根本本质的一部分。它是在出生之前灵魂就拥有的知识。（这是他开始相信灵魂在出生之前就存在的阶段，它在我们现在的世界中的体现就是一系列的转世。）但是，我认为，为了理解回忆说（theory of recollection），回溯到早期苏格拉底关于道德概念定义的讨论是必要的。

让我们来看一下《拉刻篇》，这里的问题是"什么是勇敢？"。拉刻——苏格拉底向其询问勇敢的定义的一名将军——认为，勇敢是一种忍耐力。苏格拉底随后问他一些更进一步的问题，就像他得到一个定义时总是做的那样。他问："勇敢总是一种优良的、值得钦佩的品质吗？""是的。"拉刻说。然后苏格拉底给他举了很多忍耐力的例子，拉刻同意在那些例子中忍耐力根本不值得钦佩，还可能非常鲁莽。

麦基：例如，固执……

伯恩耶特：是的，固执。或者它可能是道德上中立的，正如当一个投资家一直花钱，忍耐损失，因为他知道他最终将得到收益。因此如果忍耐力可以是坏的或者道德上中立的，但是勇敢总是好的，那么勇敢就不可能等同于忍耐力；甚至不能等同于由知识引导的忍耐力。这是典型的苏格拉底式讨论模型。

从逻辑上讲，所发生的一切都向拉刻证明他的信念是不一致的。如果我们把他的所有回答放到一起，它们相互矛盾。这意味着它们不可能都是真的，但是这本身并不告诉我们拉刻的哪一个答案是错误的。然而，苏格拉底通常将这种情况描述为他的对话者提出的定义——在此，拉刻的提议是勇敢是一种忍耐力——已经被驳斥并且被证明是错误的。因此，在实践上，他把拉刻的第二个回答看成或者是真的，或者比这个定义更接近真理。它们被当成是反驳这个定义的基础，并说"那是一个必须作为错误丢弃的答案"。

麦基：你现在说了一些对所有严肃的思想都永远重要的话。我们都倾向于假设讨论可以获得真理，但是它没有特殊的能力来做到这一点。讨论最多能向我们表明我们的结论是否与我们的前提一致。但是，即使一致，也并不能证明它们是真的。

伯恩耶特：我认为我们非常执着于这个想法，即通过讨论我们可以获得真理，尽管假如你仔细想想，它实际上很难被证明。苏格拉底并不试图证明它。他只是提出自己的问题，收集答案以揭露矛盾，并声称已经驳斥了定义。但是，如果一个人开始给出一个他正在做的事情的理论，那么他将不得不产生一些类似我们俩都指向的想法，即在每个人心里都有使得真理战胜谬误的手段。这正是柏拉图在《美诺篇》中所做的事情。他提出了一个苏格拉底式或哲学讨论的理论，根据这个理论，在我们所有人的心灵中都潜藏着对"什么是勇敢？""什么是正义？"等问题的正确答案的知识。这种知识藏在我们内心深处，无法直接获得，以让我们可以击败所有错误答案，并证明它们的错误。这种知识是在讨论中逐渐浮现的，正如我们所看到的，拉刻所说的某件事被用来证明拉刻所说的其他事情一定是错误的。

麦基：从先前与你的谈话中，我知道，在你看来，你刚刚阐述的学说是柏拉图中期两个最重要的学说中的另一个（即形式理论）的基础。这无疑是柏拉图学说中最具有影响力的；事实上，它正是"柏拉图主义"（Platonism）一词的起源。你能解释一下它吗？

伯恩耶特：我们一直在谈论的这些苏格拉底式讨论都以对定义的追求为中心：什么是勇敢的定义？什么是美的定义？什么是正义的定义？现在，如果在我们心中潜藏着对这些问题的答案的知识，并且我们对这种知识的占有独立于并先于我们对我们所生活的世界的经验，这个我们使用我们的感官，从一处走向另一处的世界；如果我们的知识先于所有这些，并且独立于所有这些，那么肯定我们的所知——正义、美和勇敢——本身一定独立于并先于我们现在所存在的经验世界。这后一个论点是形式理论的基本主张：正义、美等独立存在于并先于所有正义的行为和正义的人、你可以在这个感性世界找到的所有美的事物和美的人。美和正义独立存在并分开存在。这就是形式理论。

麦基：这个理论，即有一个在这个世界之外的另一个世界，一个一切存在于其中并赋予我们现在的世界价值和意义的理念世界，对我们的整个文化有不可估量的影响，是吗？

伯恩耶特：是的。

麦基：举一个最重要的例子，例如基督教，柏拉图主义对基督教的影响是巨大的。

伯恩耶特：没错，是的。但是我认为人们应该小心使用诸如"形式世界"（the world of Forms）或"另一个世界"（another world）这些词。柏拉图使用它们，但是他心中的对比并不像人们认为的那样，是一组特殊事物与另一组与之完全相似但更完美、更抽象和在某个别处，在某个天堂的某处的事物的对比。他的对比是特殊和一般的对比。这些问题如"什么是正义？""什么是美？"等是一般的问题，关于正义和美的一般性问题。它们不是关于此时此地的问题。这就是我们需要理解的对比。

《裴洞篇》中有一个段落讲到，苏格拉底认为研究哲学就是为死亡排演。实际上它就是练习死亡。为什么这么说？那是因为死亡就是使一个人的灵魂与身体分离，而研究哲学时你也尽可能地使灵魂与身体分离，正是因为你不在思考身体所在的此时此地。如果你问"什么是正义？"，你问的是任何地点任何时刻的正义，是正义本身，你问的不是"谁今天或昨天冤枉了我？"。如果你问"什么是美？"，你问的不是"谁是这个房间里最美丽的人？"。如果你思考的不是此时此地，那么在柏拉图感兴趣的意义上，你就不在此时此地。你所在的是你的心灵所在之处，不是因为你在其他某个特殊的但更好的地方，而是因为你在那个意义上根本不在任何地方。你沉浸在一般性之中。因此，使用"形式世界"一词是正确的，只要我们把它理解为不变的一般性之域。

麦基：我们现在正在谈论的这些中期对话——《美诺篇》、《裴洞篇》、《理想国》、《会饮篇》、《斐德若篇》（*Phaedrus*）——是柏拉图在他的能力巅峰时期写的。因此我认为这是我们停下来思考它们的文学和其他美学品质的好时机。为什么它们被看成文学艺术领域至高无上的作品？

伯恩耶特：它们是如此活生生。古代和现代的其他哲学家也都试图撰写过对话录，比如色诺芬（Xenophon）、西塞罗（Cicero）、奥古斯丁（Augustine）、贝克莱（Berkeley）和休谟（Hume）。但这个清单中唯一接近柏拉图的只有休谟。这是因为对于休谟而言，就像对柏拉图一样，哲学思考的过程就像答案一样重要。就色诺芬和贝克莱而言，很明显，你读到的是某个在乎答案而不是获得答案的过程的人。而对于柏拉图，我们必须加上他对语言的精通和广泛的理解，从高调的、富有想象力的描述到严肃的分析，或者玩笑和机智的回答。再加上他极其擅长弄清楚最困难的思想。你还可以继续往上加。最后，我们唯有感叹，他既是一位艺术天才，也是一位哲学天才。

麦基：你是否同意这个传统观点，也就是说他的代表作是《理想国》？

伯恩耶特：是的，我同意。

麦基：为什么？

伯恩耶特：这是因为柏拉图在《理想国》中比在其他任何地方都更能坚定他的信念，即每个问题都相互关联；探究永远不需要停止，因为每一个"目前的结论"都会导致下一个问题。因此他以一个直截了当的问题开头："什么是正义？"——一个熟悉的苏格拉底式问题。这就引出了这个问题："正义有利于它的拥有者吗？"《理想国》的中心任务实际是表明，正义对其拥有者是有利的；如果你想要幸福，正义就是你最需要的，而不正义的人是所有生物中最痛苦的存在。

但是为了证明这一切，他发现，他必须给出一个关于人的本质的理论。他把灵魂分为三个部分——这就是他背离苏格拉底的论点"美德即知识"的地方。事实证明，美德不仅包括知识，尽管知识必须处于控制地位。知识能够并且应该控制灵魂的其他要素的想法也使得知识控制整个社会的想法得以可能。所以我们得到了描绘一个新的更好的社会生活方式的政治理论。同时，对知识占据控制地位的观念的强调产生了这个问题："什么知识应该占据控制地位，什么是知识（knowledge），为什么它比意见（opinion）更好？"由此，我们得到了一种知识理论，并且这种知识理论扩展成为对科学的研究，比如对数学进行了详细讨论。这样，关于充分理解我们生活的世界的一个整体愿景产生了，其目的是支持这个说法，即这个理解实际上就是什么应该控制我们自己，个体的和社会中的自己；这个理解将给个体灵魂和整个社会带来正义的好处。

随着"什么是正义"这个问题的发展，唯一自然的结论是书末的来世景象和厄尔神话。你可能会说，《理想国》树立了这样一种信念，即生命不止，探究不息。

麦基：《理想国》是一本如此丰富的书，以至我们不能在这次讨论中追寻组成它的各个部分。但是毫无疑问，它是我们整个文化史上最有影响力的书之一，我希望我们的讨论能激发一些人阅读它。

现在让我们继续来看柏拉图后来的对话。正如从早期到中期的对话揭示了一种风格的转变，从中期到后期的对话揭示了另一种风格的转变。突然，它们变得不那么文学化、不那么戏剧化、不那么丰富多彩了，而更多的是在我们自己的时代可能称之为分析性甚至学术性的。这是为什么？

伯恩耶特：在我看来，它们事实上并不是没那么戏剧化了。发生的事情是，在早期作品中用以描述参与讨论的人的讽刺、想象和其他艺术资源现在致力于使得这些观念和论证本身生动起来。通常它们都是我们在柏拉图早期作品例如《理想国》和《裴洞篇》中熟悉的观念和论证。柏拉图的一个非凡之处是——他可能是历史上第一位能够做到这一点的作者——他与读者建立了一种关系，以至当他写下一个作品时，他可以理所当然地认为他的读者已经读过了他先前的作品。他利用这种关系不只是为了用典或者建立共鸣，也是为了在他与读者的期待背道而驰时创造惊喜。但他用此做得最出色的一件事是对他自己早期的想法进行公开的自我审查，依赖我们这些读者来识别它们，或许可以这样说："不要对《裴洞篇》和《理想国》太过热情。我知道，它们是挺好的东西。但是这些真理，如果它们是真理的话，假如我们不能捍卫它们免受批评，那么它们对你与我都没有好处。也许它们无论如何都不是真理。也许它们都错了。因此让我们从它们中拿出几个来，让它们经受真正严厉的分析批评。"

麦基：如果你必须挑选出其中一个值得特别提及的后期对话，会是哪一个？

伯恩耶特：最典型的例子是《巴门尼德篇》。在这篇对话中，局面扭转了。苏格拉底进一步解释了他在《裴洞篇》中提出的形式理论。毫无疑问是《裴洞篇》，不仅从内容上看如此，而且因为存在《裴洞篇》中的语言回响，柏拉图明显期待他的读者能够拿起书对自己说："天啊，《裴洞篇》中的苏格拉底现在被问到问题了。"事实上，在这段对话中，质问苏格拉底的老巴门尼德对形式理论提出了一系列反对和批评。自亚里士多德以来的许多哲学家都认为，这些反对和批评具有相当的毁灭性。但是柏拉图并没有告诉我们答案。他通过巴门尼德之口提出了批评，让我们自己决定这些批评是公平的还是不公平的，并且如果它们是公平的，我们应该如何对待形式理论。

麦基：一些人认为是后期的，另一些人认为是中期的一篇对话是《蒂迈欧篇》。它与众不同的地方，部分是因为相比哲学，它包含了更多宇宙论和科学的内容，但主要是因为它包含了一个美妙的诗意创世神话——与《创世记》（Book of Genesis）中的神话并无太大不同。为什么柏拉图会产生这样的内容？在问这个问题时，我主要想说的是：你认为他是否从字面上相信他的创世故事，就像人们必须假设古希伯来人相信《创世记》一样？

伯恩耶特：我自己认为他并不相信字面意思。这个问题在古代是有争议的，但是柏拉图最亲密的伙伴认为，蒂迈欧关于神匠对混沌加以秩序的叙述是表现柏拉图所谓整个宇宙的基本结构分析的生动方式。他想把整个宇宙看作秩序强加于无序的产物，他用秩序首先指的是数学秩序。当然这与《创世记》大不相同。柏拉图的神匠是在世界中运作的数学智慧。

麦基：那么，这真的是一种解释世界的可理解性的诗意方式——从最早的时代以来直到现在，这对于反思的人类而言一直是一个谜？

伯恩耶特：是的。当然，像整个宇宙是秩序强加于无序的产物这样一个非常普遍的命题，你无法从一般性或所有细节方面证明它。柏拉图很清楚这一点；这是他给这个命题穿上神话外衣的进一步的原因。尽管如此，这个神话仍然是柏拉图非常认真对待的事情的指导灵感——一个他为此在学园中招募了他那个时代的主要数学家进行的研究项目。几何学、数学天文学、数学谐波（mathematical harmonics），甚至把疾病和健康看成身体的组成要素之间的比例引起的医学理论——每向前迈进一步都进一步证明了某个柏拉图非常关心的事情，即数学规律、和谐和比例可以解释事物。既然这些数学和谐和比例对柏拉图而言都是善与美的典范，那么这就是一个意在证明善与美是整个世界的根本解释要素的科学研究计划。

麦基：这一点是如何与《理想国》一致的？我问这个问题是因为你刚才在谈论《理想国》时，非常明确地提出的一件事是它在某个意义上构成了一种完整的哲学。如果是这样，那么柏拉图在《蒂迈欧篇》中所说的话如何与它一致的？

伯恩耶特：我认为二者的一致就像手和手套一样。你在《理想国》中有的是一个科学的，最重要的是数学科学的，对世界理解的程序草图。在《蒂迈欧篇》中，柏拉图开始执行它，完成他的工作。实际上，无论是在古代还是在后来的很长一段时间里，《蒂迈欧篇》都是人们寻找柏拉图哲学阐释的一篇对话。只在相对近代才形成一种趋势，即把《理想国》看成是柏拉图的主要著作。在很长的时间里，《蒂迈欧篇》才被看成是柏拉图的主要著作。

麦基：那么《蒂迈欧篇》中的宇宙论和科学是对《理想国》中探讨的一些可能性的实际运用吗？

伯恩耶特：是的。《蒂迈欧篇》在序言中把自己呈现为一场讨论，戏剧性地说，这场讨论是《理想国》中讨论的继续。更重要的是，这个研究计划，正如我所说的《理想国》对数学科学中的进步的建议——这个计划实际上是柏拉图为了证明数学秩序的能力和范围而招募学园的那些主要的数学家进行的。从他们的努力中产生了许多希腊数学科学以降至托勒密（Ptolemy）的伟大成就。托勒密的天文学是在柏拉图对科学建议的支持下、在学园里完成的天文学的最终产物。并且既然数学秩序是柏拉图对善与美的表达，那么这些向我们证明世界可以从数学上理解的科学自然是价值科学（sciences of value）。这就是《理想国》的形而上学方面——它构成了哲学王必须获得理解的所有内容——可以同时是一种彻底的新政治学的基础。哲学家在统治我们其他人之前正在学习的，既有价值科学，也有事实科学。

麦基：众所周知，你是后期对话，特别是《泰阿泰德篇》的专家。为什么你对它尤其感兴趣？

伯恩耶特：因为我觉得它无穷无尽地令人兴奋，并且我也从未探到底部——每次回到它，我都可以有更多发现。莱布尼茨（Leibniz）翻译了这篇对话，贝克莱也写了很多关于这篇对话的内容，维特根斯坦（Wittgenstein）也引用过——简而言之，这是一篇哲学家一直认为很有启发的对话。

麦基：它是关于什么的？

伯恩耶特：它的问题是"什么是知识？"。它的对话采用早期对话中的苏格拉底式的讨论类型，但是规模要大得多。先是给出了三个答案：知识是感知，知识是真的判断，知识是真的判断加上解释。所有这些答案都被以真正的苏格拉底风格推翻了。我们没有被告知柏拉图认为知识到底是什么，但我们学到了关于这个问题和关于这个问题的衍生物的如此之多的论述，以至我们离开时觉得更加富有而不是贫穷。

麦基：迄今为止，我们还没有就知识的确切本质达成一致意见；但是我认为，我们获得的最接近真理的一个被普遍接受的观点与你刚刚所说的非常接近：构成知识的判断最终一定来源于感知，但是我们也必须能够为它们提供一个理性的证成。

伯恩耶特：啊哈，你现在已经为对话结束时，也就是当所有这些答案都一个个被推翻后，留给我们的问题提供了一个有趣的解答。苏格拉底反驳了知识是感知的命题，反驳了知识是真的判断的命题，也反驳了知识是真的判断加上解释的命题。现在你在暗示，或许我们可以通过某种方式把这三个不同定义的所有元素合而为一，从而获得一个关于知识的定义，创造一个知识理论阐述知识的定义。这将是对这种对话的一个非常合适的回应——根据一个人从对话中学到的东西提出他自己的定义。

麦基：在我们结束这场讨论之前，我们必须对柏拉图的来世思想说些什么。毕竟他的哲学是哲学史上最有影响力的。你能说明一下这种影响的主要路线是什么吗？

伯恩耶特：我认为，重要的是要记住，在古代世界有两种哲学思想与唯物论相反。唯物论本身采取德谟克利特（Democritus）和后期伊壁鸠鲁（Epicurus）的原子论形式。柏拉图和亚里士多德都是反唯物论的哲学家。两个哲学家都反对这个观念，即一切——生命、秩序、心灵、文明、艺术和自然——都可以被解释为物质粒子运动的结果，仅仅服从运动法则与它们自己的本质。但是亚里士多德的反对将战争推向了敌人的阵营，以至事实上很难调和亚里士多德式的哲学与现代科学，后者关于原子以及物质粒子等的运动有很多要说的。大概并不意外的是，当现代科学开始发展时，它抛弃了在中世纪如此盛行的亚里士多德主义。相比之下，柏拉图主义与现代科学更容易调和，我认为这也是为什么在亚里士多德主义覆亡后，柏拉图主义在文艺复兴时期与之后仍然存在。如果你寻求的是证明科学的和精神的价值如何调和，那么柏拉图主义是一种你可以使用或被其影响的哲学。如果你想公平对待这种复杂性，那么在唯物论给出的答案太过简单之处，柏拉图是你可以寻求弹药和帮助的哲学家。

麦基：对 20 世纪的我们而言，在柏拉图提出的理解世界的计划中，数学物理学占据一个中心位置的事实，有非常当代的方面。

伯恩耶特：是的。柏拉图立志要做的事情，现代科学实际上已经做完了。因此，二者之间存在一种与生俱来的共鸣，这种共鸣并不适用于亚里士多德哲学。

2

亚里士多德

对话玛莎·努斯鲍姆

玛莎·努斯鲍姆
（Martha Nussbaum，1947— ）

引　言

　　麦基：我们对古代世界哲学的看法主要受两个人物写作的影响——柏拉图和亚里士多德。柏拉图是第一位以他所写的作品流传于世的哲学家，而亚里士多德是他的明星学生。这里有一条非凡的个人继承路线，因为正如亚里士多德是柏拉图的学生，柏拉图也是苏格拉底的学生。迄今为止，是否有另一个哲学家的影响力超过了这三个人中的任何一个是值得怀疑的。

　　亚里士多德是马其顿国王的宫廷医生的儿子，他在公元前384年出生于斯塔基拉（Stagira）。他被送到雅典接受教育，并在17岁时成了柏拉图学园中的一名学生。他在那里待了20年，直到公元前347年柏拉图去世。在那之后，他背井离乡，度过了12年的政治流放生涯。在这段时间，他主要沉迷于生物学研究（甚至曾经在一个较短的时间里当过亚历山大大帝的老师）。后来，他回到了雅典，在自己创办的学校吕克昂（Lyceum）中任教12年。然后他不得不再次流亡——但仅仅一年之后，也就是公元前322年，亚里士多德去世，享年62岁。

　　只有大约五分之一的亚里士多德著作留存了下来，但是即便如此也占了12卷的篇幅，并且触及了他那个时代可用知识的全部范围。令人悲伤的是，所有这些他自己准备出版的著作——它们也因为风格的优美而在整个古代受到赞誉——都已经丢失了。我们只有他在讲义中写下的文字，但它们并没有柏拉图著作的文学艺术。即使如此，它的内容的品质——或影响力——是毋庸置疑的。与我讨论亚里士多德思想的，是在非常年轻时就在亚里士多德学术圈中声名鹊起的美国布朗大学（Brown University）教授玛莎·努斯鲍姆（Martha Nussbaum）。

讨 论

麦基：或许最好的开始方式是你为我们快速绘制一张关于亚里士多德著作涵盖的整个领域的草图。

努斯鲍姆：我们在这里取得了范围广泛且复杂的哲学成就。我们在逻辑学和他时代的所有科学领域，特别是生物学领域，都进行了基础性的工作，他在这些领域的贡献在一千年里都无人可以比拟。接下来要做的是关于科学解释的一般基础性著作，关于一般自然哲学的著作、形而上学的著作，包括实体（substance）、同一性（identity）和连续性（continuity）的问题；关于生命和精神官能（mental faculty）的著作。最后我们还有在伦理学和政治哲学理论与修辞学和文学理论方面非常精彩的著作。

麦基：在这些无与伦比的范围里，他在中世纪几百年间一直被看成是唯一的权威，这是一个令人震惊的事实，不是吗？

事实上，中世纪后期最伟大的哲学家托马斯·阿奎那（Thomas Aquinas）曾尊称他为"哲学家"（the philosopher）。

努斯鲍姆：是的，我认为这让我们有极大的困难接近亚里士多德的思想。如你所说，我们如此习惯地把他看成是一位权威、哲学家、但丁（Dante）笔下坐在宝座上的"知识之师"。我认为这让我们无法看到亚里士多德实际上是最为灵活和开放的哲学家之一，他把哲学看成是一个参与到人类经验所有复杂性中的持续尝试，他从不满足，一直在寻找更合适的方法把那种复杂性带入他的思想中。

麦基：在这个极大范围的作品中，有没有什么可以指出的统一要素，一个一贯的进路模式？

努斯鲍姆：是的，我认为有。亚里士多德告诉我们，"在每一个领域"，哲学家都必须从确定他所谓的"表象"（appearances）开始；然后在解决这些表象呈现给我们的难题之后，必须再回到"表象"，用他的话说，留下"最大的数和最基本的"。为了向你展示这意味着什么，让我给你举个例子。假如你是一位研究时间问题的哲学家。现在你要做的事情，根据亚里士多德的说法，是从记录关于时间的"表象"开始，也就是说，那些在我们看来关于时间似乎如此的东西。在这个标题下，他不仅涉及我们关于时间的连续和持续的感知经验，而且涉及我们的普通信念与我们关于时间所说的内容。重要的是强调这一点，既然他关于"表象"

的概念有时被错误地以一种相当狭隘的方式被理解：他的意思一直被看成仅仅是感知数据，或"被观察的事实"。不幸的是，这种误解进入了许多标准英语译本中，以至读者很难充分理解亚里士多德对日常语言和信念的极大兴趣。现在，你把所有这些都记下来，然后你会看到它是否呈现给你任何矛盾。如果你在那里发现了矛盾，那么你要去筛选和整理。如果你不能解决矛盾，那么你将努力决定我们的信念中的哪些信念事实上比其他信念更基本和更核心；你将保留那些信念，然后抛弃那些与它们冲突的信念，因此你最后回到了增加了结构和理解的日常话语之中。

麦基：时间，或任何其他东西，与我们关于它所说的话并不相同。亚里士多德有没有在世界和我们关于世界的话语之间划出清晰的界限？

努斯鲍姆：嗯，如我所说，他的"表象"概念是关于世界如何冲击我们的经验的一个广泛而普遍的概念。这涵盖了我们关于世界的感知经验，以及我们的日常语言和信念。它是一个广泛的概念，一个允许进一步细分的概念；当然，亚里士多德完全准备好了要说，有时我们将更多地依赖我们的感觉经验，有时我们将更多地依赖日常的信念和话语。但我认为，他正确地认为这里有一个普遍统一的概念。他的想法，我认为是一个非常合理的想法，即感知（perception），就像信念（belief）一样，是可以解释的和有选择的；我们感知事物的方式是我们的概念框架的不可分割的一部分，是我们人类理解世界方式的不可分割的一部分。

麦基：有没有这种危险，即这种进路可能最终有点缺乏冒险精神？如果他总是从熟悉的事物出发，最后又总是回到它，那么他的整个哲学不都局限于事物的表面——世界和我们的经验的表面——而我们需要的更像柏拉图给我们的，一种表面背后（或表面之下）的哲学，一种更深刻、更基本的哲学，与之相比，表面实际上是肤浅的？

努斯鲍姆：我认为你在此引入柏拉图是正确的。这一点当然是真的，即对于柏拉图以及柏拉图之前的希腊哲学传统的很大一部分而言，对哲学的主流印象是"走到背后"或"走出去"。柏拉图想象哲学家的心灵走在宇宙的边缘，凝视超出我们经验并在我们经验之上的先验实体。但我认为，亚里士多德对此有两件事要说。第一，他会说，我们的日常经验是巨大的惊奇的对象，本身丰富而美丽。我们不需要超出它去寻找某个值得哲学研究的对象。接下来，第二，他会说，事实上，我们不能够融贯地超越我们的经验：我们能够进行和有意义地追求的，只有调查、绘制我们经验的领域。现在让我举例说明他如何就这一点进行论证的。在亚里士多德的思想中有一个根本的原则，他称之为"非矛盾原则"（Principle of Non-Contradiction）。这个原则是说，相互矛盾的属性不能在同一时间同一方面适用于同一主体。例如，我的裙子不可能在同一时间同一地点同一方面既是蓝的又不是蓝的，等等。亚里士多德振振有词地说，这是一个非常基本的原则；事实上，它是"所有起点中最确切的起点"。它是如此基础，以至我们似乎不管在何时思考和说话时都会使用它。现在我们如何着手证成这样一个基本的原则，用他的话说，所有原则中最基本的原则？如果我们能看到他如何处理这个问题，我们就能对他的观点，即哲学必须把自身局限于经验，获得一个更清楚的理解。在《形而上学》（*Metaphysics*）第 IV 卷中，他告诉我们，我们不能从我们经验之外证成非矛盾原则，因为我们在我们所有的经验中使用它，在整理我们的经验时也使用它。但是，现在他说，假设一个对手对它提出了挑战。我们是有些话可以对这个人说的。亚里士多德说，首先，你必须找出，这个对手是否准备好对你说任何确定的事情。现在，假设他什么也没说，那么，亚里士多德说，你可以忽视这个人，因为“一个什么都不说的人，就他什么都没有说而言，挺像一棵蔬菜”。现在，他继续道，假设另一方面，这个对手确实说了些什么，而且是一些确定的话，那么，亚里士多德说，你能向这个人表明，通过说任何确定的话，他事实上正在使用这个被挑战的原则——因为为了做出一个确定的陈述，你必须同时排除一些陈述，至少排除那些与你一开始断定的内容相反的话。

麦基：很容易看到诸如此类的基本原则如何内在于我们的话语之中的，但不容易看到它们如何为亚里士多德所寻找的那种关于世界的知识提供一个基础。

努斯鲍姆：亚里士多德在此急切想说的只是，我们不能为任何原则提供一个站在我们的话语和我们的概念框架之外的基础。如果最基本的原则在这个意义上内在于经验，而不是如柏拉图所说，"在此之外"，那么，这对于我们所使用的原则（它们不如基本的原则有坚定的基础）来说必定要更真实。原则是通过它们的立场在经验中被证明的，通过它们在经验中扮演的角色，而不是任何完全外在的东西。完全外在的东西无法进入我们的话语和思想，因此对于我们而言什么也不是。亚里士多德在阐述他对话语的一般说明时进一步支持了这个立场。这种解释认为，只有当它事实上影响我们的经验、我们的语言共同体的至少某个部分，我们才能在话语中指定一个事物。例如，他说，只有当某个人听到云中的声音时，我们才能在话语中指定雷声（指"雷声"，我们可以说）。那时，根据那个经验，我们能够使用"雷声"这个名称指那个声音，即使我们还不知道那个声音是什么和什么引起了它。从那个起点开始，我们可以开始问："什么是我们在那里听到的那个声音？怎么解释呢？"然后我们可以继续探究它究竟是什么。但是现在假设我们尝试站在我们的经验之外谈论，甚至以某个从未进入任何人类经验的某个实体或某些实体作为我们探究和解释的基础，那么，亚里士多德说，问题将是，因为这些东西与经验没有任何联系，我们不能有意义地指它们或谈论它们。让我们以柏拉图的形式为例。这些是完全独立存在的实体；因此，就其纯粹本质而言，它们从来没有进入过我们的经验。但是关于世界的所有真实的理解被假定以它们为基础。为了批评这项事业，亚里士多德举了白的形式（Form of White）的例子，它被认为只是纯粹的白（pure whiteness）：不是任何东西的白，不是任何物体的颜色，而是独立纯粹的白，就在那里，它"本身"。亚里士多德现在说，继续像这样谈论，不仅是毫无帮助和没有解释力的，而且是毫无意义的胡言乱语。我们不能指纯粹的、独立的白，因为在所有我们的经验中，白色是某个物体的（of）颜色。在这一点上，他对柏拉图非常粗鲁，他粗暴地说："所以，再见吧，柏拉图的形式。因为它们不比唱'啦啦啦'更有意义——它们与我们的话语毫无关系。"

麦基：如果亚里士多德认为有利可图的探究必须把自身局限于真正的或可能的经验的世界，那么具体说来，它有什么"哲学性"？他的整个计划难道不都被归入我们现在称为科学的条目下吗？

努斯鲍姆：嗯，亚里士多德事实上并没有对科学和哲学进行严格的区分。但是他相信，存在对解释的一般性探索，以及对解释结构的一般性说明，这是所有理论探究所共有的。（在此他明确地排除了伦理学和政治学，在他看来，它们并没有相同的等级结构。）在他的著作《后分析篇》（*Posterior Analytics*）中，他提供了一个解释，哲学家将如何在每一个领域搜寻他所谓的知识（episteme），或科学理解。在理论研究的每一个领域，哲学家都应该找到某些原则——先在于其他原则，并比其他原则更基本，更牢靠地为人所知；从这些原则中，作为一个演绎论证（deductive argument）的结论，得到了这种科学的结论。他相信我们有一个官能（faculty），通过这个官能，我们可以获得关于根本的第一原则的洞见。我想在此暂停一分钟，因为我认为这也是对亚里士多德的严重误解。这是一个被称为理智（intellect）或努斯

（nous）的官能，努斯是表示理智或心灵的几个希腊词之一——这个词通常与直觉的理解（intuitive understanding）或洞见（insight）相关，而不是与推论推理（discursive reasoning）相关。亚里士多德说，正是通过心灵的这种官能，我们掌握了第一原则。现在，几个世纪以来，它都被认为是一个特殊的纯粹理智直觉的官能，我们可以通过它走出我们的经验和理解的领域，因为它先于所有的经验，是科学的第

亚里士多德
（Aristotle，前384—前322）

一原则。现在我想你已经明白，为什么我相信亚里士多德会反对科学的那种基础。事实上，最近《后分析篇》解释的研究者已经相当成功地论证了这也是对文本的糟糕解读——也就是说，在现实中，努斯是一种洞见，我们通过用它给出科学解释的经验，来了解一个原则的解释作用和基本地位。

    麦基：亚里士多德是第一个试图勾勒独立科学的主要西方思想家——事实上，他为其中一些起了我们使用至今的名字。

    努斯鲍姆：是的。我认为这是真的，我也认为他的工作对于

从事这些科学工作的人仍然有重要性，特别是在生物学领域，他在这方面的工作最近被认为是极其重要和有趣的。

麦基：你可以举例说明他如何将一个主题领域确定和隔离为一个单一的研究领域吗？

努斯鲍姆：我举的例子不是来源于其中一门科学，像我们认为的那样，而是来源于他在他的形而上学著作中进行的非常普遍的探究——对他称之为"实体"的探究。

麦基：你可以首先解释一定会在随后的讨论中出现的"形而上学"（metaphysics）这个词吗？

努斯鲍姆：嗯，它的起源是微不足道、令人失望的。在亚里士多德著作的一个古代编本中，编者把这本著作放在《形而上学》的标题之下，排在被称为《物理学》（*Physics*）的著作之后：编者将其命名为《形而上学》，因为在希腊语中，它仅仅意味着在被称为《物理学》的著作之后出现的内容。

麦基："在《物理学》这本书之后的书"。但因为这本书的内容，"形而上学"自此在哲学中有了特殊的含义，是吗？

努斯鲍姆：嗯，很难对此做出一个单一的解释。但我认为，粗略地说，形而上学的工作并不是分出一系列的事情，并且只研究这些事情，而是追求一些完全普遍的问题，这些问题可能会在关于任何事物的方面被问到，也就是关于同一性、连续性、逻辑形式等的问题。

麦基：以及关于我们经验的基本组成部分的问题，例如空间、时间、物质、因果性等。

努斯鲍姆：是的……与任何客体有关的问题——任何存在的事物。现在整个计划的核心是亚里士多德称之为"实体"的问题。

我想从问这个问题的含义是什么开始，因为我认为，我们对于"实体"的问题可能是什么并没有自然的直觉。现在，如果我们阅读亚里士多德的著作，尝试重构他的问题，我们会发现，实际上有两个问题，他认为与实体研究紧密相关。第一个是关于变化的问题，第二个是关于同一性的问题。关于变化的问题是这样的。根据我们的经验，我们一直在接触变化的事物。一片叶子展开，是绿色的，变成黄色的，然后枯萎；一个孩子出生，成长，变老，最后死亡。现在的问题是，如果我们要谈论这些变化的事物，那么在事物的其他属性变化的同时，一定仍然有一些"它"（It）保持不变。不然的话，我们根本就很难谈论改变。悖谬的是，变化需要稳定性。因此亚里士多德在此提出的问题是，什么是更连续、更持久的事物，我们可以把我们关于变化的话语锚定在这些事物之上，当属性或特征发生变化时，它们本身仍然存在？

亚里士多德的第二个问题是他称为"它是什么？"的问题，我把它称为同一性的问题。这个问题是这样的。假设我指向我经验中的某个客体，比如布莱恩·麦基，然后我说："好吧，这到底是什么？"我在这里要问的是：在我的感官上留下深刻印象的你的许多属性中，有哪些属性是最根本的属性，也就是如果你没有这些属性就不再是你自己？很明显，你可以换掉你的外套，穿上一件不同颜色的衣服，你仍然会是布莱恩·麦基。另一方面，是否你可以不再是人或不再由血肉组成但仍然是你自己，仍然没有在事实上死亡，这一点并不清楚。因此，亚里士多德关于同一性的问题是寻找那些在事物中扮演非常根本的角色的部分或要素，它们就是那个事物的本质。

麦基：相同的部分或要素必须扮演两个角色，不是吗？让我颠倒一下你问题的顺序。问题一：哪些是对于任何客体来说都是根本和必不可少的特征，正是这些特征使它成了它所是的客体？问题二：什么是一个客体历经变化仍然存在的特征，以至这个客体经过变化，仍然是同一个客体？

努斯鲍姆：是的。亚里士多德想把这些问题紧紧地联系在一起。我认为有很好的理由这样做。在他看来，要挑出变化之下历经变化仍然存在的事物，必须挑出某些有确定的同一性的事物，某些我们可以回答"它是什么"的问题的事物，某些有充分的结构性、足够确定，以至可以成为某个关于变化的主题的事物。另一方面，如果要谈论"它是什么？"的问题，我们最好有一些本身足够持久的东西作为答案，而不是在我们还在谈论它是什么的时候它就已经不存在了。亚里士多德之前的早期哲学家并不总是让这些问题紧紧地联系在一起：他们经常专注于一个问题，结果对另一个问题给出了奇怪的答案。让我给你举两个例子。一些早期的自然哲学家被引导说，事物的真正本质是物质，仅仅因为看起来物质是最持久的东西。他们可以看见树木、儿童、动物由物质的东西产生，当它们死亡时，留下的也是物质的东西。从这一点，他们得出结论，物质是变化的基本原则；然后他们似乎由此得出结论，物质也以某种根本的方式是事物的真正本质。因此，他们为第一个问题提出了一个回答，然后未经进一步反思就把它应用到了第二个问题上。另外一方面是某些柏拉图主义者的理论——我不会说柏拉图本人，但肯定是亚里士多德在柏拉图学园中找到的一种理论——给出的解释，它侧重于同一性的问题，并试图根据事物与某些稳定的非物质对象之间的关系解释它们的同一性，也就是著名的柏拉图主义的形式，以某种如此之类的方式。例如，他们会说，"你，布莱恩·麦基，颜色是棕色的，因为你与棕色的形式的关系""你是人类，因为你与人类的形式所处的某种关系"，等等。这些形式是普遍的、抽象的对象，独立于它们所解释的殊象（particulars）存在。现在，亚里士多德的观点是，我们必须开始回答这第二个人——我要先谈谈第二个人，这个柏拉图主义者，然后再回到唯物论者——我们必须首先区分两种属性：你有（have）的属性，以及你是你所是（be）的属性。你身上的棕色属性，准确地说，是你有的一种属性——棕色只是在你身上，与你同在，它并不是你。也就是说，它是一种你可以轻易失去，而不会因此不再是你自己的属性；而人的属性则不是如此。它并不是你可以失去而不会因此不再是你自己的属性。如果你变成一个狒狒，你将不再是你自己。因此，在亚里士多德的早期著作《范畴篇》（*Categories*）中，他区分了这两种属性，一种是简单的"在"主体之中的属性；另一种是，用他的话说，揭示主体的存在，也就是它是什么的属性。

麦基：在这里我可以插一句吗？我认为在这一点上值得打断一下，我们正在考虑的整体进路，在表面看来是一个描述任何现实的进路。首先，你挑出某个东西，任何东西——它可能是一条狗、一张桌子、一个人，任何物质对象，你喜欢的任何东西——你识别出某物，然后你说一些关于它的东西——或者你赋予它属性，或者你把它描述为正在做某事（或者对它做了某事）。这种主谓进路——首先确定一个主词，然后谓述它的某些东西——从那时起就被许多人相信可以描述一切。事实上，在很长的时间里，它似乎融入了我们的语言和我们的逻辑。我知道这不是你要表达的意思，但我在此提到它，是因为它在哲学上一直是重要的。

努斯鲍姆：是的，但是我认为，亚里士多德在这里想要坚持的是，不是所有的谓词都处于同一水平；有一些谓词是用来谓述一个我们已经选好和确定的主词，比如我选了你，然后谓述你的"棕色"。但是也有其他的谓词，像"人类""狗"或"树木"，它们是确定主词的基础。他认为，我们不能选出一个光秃秃的主词，然后给它贴上谓词标签。主词本身必须被确定，在某种描述下被挑选出来，可以这么说，它反映了那个事物是什么；以及在此扮演根本角色的它的自然种类。只有当我把你作为人类挑选出来，我才能继续说对你而言为真的其他东西——你穿着棕色衣服，坐在沙发上等。我不能一开始挑选棕色，或坐着本身，而不把它们附加在某个确定的事物种类上，例如人类。

但是当然，我们此时还没有回答唯物论者。我们还没有说，在人类的概念中，这个概念的基本分析是什么，它将真正给我们这个主词的"它是什么？"。我们还没有排除这种可能性，即关于什么是人的恰当分析将沿着唯物论者赞成的路线进行；也就是说，作为人就是由诸如此类的物质构成的。简而言之，迄今为止，我们还没有谈及物质和它与人的其他方面的关系，例如结构和活动。所以，亚里士多德接下来转向了这个问题。

麦基：当然，"它是什么？"的问题也适用于一切事物，不是吗？亚里士多德尝试发现包括我们在内的事物的同一性的真正性质。

努斯鲍姆：是的，是这样。我认为有生命的实体，在某种程度上也包括人工制品，在此扮演了一个非常核心的角色，作为最基本、最确定、统一、持久和可辨认（identifiable）的主词。现在他想问的是：好吧，我们已经看到我们称之为自然种类概念的概念，比如人类、狗或树木的概念，在确定世界中的主词上扮演了重要的角色。现在我们必须问的是，准确地说，它们是什么。人之为人是什么？它是某种物质吗？或者它是某种结构？在《形而上学》中，他论证道，实体在根本上不是某种物质的东西或组成部分，而是某种秩序或结构，他称之为它的形式。现在他用"它"指的并不仅仅是形状或构造，他指的是，例如在布莱恩·麦基的例子中，你组成运作的方式。你的形式是一组有组织的功能性能力，只要你存在，你就一定拥有这些能力。

他给了我们三个理由认为你的物质不可能是你的本质。

第一，就你和其他生物而言，物质总是进进出出，它总是在改变。当然你确实经常改变你的物质组成部分，而不会停止成为你自己。但是第二，即使事实并非如此，比如一个人工制品，我们关于人工制品的概念是，只要它的功能性结构保持不变，那么我们就能够随时替换物质的一部分，而我们手上不会有不同的东西。我们可以拿一艘船来，更换它的一些木板。只要它保持相同的持续功能性结构，执行一艘船的功能，那么在我们手上就还是拥有相同的实体。第三，他论证，物质不够确定，因此不能成为一个事物的真正本质。物质只是一团或者一堆东西，因此我们不能说你是一些东西或其他：只有当我们确定了这个东西的组成结构，我们才能关于这个东西本身继续说某些可理解的东西。

麦基：亚里士多德在此的论证是如此根本和重要，以至我想再重新讨论一下。他的第一个论证适用于作为个体的个人，他用苏格拉底作为例子。他说，苏格拉底不可能由构成他身体的物质组成，因为它在不断变化——事实上，在苏格拉底的一生中，它经历了几次完全的改变。但是他在整个一生中都是同一个苏格拉底。因此他不能只是构成他的物质。亚里士多德的第二个论证适用于作为物种成员的个体。一只狗不能因为构成它的物质而是一只狗，因为不同的狗是由不同的物质构成的。而且，它们有不同的体重、不同的形状、不同的大小、不同的颜色等，每一个特征都有一个物质的基础；但是它们都是狗。因此它们不可能因为构成它们的物质而是狗。亚里士多德的第三个论证是，没有任何诸如组织或结构的形式性质的一堆物质，根本不是一个人或一只狗。它不是任何事物，它只是一堆。事物之所以是事物仅仅是因为它们与其他事物相区分的结构。这又是亚里士多德所说的它们的形式。

努斯鲍姆：你的第二个观点补充了一个我没有提到的进一步的论证。但它肯定可以用来支持亚里士多德的立场。也有一些证据证明，他事实上也使用了那个论证。是的，不同的物种成员在物质上也有不同的构成。正如亚里士多德曾经说过的那样，球体可以由青铜、木头或其他不同的材料做成。这一点对于大多数人工制品也是真的——只要物质适合事物的功能或活动，物质是什么并不重要。又如亚里士多德曾经说过的，由木头制成并不是一张床的本质的一部分。以一种更有限的方式，这对于生物似乎也是真的——它们的物质组成从一个个体到另一个个体各不相同。两只狗也没有完全相同数量的不同物质在它们身上，因此没有任何物质的清单可以准确告诉我们什么是狗。我们可以通过关注生物的特殊功能来证明同一个观点。什么是看到红色，什么是思考亚里士多德的《形而上学》，什么是想要一块牛排，每次它在一个生物身上被实现时都会由物质构成；但是准确的物质配比并不相同，因为没有任何具体的物质清单会告诉我们，在每一种情况下，看到红色、思考亚里士多德的《形而上学》、想要一块牛排的确切含义。所有这些，在亚里士多德看来，似乎都说明棕色、木头或其他任何东西，都不能成为某种事物的本质的基本部分。事物的本质是形式（form）或结构（structure）。物质是构成或组成它们的东西。

但现在我想用与你的论证不同的我的第二个论证再补充一点。即使事物的物质在它的整个生命过程中没有变化——或者，我们也可以补充说，即使当某一类型的所有既定成员事实上是由同样的物质构成的——我们关于某种事物（例如一艘船）的本质的概念仍然并不与物质等同。我们可以通过进行一个思想实验看到这一点。想象一点点慢慢取代事物的物质部分，但同时保持功能的连续性。那么我认为我们将同意，你还是有同一个事物在你手上。

麦基：这难道不会让亚里士多德危险地接近他已经拒绝的柏拉图的形式理论？他难道不是在说一只狗因为它的犬类形式而是一只狗？这种犬类形式是所有的狗所共有的，因为这个唯一的实体，它们是狗，并且全部是狗？

努斯鲍姆：嗯，当然，在此我们到达了一个非常不同的领域，即形式准确来说是什么；我认为，任何两个哲学家都不会在这个问题上对亚里士多德有完全相同的解释。文本证据提出了许多问题。但是让我尝试说出我的想法。首先，很清楚的是，不像柏拉图，亚里士多德使形式成为殊象固有的某种东西。它并不独立存在于特殊的可感知的狗之外，在狗的天堂领域，而是就在那里；事实上，它就是狗。它与狗没有区别。我认为，如果关于这个话题有任何争议的话，这一点是没有争议的。

麦基：所以狗的形式并不存在于由其他形式所栖居的某种其他世界维度之中。

努斯鲍姆：是的。首先，它就在那里，它就是狗的真正本质。它就是那只狗。其次，这一点更具有争议性。我相信亚里士多德的形式都是个体——它们是特殊的，而不是普遍的。也就是说，即使每只狗的犬类形式的定义是相同的，以至如果我拿出五只狗来，我将得到一个对于所有这些狗而言狗是什么的定义，但如果我问的是，这里我有多少个犬类形式的例子，那么答案是五。我的意思是，其数量与狗的数量一样多。每一只狗，尽管其基本特征都很相似，用他的话说，在形式上都恰好是"数量上的一个"。我们通过计算我们手上的实体的数量来数形式。

麦基：即使在两千多年之后，在我看来，亚里士多德反对唯物论的最好的论证仍然具有毁灭性。你认为唯物论者曾有效地回应过这些问题吗？

努斯鲍姆：没有，我认为他们没有。我认为这些论证如此强有力的原因在于，亚里士多德对唯物论的反对不只是在心灵哲学的语境中，也不只通过挑选出一些使精神不同于其他任何东西的特殊特征，而是准确地说，在这里，在一般形而上学中，通过发展这些关于同一性和实体的一般理论，它们表明为什么对于一般事物而言，包括人工制品，物质还原论不是一种好方式。

麦基：你现在可以给我们一个例子，说明亚里士多德在哪些领域中将这种方法付诸实践，并且确定在某些具体的领域有哪些东西吗？

努斯鲍姆：嗯，现在我认为我们可以转向一个与他的一般形而上学非常接近的领域，因为如我们所见，他的一般形而上学已经非常关心像人类、狗和其他自然实体之类的事物，也就是说，涉及自然哲学的领域。在这里，亚里士多德有许多不同的兴趣。在他的著作《物理学》中，我们发现了关于时间、空间、运动的本质的有力分析。但他在这一领域最主要的兴趣之一是，以一种一般的方法谈论对自然的解释，告诉我们自然哲学家可以给出何种类型的解释，并说明这些不同类型的解释的相对有用性和重要性。在《形而上学》中，他说，哲学事实上产生于对自然世界的惊奇感；当我们看到这个世界时，我们会被敬畏和惊奇震撼，因为我们看到这些美好的事情正在发生，但我们不能理解为什么它们如此发生。他说，这就像看木偶戏一样，你看到这些物体好像自己在移动，并且你知道在它们背后一定有某种机制可以解释为什么它们如此移动。但你还不知道这种机制是什么。你想搜索并找出答案。现在的问题是，当你在问这个"为什么"问题时，你在寻找何种解释？为什么事情像它们那样运作？在此，亚里士多德认为许多哲学家都太简单了，因为他们没有注意到我们有多少种不同的方式提出和回答这些"为什么"问题。在《物理学》和《形而上学》中，他想坚持的是，不止有一种有用的解释，很可能有一个开放的清单。不管怎样，至少有四种类型在他看来非常重要。现在，这些当然就是著名的"四因说"（Four Causes）。我们听过亚里士多德的四因说。我认为重要的是说，这些事实上是四种解释（explanations）。

麦基：四种原（be）因。

努斯鲍姆：四种原因，是的——非常好。对于"为什么"问题的四种回答。它们被称作质料因（Material Cause）、形式因（Formal Cause）、动力因（Efficient Cause）和目的因（Final Cause）。假如我们提出这个问题：为什么一棵树会这样生长？物质的解释（质料因）会说，这棵树之所以这样生长，是因为它由如此这般的物质构成。现在，这种解释非常有用和有趣，但我们已经可以猜到，亚里士多德将认为它不能单独完成工作，因为一些物质本身不能告诉我们我们尝试解释其生长的这个事物是什么，这些物质将构成什么结构。为此，你可以猜到，他认为我们需要进一步的解释，即形式的解释（所谓的形式因）。它认为，树木之所以这样生长是因为它以如此这般的方式，即它的形式，构成结构。因此你在此会看到与形而上学论证的关联。然后还有第三种解释，被称作动力因，或效能的解释（Efficient Explanation）。它说，树木之所以那样生长是因为环境中的各种各样的事物以某种方式从外部推动它，例如，传入的物质或地球等。接下来最后一点，我认为也是最容易被误解的一点是他称之为目的因的解释形式。我们通常把它称为目的论的解释，因为它指的是一个目的或目标（telos），事物朝它移动。现在，它说的是，树木之所以那样生长是为了成为某种成熟的树。换句话说，自然的事物总是朝向它们的成年状况的繁荣而发展。

麦基：表面看来，在最后一个原因中似乎有一种神秘的、几乎是魔法的要素，在其他原因中则并没有这个要素。

努斯鲍姆：似乎是这样，但我认为这是一个巨大的误解。第一，亚里士多德并不是在说，未来有任何神奇的力量可以降临并把树拉向它未来的形式，就像从未来施加因果拉力一样。不，这一切都是非常自然的。这一切都发生在树本身。它是一种谈论生物的可塑性和机智行为的方式。它是一种为不同自然条件下树木等事物的通常运动方式提供统一解释的方式，以促进它们的生命持续和它们朝向它们的成熟形态发展的方式。因此，你看它在说的是，在各种不同的气候和天气下，树木总会朝太阳移动，它们的根会朝向水和营养的来源，不管它们恰好在什么地方。这是一个完全一般的解释，它将给我们一种方式来理解树木所做的各种不同的事情。它比在每种情况下"背后"发生了什么的描述组合更加简单和统一。如果我们掌握了它，我们可以做出预言，在某个新的我们尚未见过的情况下，树木将朝向光和营养生长，不管它们恰好在什么地方。我们不能拥有那种预言力量，而不提到一个目的。因此，你看，在那里没有什么超自然的。也没有任何东西指树本身的思想或欲望的力量。从这个意义上说，树并没有目标或目的。这只是谈论自然运动的机智的方式。

麦基：但事实上，许多学者都认为亚里士多德持有这样一种观点，即万物皆有灵魂。你认为他们对他的理解正确吗？

努斯鲍姆：不。我认为他们误解了他使用目的论解释的方式。他一再明确否认万物有灵论。我认为他只是为了生物才使用目的论解释。我认为他根本没有把目的论解释用在日蚀、雷雨等事物上。事实上，他明确地说，日蚀不是"为了"任何东西，不是通过目的论解释的。但是就生物而言，它不是我们意义上的心灵或灵魂的问题，这似乎暗示了某种心灵的力量，它是"什么拥有生命"的一般特征的问题。现在，我们必须转向他关于生命的著作，以便能对这些问题进行更多的讨论。亚里士多德写了一本著作，被称为《论灵魂》（On Psuche），它的实际含义是"论生命"或"生命的原则"，它通常被英译为 On the Soul。现在我们的"灵魂"一词包含了如此多的心灵和精神的内涵，使得我们在此使用这个词非常有误导性。我们最好把它看成对生命和生物的一般探究。拥有灵魂（psuche）的事物就是有生命的事物——对亚里士多德而言，这包括所有的植物和动物，包括人类。在这本著作中，亚里士多德尝试做的事情是提出和回答这个问题：许多不同种类的生物（包括植物、动物和人类）的生命原则是什么？关于什么是有生命的，我们能给出一些一般的描述吗？他给出的答案是，一般而言，生命原则就是有潜能被组织起来发挥作用、行使生命的功能的生命体的形式。当然，现在他用形式指的不仅仅是形状或构造。正如我们已经看到的，他指的是一种功能结构或组织。他通过为他想到的结构或形式类型创造一个新词来阐明这一点。这个词就是"隐德莱希"（entelechy），它似乎指的是一种组织，凭借这种组织，一个事物能够以其特定类型的生命活动所特有的方式发挥功能——实现作为其目标或目的的行为方式。因此，对于你，布莱恩·麦基而言，有生命就是被组织起来让你可以为自己提供营养，让你可以感知、思考、行使你这种生活方式所特有的所有功能。亚里士多德说的是，这是一种物质的组织、身体的组织。在每一点上，它一定会在某种物质中被实现。但是它仍然是作为你的生命的那个组织。它不是构成它的那个物质。因此，当你失去这些功能性结构时，你就死去了。

麦基：他把同样的原则应用于非生物，难道不是吗？我记得在他的著作中有这样一段话，他说，如果一把斧头有灵魂，那么它的灵魂就是砍伐。他说的是，甚至诸如斧头之类的物体的本质就是它所做的事情、它的功能。难道不是这样吗？

努斯鲍姆：是的。当然，现在他在反事实的条件下使用那个例子；他说，如果它有灵魂，那将会是什么。他使用这个例子的方式是为了说明我刚刚提到的这个观点：他用形式或组织指的不只是像斧头的形状，他指的也不是它由诸如此类的金属所制造的事实；他指的是行使某些功能的能力。因此这是一种让我们深入了解更神秘的生物案例的方法。这个类比告诉我们，对于那个生物而言，拥有某种生命原则，拥有一种特定形状，这当然不是对于你，布莱恩·麦基而言，因为你当然可以改变你的形状而不死亡……

麦基：……我太频繁地改变形状了……

努斯鲍姆：它也不是保持完全相同的物质。因为当然没有人如此。它是拥有，并且继续拥有，以各种方式发挥功能的能力；并因为你自己的组织方式而拥有那种能力。如果你失去那种发挥功能的组织，你就会死去。

麦基：我们已经涵盖了许多内容，但即使如此，我们也只触及了亚里士多德作品的一小部分。恐怕在我们拥有的短时间内，这是不可避免的。但我希望我们已经成功地让人们了解，可以从这位了不起的哲学家那里获得何种东西。在我们结束之前，我希望我们花点时间从我们一直在讨论的内容后退一步，并得出它对于现代哲学的一些影响。我们自己的同时代人的哪些哲学问题直接受到了亚里士多德著作的影响？

努斯鲍姆：嗯，我认为其中一个就是我们一直在讨论的——生命哲学（philosophy of life）。在当代哲学中，我们倾向于把这个领域称为心灵哲学（philosophy of mind），以一种方式——亚里士多德不会这样——将感知和思维的精神力量与生命的其他功能分开。但是在他关于生命的一般著作中，亚里士多德对当代心灵哲学有一些非常重要的结论。他试图向我们表明为什么唯物还原论（materialistic reductionism）——它认为感知（举个例子）只是某种物质过程——一定不能充分解释生命的复杂功能特征。他在此的论证——我先前给出的那些论证——似乎是强有力的并且仍然有效。另一方面，他的立场向我们表明，为了拒绝唯物还原论，我们不必引入某些神秘的、非物质的实体。我们应该说的是，感知不能被还原为一个物质过程——首先，因为它总是在不同的物质中实现的，而且因为意向性（intentionality）和主动向外聚焦的概念是正确描述意识感知类型的基础。但另一方面，感知也并不是某种神秘的或者与物质分开的东西。用他的话说，它是一种由物质构成的功能，在某个物质或其他物质中实现。

麦基：我们在此有一个非常重要的观念，这个观念似乎仍未被充分理解——不一定是关于感知，而且也是关于其他的。我们面对的不是在一方面做一个唯物论者与另一方面相信某种精神或抽象领域之间做出选择。还有第三种解释我们经验的方式——正如你提出的，它也是亚里士多德开创的方式。

努斯鲍姆：是的。

麦基：在我们全部结束之前，我们必须就亚里士多德伦理学说点什么。我认为这样说一点也不夸张：他是有史以来最有影响力的道德哲学家。你可以给我们一点暗示，他在这个领域的巨大影响力到底来源于哪里吗？

努斯鲍姆：是的。我很遗憾我们只有一点时间来讨论这个领域，因为它是我特别喜欢的一个领域。但我认为他的影响力首先来源于他一开始就提出的问题。许多道德哲学家一开始就把"道德"领域和人类生活的其他领域做出严格的区分。他们以这个问题作为伦理学的开端："我的义务是什么？"或者"我的道德义务是什么？"。现在，亚里士多德从一个更加普遍的问题开始：什么是过一种好的人类生活？这使得他可以研究这些领域——我们将把这些领域与"道德"相关联——以及它们与人类生活的其他领域的关系，诸如智力承诺、人的爱与友谊，并就它们之间的相互关系提出微妙的问题，以及如何从所有这些要素中构建一种好的生活。

麦基：所以他对于道德由什么构成有丰富的认识。这使他与其他一些著名哲学家截然不同。例如，功效主义者认为，所有道德行为都只有一种测量标准——幸福或不幸——因此他们相信可以在同一个测量杆上绘制出所有道德行为的可欲性与不可欲性。亚里士多德非常清楚不能这样，对吗？

努斯鲍姆：是的。你提到了测量杆的形象，这对于亚里士多德是非常重要的。他不仅拒绝把许多有价值的东西还原为一个单一的量度，他还想说，可以这么说，即使在每一个领域，我们也不能用一把直尺来处理复杂的环境。他使用了这个形象——他说，正如一位建筑师不会试图用一把直尺测量一个复杂的凹槽柱，伦理判断也不能在复杂的实践情况下采用一组简单和固定的标尺。相反，正如建筑师用灵活的弹性金属条进行测量，用亚里士多德的话说，它会弯曲成石头的形状而不是固定的，那么你或我，来到一个复杂的道德情景中，也必须让我们的官能开放和响应，准备好塑造我们自己，以适应这种特殊情况的复杂、也许是独特和不重复的要求。并且，如他所说，区分在于对那种情况的"感知"——他指的是在思想和情感上根据感知进行回应性的调节。这种感知先于任何的规则。

麦基：关于亚里士多德的道德哲学，对我影响很深的另一件事是，他坚定地把握了这个事实，即我们不能控制我们自己的道德环境，因此我们也不能，像斯多葛学派期待我们的那样，成为自足的道德实体。或许，我们也不能，像伊壁鸠鲁学派想的那样，成为超然的道德实体。我们居住在一个不断冲击我们的道德环境中，亚里士多德似乎已经理解这一点。

努斯鲍姆：是的，我认为他比在这个领域著述的几乎任何哲学家都更好地理解这一点；对于一个人而言，好生活如果足够丰富到包括一切有价值的东西——例如，人的爱和友谊——一定对于我们不能控制的许多因素是脆弱的，任何关闭那些脆弱性的领域的尝试都将导致我们生活的贫困。

麦基：你认为他有任何想法接近最近几年哲学家写过的"道德运气"（moral luck）概念吗？

努斯鲍姆：是的，我认为他有。那就是，他肯定问了好生活的哪些特征不在我们的控制之下，以及让我们的德性行为能力以及我们的德性品格本身如何被不受我们控制的因素塑造和改变。现在，我本人认为他在这里走得还不够远，因为他对于描述一种和谐与平衡的好生活非常感兴趣。也就是说，他的图景总是有许多组成部分的一种生活，富含多种价值，但是一切又都被和谐地设计和平衡在一起。我认为这使他不能公平地对待这种方式，即一种生活的某些组成部分，如果恰当地尽可能深地追求，事实上可以挑战和质疑所有其他的组成部分。例如这种方式，即深爱有时会威胁和反对美德。这是亚里士多德对此保持沉默的某些东西。它是"道德运气"的领域，我认为它非常重要，但亚里士多德对此什么也没有说过。事实上，关于爱欲，他几乎什么也没有说——我认为这是因为他感兴趣的是，给我们一幅和谐与平衡的生命图景。

麦基：到目前为止，在我们的讨论中，我们首先关心的是传达亚里士多德的一些基本思想，我们还没有停下来对它们进行过批评性的评价。但你刚刚已经触及了他思想的一个方面，在你看来这是一个缺点。你能否再讲讲亚里士多德在哪些其他主要方面受到过重要批评？

努斯鲍姆：嗯，其中一个主要领域是他的政治理论。我认为这里有很多好东西，其中一个好东西就是，关于政府或政治的恰当功能是为每一个公民提供过上丰富和美好的人类生活的所有必要条件的论述。他将这一点与作为这种生活组成部分的各种不同功能的好生活的描述相结合。在我看来，在今天，这个观点非常值得研究，作为把政府的工作看成与功利的最大化联系起来的观点的替代方案。但他关于谁是公民的论述产生了一个问题。在这里，他对外国人和女性都持有一种非常狭隘的态度，他也很开心地提供了一种关于政治公民身份的论述，排除了少数有闲男性精英之外的所有人。他甚至不想要农民、商人或水手。当然，这样做也有理由，因为他认为为了拥有好生活，你必须能够反思它的结构，但如果你参与某些低贱劳动，你就不能很好地反思。但我本人认为，当他说农民或手工艺人因参与低贱劳动而不可能拥有实践智慧或好生活时走得太远了。

麦基：但沿着这些思路批评亚里士多德肯定是不合时宜的，因此也是不公平的？可能在我们看来，从 20 世纪的我们的立场来说，好像他低估了女性、社会底层和外国人，但当时处在他那个位置的人不是或多或少都有同样的想法吗？

努斯鲍姆：不，我不这样认为。当然，在奴隶制的问题上，他反对一些认为所有奴隶制都是不公正的激进立场。他知道这些立场，他反对它们。关于农民和水手——嗯，当他说这些人不应该成为公民，他反对的其实是雅典民主的实际做法。就女性而言，嗯，首先，在他的女性生物学中，关于女性对生育的贡献，他拒绝了比他的理论更丰富、更正确的理论。你知道，他认为女人事实上根本不为后代贡献任何形式特征，只提供非形式的物质。在关于女性的角色的政治讨论中，当然，柏拉图已经表明他能够使自己免于流行的习俗，重新思考关于女性教育的整个问题。柏拉图得出的结论是，我们最好根据一个人的个人能力教育国家中的每一个人，这意味着女性应该作为个人接受评估，并接受相应的教育。

麦基：现在，尽管你对亚里士多德的观点持反对意见，但你已经投入了多年的生命来研究他，你也出版了一本关于他著作的重要的书。你也把它教授给你的学生。而且很明显你感觉所有这些都非常值得。为什么？例如，你期待你的学生——他们中的所有人几乎都不会成为专业的学者或哲学家——从阅读他中获得什么？

努斯鲍姆：嗯，我认为最基本的事情是他关于哲学和哲学可能是什么的一般进路，他关于哲学家一定是一个关心人类生活的多样性和极大丰富性并且在它们面前几乎谦卑的人的观点。但同时，哲学家也是致力于给出解释的人，致力于以一种清晰的方式描绘这种丰富性的人。在每一个领域，他都找到了一种平衡：在一方面过于简单的理论化和另一方面一种否定的或通缩的哲学研究之间的平衡，前者使哲学远离日常预言和日常生活的丰富性、复杂性甚至混乱性，后者认为理论化是纸牌屋，要求和给出解释

毫无意义。我认为亚里士多德找到了正确的平衡，并且大概拥有
一个人可以给学生的最好的关于哲学任务的概念。

3

Medieval Philosophy

中世纪哲学

对话安东尼·肯尼

安东尼·肯尼
（Anthony Kenny，1931—　）

引　言

麦基：为了教学的目的，常见的做法是把西方史区分为广义的时期，我们称之为古代、中世纪和现代；对于西方哲学，我们也采取同样的做法——我们谈论古代哲学、中世纪哲学和现代哲学。已经出版的哲学史经常被划分为我刚刚提到的这三个领域，大学常常为了教学目的使用这样的范畴。

古代哲学主要由柏拉图和亚里士多德两个人的著作组成。毋庸置疑，在古代世界，在他们之前和之后也有其他重要和有趣的哲学家。但是没有人留下的著作可以以任何方式与他们二人著作的数量、品质和影响力相媲美。柏拉图和亚里士多德的优势如此强大，以至任何去大学学习古代哲学的人都发现，他自己的几乎所有时间或者实际上所有的时间都在研究他们二人的著作。

如果这个人想要接下来继续研究哲学，那么他大概将发现自己必须直接从亚里士多德跳到现代哲学，完全跳过中世纪。中世纪哲学——我们正在谈论的，毕竟是一千年或更长时间的哲学，从罗马帝国的衰落到文艺复兴——在近代以来一直受到严重的忽视。主要的原因，我认为是，在整个中世纪，几乎所有重要的哲学家都是宗教学者，几乎他们所有人都是基督教神职人员，而在这一两个世纪到我们自己的时代，一直有一种广泛的反对宗教的反应。特别是反对它坚持的思想。在那类反应中，中世纪哲学家有不追求真理——不管它可能导向什么——而寻求理由支持他们的信仰的嫌疑。但是，像大多数反应（包括健康的反应）一样，这个反应走得太远了。最伟大的中世纪哲学家都是真正的巨人。他们做的是真正的哲学，就像我们今天理解的这个词一样。我们也仍然能从他们身上学到知识。

正如古代哲学一样，在中世纪哲学家中有两个人物从其他所有人中脱颖而出，尽管在这里他们几乎处于这个时期的两端。更早的是圣奥古斯丁（St. Augustine），他于354年出生于北非，并于430年在那里去世，尽管他在他的整个生命过程中到处旅行。他的两本书被公认为世界上最伟大的著作——《忏悔录》（*The Confessions*）和《上帝之城》（*The City of God*）。后期的一位可与之比拟的人物是托马斯·阿奎那，他于1225年出生于意大利并于1274年在那里去世。与奥古斯丁相比，阿奎那是更技术性的哲学家，他最著名的著作是为学生写作的两本巨大的纲要，一本被称为《反异教大全》（*Summa Contra Gentiles*，英译的标题是 *On the Truth of the Catholic Faith*），另一本被称为《神学大全》（*Summa Theologiae*，英译的标题是 *Summary of Theology*）。

圣奥古斯丁死后和罗马帝国衰落后，随之而来的是我们称为黑暗时代（Dark Ages）的时期。在那几个世纪里，西欧的博学之士竭尽全力在异教徒的反复入侵和占领中坚守文明的残余。在这种情况下，他们把自己的任务主要看成是保存，在很长时间里，几乎没有任何新的、有持续重要性的知识作品完成：在从奥古斯丁到安瑟尔谟（Anselm）的 700 年里，只有一个名列前茅的哲学家——约翰·司各特（John the Scot），他生活在 9 世纪。但是，一旦我们到达 11 世纪的安瑟尔谟，我们就开始有连续不断的重要思想家——例如，12 世纪的彼得·阿伯拉尔（Peter Abelard）、13 世纪的罗杰·培根（Roger Bacon）和托马斯·阿奎那，然后是邓斯·司各脱（Duns Scotus），以及随之而来的奥卡姆的威廉（William of Ockham）；到那时为止，中世纪本身就接近了尾声。

为了讨论这段很长但又不熟悉和精彩的哲学史时期，我邀请了牛津大学贝利奥尔学院（Balliol College, Oxford）的安东尼·肯尼（Anthony Kenny）。他是少数在中世纪哲学上有大量著述的当代哲学家之一，他自己也曾经是罗马天主教会的牧师。

讨 论

麦基：在我们谈论中世纪哲学的具体方面之前，你想补充一下我刚刚勾勒的整个时期的草图吗？

肯尼：我赞成你选择奥古斯丁和阿奎那这两位哲学家来总结中世纪的成就。但是他们是两个非常不同的人。奥古斯丁是一个孤独的思想家，他最著名的著作是自传。他的《忏悔录》是一本根据他自己的沉思、他对《圣经》（Bible）的阅读和他自己的内心生活所写的书。阿奎那则不同，他不是一个孤独的人，而是某个处在宗教和学术传统正中央的人。他是最伟大的多明我会（Dominicans）修士之一。他在修道院中生活。他也是一名大学老师。

他的一个伟大成就是写了两本优秀的大学教材。所有这些都与奥古斯丁形成极大反差——他是一个如此孤独的学者，以至在他的生命的尽头，作为主教，他是全镇唯一拥有书的人。

麦基：它们事实上是从古至今曾经存在过的两种主要哲学家的优秀例子：一种是孤独的、与世隔绝的、内省的思想家；另一种是体制内的人，大部分一般是大学老师。

肯尼：纵观整个哲学史，你会发现，人们都会落入这两类。在奥古斯丁的模式中，有像勒内·笛卡尔（René Descartes）和斯宾诺莎（Spinoza）这样的孤独天才，他们从自己的沉思中汲取灵感，也有像康德和黑格尔这样博学的大学教授，发展体系，供学生和后代哲学家处理和修改。

麦基：我们对大学老师的谈论促进了这种反思，即正是在中世纪大学才出现，它们的存在也对哲学有巨大的影响。你可以对此说点什么吗？

肯尼：这是中世纪哲学的一个最重要的贡献——发明了大学。我用"大学"指的是一群专业、全职从事知识语料库教学，将其传授给学生，具有一致同意的教学大纲，具有一致同意的教学方法，具有专业标准的人员团体。中世纪哲学的专业性，是一个非常了不起的事情。首先，有大量的哲学家的作品。最低估计，阿奎那写了800万字。也有许多有争议的著作，这可能让这一数字上升到 1100 万。800 万字也已经很多了。亚里士多德现存的作品只有 100 万字。柏拉图的现存作品只有 50 万字。在很短的生命过程中，阿奎那，写了 800 万字——它们也不是可以随便扔掉的文字，它们是当今学者至今仍然能找到深刻意义的文字。

阿奎那的严谨性也如同他的产出量。阿奎那的著作带有中世纪辩论技巧的印记。这是伟大的中世纪教学方法之一。老师会让他的一些学生——一个高年级学生，一个或更多的低年级学生——辩论。高年级学生必须为某个特殊的论点辩护——例如，世界不是在时间中创造的，或者就此而言，世界是在时间中创造的。这个论点将被反驳，由其他学生提出相反的论点。在彼此争论这件事时，他们必须根据严格的逻辑规则进行。然后老师会解决争端，试图找出一个人所说的话中什么是真实的，在其他人的批评中什么是合理的。

如果你打开圣托马斯的《神学大全》，你会发现，尽管它本身不是现场辩论的记录，但却带有这种方法的印记。不管何时阿奎那提出一个特定的准则、哲学论点或神学论点，他都从通过提出他能想到的三个最强的论证来反对他的论点的真理性开始。这种方法是一种奇妙的智力训练，阻止你把事情看成理所当然的。它让你问自己："我必须说服谁？什么是他们站在另一方可以说的最强有力的话？"

这就是中世纪哲学家的两个特征——大量的产出和严谨的表达。中世纪的第三个创新是教学大纲。大学的教学大纲意味着有固定的主题，任何上大学的人都应该学习这些主题。在继续把他自己的小石头增添到科学大厦的堆石标之前，有一个每个学生都应该掌握的知识库。有一种必须被保存的传统，然后传给学生，希望得到加强。

在中世纪，教学大纲是特别根据亚里士多德幸存的作品制定的。在中世纪盛期的开端，亚里士多德的著作被翻译成了拉丁文。伟大的中世纪哲学家很少可以读希腊文，但是他们有很好的拉丁文译本；他们努力吸收所有可能从亚里士多德那里汲取的知识，然后发展它。

麦基：在我们谈到最重要的事情之前，即所有这些著作的内容之前，我想问你一个问题，这个问题可能听起来很狭隘，但是可能可以引出一个有趣的答案。任何前来学习中世纪哲学的英国人都一定会对有多少主要人物来自不列颠群岛或在那里度过了他们职业生涯的重要时期感到震惊。这将适用于我在引言中提到的超过一半的人：约翰·司各特、安瑟尔谟、罗杰·培根、邓斯·司各脱、奥卡姆的威廉……这都是巧合，还是对此有一个有趣的解释？

肯尼：这是一个令人震惊的事实，但是如果认为中世纪的哲学有些东西特别英式，我认为是有欺骗性的。

麦基：我当然不是这样认为的！

肯尼：确实如此，很多哲学家在英国度过了一段时间，并且其中一些一出生就是英国人。但是，毕竟安瑟尔谟是意大利人；邓斯·司各脱和奥卡姆的威廉在欧陆度过了很长的时间。如果你选任何一个西欧的国家，你都能说，相当数量的大哲学家都在那里度过了大量的时间。那是因为中世纪的大学共同体很像一个欧洲共同体——基督教世界和基督教国家形成了一个单一的学术共同体。一些从一所大学毕业的人会去另一所大学任教——所有的大学都讲一种共同的语言，即教会的拉丁语，并且有大量的学术迁移。早期中世纪确实如此。你会发现，后来的国家战争，比如英法之间的百年战争，意味着旅行的中断。再后来也有白话文学的发展，这意味着即使人们仍然说拉丁语，但他们开始用比如英语思考。一个重要的事实是，最后真正伟大的中世纪哲学家是约翰·威克里夫（John Wyclif），紧随在奥卡姆的威廉之后，他也因为《圣经》的第一本英译本而闻名于世。威克里夫生活在国际拉丁学术共同体解散之初，这是使用不同语言的不同国家的文化不断裂变的第一个阶段。

麦基：现在让我们转向哲学本身。贯穿整个中世纪的一个当务之急是调和古希腊伟大的古典哲学与基督教的欲望。在中世纪早期，他们主要关注的是柏拉图的哲学，但在后期，正如你所说，则是亚里士多德的哲学，但是不管怎样，调和的欲望是普遍存在的。你可以就此说点什么吗？

肯尼：调和亚里士多德的哲学和基督教是阿奎那及其追随者尤其关心的一个问题。我认为，奥古斯丁对柏拉图的哲学而不是亚里士多德的哲学更感兴趣，并且把柏拉图的哲学作为知识和信息的一个来源，他对《圣经》的兴趣远远大于对任何哲学家的兴趣。

奥古斯丁的存在笼罩了整个中世纪。中世纪晚期的哲学家几乎把他看成在贯穿《圣经》的基督教传统中能找到的宗教知识的集成。但是在 12 世纪和 13 世纪，当亚里士多德的著作被翻译为拉丁文，学者发现基督教传统之外还有另一个关于世界、关于人

圣奥古斯丁
（St. Augustine，354—430）

类、关于我们是什么样的人以及我们应该做什么样的事情的信息库。这可以在古代哲学，尤其是亚里士多德哲学中找到。亚里士多德在许多方面都是一个天才。他发现了许多学科，这些学科后来都发展成了哲学的分支，其中一些后来还发展成了科学的分支，比如逻辑学、形而上学、生物学、心理学、植物学和气象学。这些以及其他科学都始于亚里士多德，它们在中世纪早期可用的最成熟的版本仍然是亚里士多德对它们的陈述。

麦基：我不知道如何表达这个问题才不会显得轻率，但有一个严肃的问题需要被提出：鉴于中世纪哲学家对基督教信仰、《圣

经》神圣信仰和教会作为上帝在地球的代言人的唯一权威的信仰的全心全意的承诺，为什么他们还在乎古代人曾经说过的话？难道教会的教义不是在任何问题上都是最终的权威吗？那不是取代古代人了吗？

肯尼：他们相信，基督教为他们提供了充分的关于救赎的知识。知道基督教信仰的真理性而对古代科学一无所知的谦卑洗衣妇与像托马斯·阿奎那这样博学的人一样有机会进入天堂，生活在上帝的荣耀之中。但是认为像阿奎那这样的人只关心宗教则大错特错。他们都是有求知欲的人，想尽其所能了解人类和世界。当然，他们是对人类和世界作为上帝的造物（God's creatures）而感兴趣，但他们认为上帝不仅通过《圣经》等圣书，而且通过创世的故事告诉我们关于世界的事情。

麦基：当我第一次接触中世纪哲学，一件让我惊讶的事情是，它里面有如此多与宗教没有关系的内容。其中有很多语言和概念分析，看起来很现代，并且非常精巧。在逻辑方面有很多真正扎实的工作。在从力学到心理学的整个科学领域都有——或许这是最让人惊讶的——有趣的、有时是创新性的工作。其范围之广让人惊讶，人们对其中大部分的兴趣也令人惊讶地经久不衰。

肯尼：在中世纪哲学中，我们发现了在文艺复兴后自立为学科的很多科学的萌芽，可以说，它们都是在中世纪哲学大家庭中长大的孩子。古代大学的一些教授的头衔与此相呼应：在牛津，有一位数学物理学教授的头衔是自然哲学教授。这就是物理学学科的起源，作为自然哲学的研究，它本身就是亚里士多德所称的《物理学》所设定的纲领。

亚里士多德的作品本身勾勒出了中世纪的教学大纲。这份教学大纲以亚里士多德所开创的逻辑学开始，但在中世纪得到了极大的发展。这是任何进入中世纪大学学习的人都将要学习的内容之一。近年来，我们发现了许多高度精练的定理和逻辑技巧，它们都是中世纪末期的本科生非常熟悉的。在文艺复兴和宗教改革时期，逻辑被中断了，直到 19 世纪末，大多数欧洲的大学只教授这门学科的一个删节版。19 世纪末，新一代的数学逻辑学家，如德国的戈特洛布·弗雷格（Gottlob Frege）、英国的伯特兰·罗素（Bertrand Russell）和阿尔弗雷德·诺思·怀特海（Alfred North Whitehead）等人，开始从不同的角度，也就是数学的角度来研究逻辑，希望将数学的起源追溯到逻辑学。这些逻辑学家踏上了逻辑学的伟大重生之路，它开出的花朵之一就是《数学原理》（*Principia Mathematica*），怀特海和罗素试图在这部伟大的著作中证明，如果你足够系统地研究它们，整个算术体系都可以从纯粹的逻辑真理中推演出来。逻辑在 20 世纪初的重生导致了从中世纪到第二次世界大战前后完全遗失的逻辑学分支的再发现。直到我这一代，人们才开始把二者结合起来，并意识到一些最现代的逻辑思想曾经是中世纪众所周知的东西。

麦基：当我发现像邓斯·司各脱和奥卡姆的威廉这样的哲学家时，我毫无预兆地想起了许多年前我对 20 世纪逻辑学的研究。

我原以为会遇到遥远而陌生甚至异己的作家，但相反我发现的是从事我非常熟悉的活动的人，甚至他们的语气有时也是熟悉的。是否可以说，哲学，至少在西欧所教授和学习的哲学，在中世纪是以逻辑为中心的，在现在是以逻辑为中心的，但是在二者之间的大多数时期并不是以逻辑为中心的？

肯尼：是的，这就是为什么一个有现代哲学背景的人之后再去阅读中世纪文本时有时会有一种不同寻常的同情和熟悉感。但在中世纪之后，人们对逻辑学失去了兴趣，并且在很大程度上也对关于语言的哲学研究失去了兴趣。他们当然对语言的修辞与文学研究非常感兴趣，但对语言与逻辑的关系失去了兴趣。从笛卡尔开始，哲学家把认识论置于他们学科的中心位置。认识论是以这个问题为基础的：我们如何知道我们所知道的知识？我们如何能够知道我们所知道的知识？认识论将语言和逻辑置于背景之中。从弗雷格和罗素到当代，尤其是英国和美国，逻辑和语言都在哲学的最前沿。近年来，哲学家最关心的问题不是"你知道什么？"，而是"你的意思是什么？"对任何问题的坚持，不管是科学、数学或其他任何学科中的问题，都一定伴随着对我们提出的问题意思的非常仔细的了解，这是中世纪非常典型的事情，现在又是哲学非常典型的事情。

麦基：正如我在本次讨论的引言中所提到的，一般而言，针对中世纪哲学最常见的指控是，其实践者甚至在开始之前就承诺了关于全部现实的一整套详细信念，因此他们从事的不是不偏不

倚的研究，而是在为他们已经相信的事物寻找好的理由。你如何
回应这种指控？

肯尼：说哲学家正在寻找好的理由证明他已经相信的东西并
不一定是一个严重的指控。例如，穿着睡衣坐在火炉旁的笛卡尔，
正在寻找好的理由相信那就是他正在做的事情，并且他花了好长
时间去寻找这些理由。伯特兰·罗素指责阿奎那不是真正的哲学
家，因为阿奎那正在为他已经相信的东西寻找理由。奇怪的是，
这种指控居然来自罗素，在他的著作《数学原理》中，他花了几
百页来证明二加二等于四，这是某种他毕生都相信的东西。

麦基：你在此说了一些非常重要的事情，一些我认为人们不
容易意识到的事情，因此值得把这个观点充分地说明白。任何重
要的哲学家都必须至少持有一些使他与众不同的信念，否则他就
不会重要。几千年来，几乎每一种可以想象到的哲学信念都被一
些哲学家或其他哲学家所持有。声名显赫的哲学家与声名狼藉的
哲学家的区别，不在于他持有某种"正确的"教条式信念，而在
于不管他的信仰如何，他准备为它们提出理由，并且看到这些理
由受到最严格的审查，并遵循其结论。他对概念、论证和方法进
行批判性分析，不仅对他人的概念、论证和方法进行分析，也对
他自己的概念、论证和方法进行分析，并承担分析的后果。只要
他做这些事情时带着完全的智性的诚实，他就可以是一名基督徒、
印度教徒、无神论者或者其他任何人，同时是一个合格的哲学家。
当然，有些信念已经通过分析被证明是如此有缺陷的——不融贯，

或许自相矛盾——以至不可能像过去那样让一个既聪明又智性诚实的人来持有它们。放弃这种信念构成了智性发展的一部分。

圣托马斯·阿奎那
（St. Thomas Aquinas，约 1225—1274）

肯尼：当然，你可以是一个非常好的哲学家并相信非常奇怪的事情。一个哲学家的主要任务是区分好的论证和坏的论证，而论证好坏的区别并不依赖于起点或终点。事实上，你和我刚刚在你相信什么和你相信的原因之间做出的区分与中世纪哲学非常相关。托马斯·阿奎那很清楚（也许比其他哲学家更清楚）地提出了这一点。作为一个有信仰的基督徒，他信奉许多信念，但是他还相信许多其他的事情，因为他读过亚里士多德并遵循他的论证。他很仔细地在这些事物之间做出了区分：他作为神学家的信念与作为哲学家的信念。他认为自己作为神学家的工作是阐明、弄清和辩护世界历史的启示、世界的救赎和世界的未来，它们都包含在基督教的圣书和教会的教义之中。作为一名哲学家，他的工作是尽其所能地发现世界是什么样的，以及我们可以知道什么样的真理，它们都是关于世界和思想的必要真理，可以通过独立的推理发现，无须诉诸任何神圣的启示。

麦基：他对这种区分的令人钦佩的自我意识的一个例子在我的脑海中挥之不去。在他的著作《论世界的永恒》（*On the Eternity of the World*）中，他说，就哲学思考而言，没有理由不认为宇宙应该存在并且永远继续存在，但作为一个基督徒，他并不相信这一点：作为一个基督徒，他相信上帝从无到有创造了宇宙，并且终有一天会终结它。

肯尼：这是一个很好的例子。有很多基督教哲学家认为你可以证明世界一定有一个开端。他们这样想是因为他们不相信某些种类的无穷级数。阿奎那证明了他们论证中的缺陷，并认为在这个观点中没有什么自相矛盾的地方，就像亚里士多德相信的，世界已经永远持续下去并且也将永远持续下去。阿奎那认为，凭借人类的独立理性，不能证明世界有一个开端。同样，他相信人类不能证明它没有开端，他反对认为可以证明它没有开端的亚里士多德。与亚里士多德相比，作为哲学家的阿奎那持有一个更不可知论的立场。他说，你无法用任何方式证明它。那么他为什么相信世界有一个开端？作为回答，他本可以求助于《圣经》中的《创世记》。但这是他作为一个基督徒，作为一个神学家而不是哲学家，相信的某种东西。

开场时你提到了他的两部伟大的著作——《反异教大全》和

《神学大全》。《反异教大全》是一本哲学著作；它针对的是非基督徒，他们可能是穆斯林、犹太人或无神论者。它旨在给他们提供理由——任何有善良意志的人类都会认为是好理由的理由——相信上帝存在，灵魂不死，等等。《神学大全》则非常不同。它的演说对象是基督徒，并且它接受《圣经》中的观点作为论证的良好起点。但是那本著作中也包含大量的哲学反思，即使它的标题把它描述为一部神学著作。

麦基：让我们来关注一个特定的哲学问题，来看一个基本问题，一个整个中世纪的哲学家都关心的问题。让我们来看上帝的存在是否可以通过理性论证来证明，如果可以，那么该论证是什么。但首先，让我补充一下你刚刚所说的关于中世纪牧师向非信徒发表讲话的内容。有些人认为这是他们基督徒义务的一部分。他们认识到，在与非信徒辩论中，诉诸教会或《新约》（New Testament）的权威毫无意义——他们的对话者并不接受那些权威。因此，他们必须完全依赖带有他们自己资历证明（credentials）的论证。他们认识到，在这些论证的质量上自欺欺人是毫无意义的，因为糟糕的论点很快就会被聪明的怀疑论者推翻。因此，我们发现，优秀的中世纪基督教哲学家甚至对上帝存在的论证进行毁灭性的批评——正如我们刚才所说的，这是基督教哲学家应该做的事情之一。

我认为哲学史上最著名的关于上帝存在的论证是所谓的本体论论证（ontological argument）。它不仅在中世纪被反复讨论，也再次出现在笛卡尔、斯宾诺莎、莱布尼茨和康德(Kant)那里——

事实上，它在今天也引起了人们的兴趣。它的经典表述由安瑟尔谟在 11 世纪做出。你可以向我们解释一下它吗？

肯尼：是的，但或许在我这样做之前，我应该向听我们讨论的人们解释什么是本体论论证——"本体论"这个词可能令人费解。在中世纪及之后，存在两种不同类型的证明上帝存在的论证。一种论证——最著名的是圣托马斯·阿奎那的"五路证明"（Five Ways）——以外在世界的某种特征为论证的起点。这种论证从外在世界的一些非常明显的特征开始，例如某些事物从一个地方移动到另一个地方，或者某些事物开始存在并结束存在。以这些以及一些哲学的普遍真理为出发点，圣托马斯向你证明，有某个被所有人称为上帝的存在。这些证明被称作"宇宙论论证"（cosmological argument），因为它们从宇宙开始，从我们周围的世界开始。但是本体论论证是这样的论证，它仅从上帝的概念出发，从上帝概念本身出发。你不必走出观念的领域就可以到达它的起点。

这个论证最著名的表达式是圣安瑟尔谟给出的——事实上，圣安瑟尔谟似乎是本体论论证的发明者，而其他的论证则是亚里士多德思想的发展。安瑟尔谟的论证非常巧妙。它以"上帝"一词的定义为基础。对于上帝，安瑟尔谟说，你不能设想任何其他事物比他更伟大。现在这似乎是一个很无害的关于上帝的定义，某个不相信上帝的人可能也会把它接受为上帝的定义。毕竟，如果你不相信某个事物，你将需要一个你所不相信的事物的定义。因此无神论者可能赞成把上帝定义为某种你无法想象任何事物比它更伟大的事物。如果是这样，安瑟尔谟会对无神论者说："嗯，让我们假设上帝只存在于心灵中而不存在于现实中。你必须同意上帝存在于心灵中，因为你此刻正在思考上帝，这就是某种事物存在于心灵中的含义。但是现在如果上帝只存在于心灵中而不在现实中，那么你就可以设想某个比上帝更伟大的事物——你可以设想某物就像你正在思考的上帝，但它既存在于现实中也存在于你的心灵中，因此它更伟大。因此会有某个可以设想的事物比上帝更伟大。但是我们同意，上帝是某种你无法设想比它更伟大的事物的事物，而你刚刚设想了某种比上帝更伟大的事物。这是荒谬的——自相矛盾的事情。现在导致我们得出这个自相矛盾的结果的，是这个假设，即上帝只存在于心灵中而不存在于现实中。因此我们必须说，上帝也存在于现实中。"

麦基：这是一个异常令人不安的论证，因为任何听到它的人，至少现在，都一定会感觉到它有问题，但当你试图指出它的问题是什么时，你会发现做起来非常困难。

肯尼：我同意。我就是认为这个论证有问题的人之一。但并不是特定的现代哲学发展趋势使人们认为本体论论证有问题，圣托马斯·阿奎那就费力地证明过它存在问题——他也没有被它说服。但最有趣的事情是，尽管历史上的许多伟大的哲学家都认为本体论论证有问题，他们都给出了不同的理由说它错了，但直到今天，对于它出了什么问题还没有达成共识；事实上，没有任何关于它有任何问题的共识。最近在美国成长起来的一批宗教哲学家使用最新的数学逻辑技巧复活了这个论证，试图以一种

在当代逻辑结构的背景中令人信服的方式来证明它。详细说明
他们是如何做到这一点的需要很长时间。但是 20 年前被认为像
渡渡鸟一样已灭绝的争论，现在在印第安纳州和加利福尼亚州
仍然生气勃勃。

麦基：你描绘了中世纪哲学和我们当代哲学的许多惊人的相
似之处。你说，二者都是以逻辑为中心的，而介于它们中间的哲
学则不是。两者都在很大程度上通过语言分析进行，而介于二者
之间的哲学则没有表现出对语言的同等关注。现在你已经指出，
二者甚至都关心本体论论证！还有一个相似之处值得强调。二者
都关心一阶的问题，也就是说，直接遇到的生活问题，以及在语
言——概念、论证、方法等——中讨论它们时所提出的二阶问题。

肯尼：这是英美哲学最近发生的变化。在你和我开始学习分
析哲学的时候，我们都被告知，道德哲学家的任务不是告诉你说
谎是否可以被允许，或者通奸有没有什么不对的地方，或者什么
是你决定发起一场战争是否正义的标准。当然，这些都是重要的
问题，但并不被看成是哲学家的特殊任务。哲学家的任务是二阶
的任务，即分析我们做出这些一阶决定时所使用的语言和概念。
在过去的十年里，人们又重新开始对现实的道德问题感兴趣。现
在人们认识到，他们把哲学家当作哲学家来关注，而不只是公民
或道德人。例如，哲学家对医学伦理学问题做出了极大的贡献。
他们会就生命的维持问题咨询哲学家，比如何时关闭生命支持系
统是正确的。在英国，是哲学家主持调查委员会，调查进行胚胎

实验是否正确的问题。人们也对道德哲学与发动战争之间的关系有极大的兴趣。

麦基：我想捡起最后一个例子并用它来举例。你自己最近写了一部关于核威慑的著作。在这部著作中，你提出了一个问题，即是否存在任何可以想象的情况，在这些情况下，发动核战争在道德上是可以被证成的。在这样做的过程中，你调动了从中世纪以来关于所谓"正义战争"的整个理论传统，并且你非常正确地指出，对其中包含的这些论证，任何理智的个人都应该感兴趣。你可以跟我们讲讲这件事吗？

肯尼：正义战争的理论萌芽于中世纪的阿奎那，中世纪结束后，它在后中世纪的经院哲学中得到了进一步发展。这个问题是双重的：在什么情况下发动战争是道德上正确的？而且如果真的参加战争，发动战争的方式有哪些道德限制，例如，你可以选择什么作为目标，或者你可以对俘虏做什么？

正义战争的理论是一种居于两种相反观点之间的中间理论。一方面，有一种和平主义的观点认为，没有正义战争这回事：所有的战争都是不道德的和邪恶的，不管发动它们的原因有多高尚。另一方面，还有一种观点，即尽管战争是一件可怕的事情，一旦参与战争，就没有任何道德规则可言，唯一的道德命令是以最有效的手段赢得战争。现在正义战争的传统认为，这些观点没有一个是真的。有些价值比生命本身更可贵，因此你可以正当地发动战争。但是对战争的证成也有限制。必须有一个发动战争的好理由——发动战争的价值必须足够重要到以这种方式防御。当发动战争时，选择什么作为目标是有限制的：不能故意杀害无辜的人，不管"无辜的人"指的是没有参加战争的平民还是现在是俘虏的前战斗人员。这种中世纪的"正义战争"传统奠基了最近关于核武器辩论的两个重大贡献——英国英格兰教会的著作《教会与炸弹》（*The Church and the Bomb*）与美国的《美国天主教主教关于核武器和核威慑的牧师函》（Pastoral Letter of the American Catholic Bishops on Nuclear Weapons and Nuclear Deterrence）。

麦基：一些你刚刚所说的话来自阿奎那。难道阿奎那今天不是被看成罗马天主教会的官方哲学家吗？

肯尼：事实上，我们刚刚结束了可以称其为罗马天主教会官方哲学家的时期。在 19 世纪之前，尽管阿奎那广受尊敬，但他无论如何都不是罗马天主教会的官方哲学家。他或许是多明我会的官方哲学家，但这只是天主教的一小部分。然后在 19 世纪后期，教皇利奥十三世（Pope Leo XIII）写了一封通谕，给予他一个特殊位置，可以在天主教神学院和大学里进行哲学和神学教学。自从第二次梵蒂冈大公会议以来，我的印象是，阿奎那对天主教机构的影响松散多了。他已经被许多其他次要的哲学家代替。相比之下，阿奎那在非天主教世界中则获得了声誉，因为他不再被视为政党路线的代言人。特别是在美国，人们对他的著作越来越感兴趣，他们不是天主教徒，或许根本不是基督徒，但都对这个人的纯粹哲学天赋感到印象深刻。

麦基：我想提出另一个关键的哲学问题让你评论，我想再次选择一个在今天如同在中世纪一样令人感兴趣的问题。所有反思的人都为我们在多大程度上拥有自由意志（free will）的问题感兴趣，这是一个明显有重要实际意义的问题。它对中世纪哲学家特别重要的原因之一与基督教的神恩教义（Doctrine of Divine Grace）有关。根据神恩教义，并不是每个人都可以通过自己的努力确保自己的救赎，他也需要上帝的恩典。但如果是这样，在任何真正重要的方面，我们在多大程度上拥有自由意志？

肯尼：中世纪有两个问题交织在一起，其中，一个是哲学问题，另一个是神学问题。哲学问题是调和神的预知与人的自由的问题。考虑过上帝本质的中世纪哲学家和希腊与伊斯兰的哲学家都认为，我们对上帝的了解之一——如果我们对他有任何了解——就是他可以预言未来，他知道未来会发生的事情。现在，如果你和我是自由的，看起来你和我今天决定的事情决定了明天将要发生的事情，但如果上帝已经知道你和我明天将要做什么，我们又如何自由地在今天决定那件事？这是任何相信全知的上帝的人都会遇到的问题，不管他们是否相信《圣经》中所说的任何关于上帝的话。

但是对于基督徒而言，存在一个特殊的问题，尤其是对接受圣奥古斯丁的基督教版本的基督徒而言，因为圣奥古斯丁，特别是在他后来的日子里，非常强调这个教义，即除非上帝预先决定，否则没有人可以获得救赎与进入天堂的荣耀。所以这对于基督徒而言是一个额外的问题。

中世纪的神学家和哲学家做了大量耐心的工作，阐明了自由（freedom）和预知（prescience）的区别，试图证明二者可以被调和。在哲学上，有趣的是，这些努力，通常出于无知，被那些今天对上帝根本不感兴趣但对科学决定论感兴趣的人复制。20世纪的一些人用来调和物理决定论和我们的自由经验的实际逻辑的步骤，往往与14世纪的人们用来调和神的预先决定与人的自由的努力的步骤相同。

麦基：如果，像我所希望的，我们的讨论有刺激到一些人开始阅读中世纪哲学，你会建议他们从哪里开始？

肯尼：对于初学者而言，没有多少中世纪著作是容易的。这是因为，如我所说，大部分伟大的中世纪哲学著作都在大学传统下被写成。它们是技术性很强的大学教科书。但是，有两本小书可供阅读。第一本是你自己开头提到的奥古斯丁的《忏悔录》。

麦基：我认为那是一部真正精彩的著作，现在也很容易买到平装本。

肯尼：它确实是有史以来最伟大的自传之一。这可能是有史以来第一部现代意义上的自传。它充满了个人反思、对家庭的温柔回忆，对童年和自己发展的洞察。但它也进入了最抽象的哲学研究层面。最后它提出了关于时间的本质的问题，这些问题在哲学辩论中仍然非常活跃。

我推荐的另一本书是圣安瑟尔谟的《宣讲》（*The Proslogion*）。在那本书中，他提出了关于上帝存在的巧妙论证，我先前曾经试图解释过。新手可能发现它读起来是很有趣的——阅读它只需要一个下午——也可以了解我是否正确地呈现了这个论证，并且看看自己是否认为它是有说服力的。

麦基：我在这场讨论的引言中提到，中世纪哲学在最近几代一直是这门学科历史上的灰姑娘，但我也开始觉得这种情况可能最终会发生变化。越来越多的杰出哲学家对它产生了广泛的兴趣——你就是其中一个例子。你认为对中世纪哲学的兴趣会大规模地复兴吗？

肯尼：当然。中世纪哲学一直是灰姑娘这一点只在英美传统中才是真的。在欧陆，作为一门研究学科，中世纪哲学已经繁荣了很长时间。目前在美国，人们对中世纪的一切事物都产生了极大兴趣，不仅是中世纪哲学。

4

D e s c a r t e s

笛卡尔

对话伯纳德·威廉斯

伯纳德·威廉斯
（Bernard Williams，1929—2003）

引　言

　　麦基：当"现代哲学"(Modern Philosophy) 一词在大学中被使用时，通常是为了与古代哲学和中世纪哲学区分开来，所以它指的不是 20 世纪的哲学，而是宗教改革以来的哲学。事实上，有一个人一般被（我认为是正确的）认为是现代哲学的开创者，那就是笛卡尔。那么，用更明确的术语说，"现代哲学"一词指的是"从笛卡尔以来的哲学"。

　　勒内·笛卡尔(René Descartes) 于 1596 年出生在法国。他接受了异常良好的教育，也拥有超乎寻常的独立思想。在他还是一名学生时，他就发现，他正在研究的各种权威经常提出无效的观点。青年时，他成了一名士兵，在欧洲四处游荡，尽管没有参与任何战争。令他震惊的一个事实是，实际生活的世界与书本上的世界一样充满了矛盾。他开始为这个问题着迷，即是否有任何方法可以让我们确定地知道任何事情，并且如果可以，我们如何知道它们。他停止了游荡，开始在荷兰——对于那个时代的知识分子来说最为自由的国家——隐居。在那里，在从 1629—1649年的 20 年间，他在数学和哲学领域创作了最有独创性的著作，并且在科学领域做了大量的工作。（当时哲学和科学还没有被明确地划分，并且直到 18 世纪以前都是如此。）他发明了被称为"坐标几何"（co-ordinate geometry）的数学分支。通过一个点到两条固定线的距离可以测量这个点的位置就是他的想法，因此每次当我们看图表时，我们都在看某个笛卡尔发明的东西。事实上，图表上那两条熟悉的线都是通过他的名字为人所知的——"笛卡尔轴"（Cartesian axes），其中，"笛卡尔的"（Cartesian）就是"笛卡尔"（Descartes）的形容词。他最著名的哲学著作是 1637 年出版的《谈谈方法》（*Discourse on the Method*），以及 1641 年出版的《第一哲学沉思集》（*Meditations*）。

笛卡尔终生未婚，尽管他有一个非婚生的女儿，但在五岁时就已经去世。她的死是笛卡尔一生中受到的最大的情感打击。他总是对着装很有眼光，以身为军官而自豪，总的来说，他更喜欢与实干家而不是学者为伍。但是，在他潜心创作的那些年，他过着非常孤独的生活。53 岁那年，他被瑞典女王克里斯蒂娜（Queen Christina of Sweden）说服，违背他的意愿去了斯德哥尔摩，成为女王的哲学导师。这是一个致命的错误。在瑞典严寒的冬天，他感染了肺炎，并于次年即 1650 年去世。

跟我讨论第一位现代哲学家的是加利福尼亚大学伯克利分校（University of California, Berkeley）的哲学教授伯纳德·威廉斯（Bernard Williams），他也是写过关于笛卡尔的最著名的著作者之一。

讨　论

麦基：我认为我们最好的开始方式是弄清楚笛卡尔的出发点。当他开始时，他认为他的主要问题是什么？

威廉斯：因为你提到的教育和他周围的生活经验，他对这个观点印象深刻，即没有获得知识的确定方式。看起来周围似乎有某种知识，但人们没有可靠的方法来推进知识。将这种情况放到历史背景下，重要的是认识到，我们意义上的科学实际上并不存在——没有作为一种有组织的国际事业的、拥有研究方法和实验室等的科学。此外，对于存在一门科学的可能性有多大，存在广泛的意见空间。一方面，有些非常明智的人认为，如果你发现正确的方法，就可以在短时间内解决理解自然的所有基本问题。例如，英国政治家弗朗西斯·培根（Francis Bacon）认为，在一个非常短的时间内让科学走上正确的道路应该是可能的。另一方面，有些持怀疑态度的人认为，不会有任何知识，也不会有组织研究的理性方式。

为什么周围有如此多怀疑的一个重要原因来源于宗教改革。宗教改革之后，人们对于如何找到宗教真理提出了各种主张。这些主张之间相互冲突，并且无法在其中做出裁决。这就产生了大量的争议，其中一件事，尤其是宗教的敌人所说的其中一件事，是没有办法解决任何这类问题——存在这些分歧，并且没有办法解决它们。宗教人士反对这一点。反过来说，宗教在这方面与其他事物并没有任何不同。没有办法把任何东西放在坚实的基础上。

因此怀疑主义是笛卡尔时代思想氛围中的一股重要潮流，它以一种奇怪的方式与对科学能够做什么的非常奢侈的希望共存，特别是通过我们现在所说的技术。例如，有极大的希望可以有科学的医学、科学的工业等，但没人知道该如何做。

麦基：对于像笛卡尔这样一位根本性的潜在创新者而言，他那个时代的制度也一定表现出严重的问题。几乎每一个严肃的学术或教学机构都掌握在威权主义教会的手中，它们的智识领袖都受制于古代的权威。

威廉斯：这当然是真的。正如我刚才所说，有许多不同的宗教影响。宗教改革的一个后果是，一些学术场所是新教的，而其他学术场所，例如笛卡尔所在的巴黎，则更多是天主教的。当然，你提到的有关权威的观点非常重要。尽管有很多关于我们现在称之为"力学"或数学物理学的研究，在中世纪——我们不应该忘记这个事实——大量被流传为知识的内容采取了对古代著作做评论的形式，尤其是（尽管不唯独是）亚里士多德的著作。笛卡尔和他那个时代的人都确定地知道的一件事是，历史权威与一阶研究或探究并不是一回事。

麦基：或许我们可以这样总结，笛卡尔认为他的问题是如何找到一种安全的方式走出这种情势。关键的问题是，是否存在一种至少在原则上可靠的方式来获取知识或积累知识？如果存在，它是什么？用现代的说法，可以说，他的追求是一个研

究计划以及先于这个研究计
划的研究方法。

威廉斯：是的，我认为这
是对情况的正确描述。但是，
还有一个事实是他工作的条
件，并且这一点非常重要——
科学并没有像现在这样被认为
是一个共享的、联合的或有组
织的事业。我们理所当然地认
为科学就意味着科学家，他们
彼此交流，并且在他们之间存
在脑力劳动的分工。但在那时，
17 世纪的上半叶，人们还可

勒内·笛卡尔
（René Descartes，1596—1650）

以合理地持有这种观念，即他可以为未来所有的科学奠基。笛卡
尔确实相信这一点，并且这并不是因为他的精神错乱，现代世界
的任何人都会有这种想法。

麦基：在我对这场讨论的引言中，我说过，笛卡尔为这个问
题着迷，即是否存在任何我们可以确定知道的东西。他从一开始
就清楚，确定性（certainty）和真理性（truth）并不是一回事。
粗略地说，确定性是一种心灵的状态，而真理性是一种陈述的属
性，它通常与外部世界存在的方式有关。但笛卡尔相信，只有当
你有确定性的基础时，你才可以知道你掌握了真理，因此对真理

的追求包含对确定性的追求。这意味着他从一开始就认为，他所寻找的方法一定不仅以有价值的结论的形式传递了善，而且也成功地为它进行了辩护，反驳了怀疑论者的论证。现在他是如何满足这个双管齐下的要求的？

威廉斯：笛卡尔有一组探究的条件。其中一些只是合理的规则，它们将问题分成可管理的部分，努力让你的观念更清楚，等等。但他也有一条规则，是他思想的一个特征，即你不应该接受任何你有丝毫怀疑的事情。现在，从表面上看，它并不是一个合理的规则，因为在日常生活中，我们经常寻求关于事物的真信念，但我们不一定想使这些信念尽可能地确定，并且也不可能在事实上做到这一点。一方面，我们必须投入太多的努力让我们的信念尽可能地确定。但笛卡尔正在试图获得科学的基础——不仅是在关于世界的根本普遍真理的意义上的一门科学的基础，而且是探究的基础。他想为继续寻找更多事物的可能性奠定基础，并证明科学知识实际上是可能的。为了做到这一点，他觉得至关重要的是，应该从寻找确定性开始寻求真理。

他想把科学事业（我们可能会这样称呼它）置于不再受怀疑论者攻击的一种状态。因此他想做的第一件事是，采取我们所谓的"预防的怀疑主义"（pre-emptive scepticism）。为了把知识的基础置于怀疑主义的范围之外，他实际上对他自己说："我会做怀疑主义能做的一切，而且只会做得更好。通过努力推进怀疑主义的探究，我希望能从另一边得到一些绝对基础性和坚如磐石的东西。"

并不是笛卡尔混淆了寻找真理的观念和寻求确定性的观念。他看到它们是两个不同的事物。但他认为寻求真理的正确路径，并且最重要的，使对真理的追寻变成一个系统的过程，从寻求确定性开始。

麦基：这导致了著名的"笛卡尔怀疑论"——将怀疑作为方法（doubt as method），不是吗？这并不是在《谈谈方法》的标题中提到的方法，尽管它是其中的一个重要部分。你可以解释一下笛卡尔的方法论怀疑是如何起作用的吗？

威廉斯：因为他在寻找确定性，所以他首先搁置了任何他可以找到丝毫怀疑的东西。正如他的名言所说，这就像有一桶苹果，其中一些是坏的，另一些是好的，你想把好的苹果挑出来。所以你先把它们都拿出来，一个一个地看，把坏的那些扔掉，把绝对好的那些放回去。因此他开始尝试清空他心灵中的所有信念，把任何他可以看到一丝怀疑的东西放到一边去。

他分三个阶段这样做。首先，他根据普通的常识基础搁置了我们可能认为值得怀疑的事物。例如，他提醒自己一些众所周知的事实，就像一根直的棍子在水中看起来是弯曲的，或者如果一个人有视力缺陷，事物的颜色可能看起来很奇怪，等等。但他想超越那些适用于我们所感知的一些事物的怀疑的日常种类或怀疑的基础。下一步是怀疑，在任何给定的时刻，他是否都清醒并感知到了任何事物。他有了以下的想法。他在过去经常做梦梦到他正在感知事物，并且当他在做梦时，他也就像现在这样，认为他看见了人、桌子或任何其他在他周围的事物。但是，当然，他醒来后发现这些都是幻觉。现在，他如何能够确定在这一刻他不是在做梦？这是一种令人不安的怀疑主义考虑。它以前曾经被怀疑论者使用过，但他在他的探究中给了它一个有序和稳定的位置。当然，基于梦的怀疑确实依赖于对某些事物的知识。它取决于在过去你有时曾经醒来发现你在做梦的知识；它取决于这种观念，即有时你睡觉，有时你醒来，有时你做梦，等等。因此它取决于对这个世界的某些事物的知识。

但随后他又迈出了一步，走向了最极端的怀疑。他想象了一个邪恶的灵魂 [malign spirit，在文学作品中有时称之为"恶魔"（malicious demon）]，它的唯一目的就是尽可能地欺骗他。然后他问自己以下问题：假设有这样一个灵魂，有什么事情是他不可能误导我的吗？当然，这是一个纯粹的思想实验。我们必须强调，笛卡尔从来没有打算让这种哲学怀疑成为日常生活的一个工具。他一次又一次地强调了这一点。怀疑的方法（Method of Doubt），特别是邪恶的灵魂的幻想或模型，只被用作一种智性批判，用来筛选他的信念，看是否一些信念比其他信念更确定。

麦基：当然，最终目的——在任何可想象的情况下筛选出他可能怀疑的一切的长期策略——是找到坚如磐石、不容置疑的命题，它们可以作为论证的前提，为建立知识大厦提供不可动摇的基础。

威廉斯：没错。事实上，有两件事。他想找到坚如磐石、不容置疑的命题，也就是说，在某种意义上不可能被怀疑的命题，它将抵抗最极端的怀疑。他希望将它们作为论证前提的一部分。他还希望它们扮演一个更一般的角色，提供一个背景来论证我之前提到的探究方法，我们或许可以谈谈这是如何起作用的。

麦基：但同时我们已经把球扔到了恶魔的球场里，我们必须想办法把它拿回来。在剥离了所有可以想象的可疑命题之后，笛卡尔发现，有些事情是不可能不确定的。你可以告诉我们它们是什么吗？

威廉斯：这种怀疑到达了一个转折点，它抵达了终点，笛卡尔开始掉头返回，边走边建构知识。怀疑停止的那一点是他自己正在思考的反映。正如他所说，恶魔可能如他所意愿的那样欺骗我，但他绝不能在这方面欺骗我，即让我相信当我不在思考时我正在思考。如果我有一个错误的想法，那么它仍然是一个想法：为了拥有一种被欺骗的想法，我必须拥有一种想法，因此我正在思考一定是真的。笛卡尔从中得出了另一个结论，或者至少他立即把它与另一个真理关联起来，即他存在。因此，他的基本第一确定性是"我思故我在"（I am thinking, therefore I exist）；或者用拉丁语表述就是"*Cogito ergo sum*"，通常简称为"我思"（*Cogito*）。

麦基：值得强调的一点是——笛卡尔自己已经明确指出——他用"思"指的不仅是概念思考，而且是所有形式的意识体验，包括感觉、知觉、疼痛等。既然如此，这样说就并不是不公平的，即他真正在说的是："我有意识地知觉，因此我知道我一定存在。"

威廉斯：没错。在《第一哲学沉思集》这部伟大的著作中，他对这一点做了最仔细和详尽的阐述。他确实表现出很大的技巧，通过各种心理实验一步步地推进"我思"的界限。但他得到的总和正是那样，是的。

麦基：现在，在得出这些基本的、不容置疑的命题的过程中，笛卡尔已经表明，尽管我们可以确定它们，但我们从中做出的任何推论都可能出错，因此从它们中得不到任何不容置疑的结论。例如，我不能怀疑我在此刻拥有看见你——伯纳德·威廉斯的经验，作为一个在其他事物中的存在者，在外部世界中的一个物质对象。但由此并不意味着存在一个外在于我自己的世界，其中物质对象独立于我的经验存在。同样的论证适用于所有的领域。尽管我总是可以确定我的意识的直接释放是什么，但我永远无法确定我从它们到其他事物所做的推论的有效性。

威廉斯：嗯，这取决于它是何种类型的推论。他所思考的是，仅凭我有，例如，遇到这张桌子的经验这一事实，并不能保证这张桌子的存在。即使在怀疑的梦境中，这种确定性也被消除了，当笛卡尔援引恶魔时，这一点变得更清楚了。使用那个模型时，他发现他可能只拥有这种经验，但事实上却什么都不存在。因此一个人不能从他的经验立即推论出真实的世界。笛卡尔现在尝试做的事情是建构一套考虑因素，使他把世界放回原处——尽管必须直截了当地说，世界被放回原处的形式与它最初由常识设想的形式非常不同。在怀疑的过程中，我们把所有的家具都搬出了阁楼，我们不会简单以未经改造的形式把它们都塞回去。当我们重建它时，我们有一种与我们最初的未经反思的经验不同的世界观。关于怀疑的方法的一个非常重要的事实是，它是这样的。笛卡尔出于积极的原因进行怀疑，当他把世界放回原处时，它已经被一种关于我们如何能够知道事物的智性批判巧妙地修改了。但是现在的问题是他如何把它放回去。

麦基：在抵达他不容置疑的命题时，他似乎已经把自己逼到了墙角。他确实有不容置疑的命题，但在获得它们的过程中，他已经表明，从中不能推论出任何东西。

威廉斯：嗯，在这个进程的早期阶段，他所看到的是，从他的经验推论出世界的最明显方式都是无效的。他现在要给出一种他声称有效的方法。他已经到达了除了他的意识内容什么都无法认出来的地步，很明显，如果要把世界放回原处，他必须完全从他的意识内容中做到这一点——他没有其他可用的东西。所以他必须从他的意识内容中找到一些东西，引导他走出自身。他声称，这个东西就是上帝的观念。他在他的意识内容中发现了上帝的观念。他认为，这在他所有想法中是独一无二的；在他心灵中的所有事物中，只有这一个是这样，即仅仅他拥有这个观念的事实就证明实际上存在某物与之对应，也就是说，上帝真的存在。

麦基：对于现代读者而言，这是一个很难接受的论证，包括那些相信上帝的人。

威廉斯：是的，事实上他有两个不同的论证，他在《第一哲学沉思集》中使用了它们二者来证明上帝存在。一个是被称为本体论论证的中世纪论证；或许我们不需要在这上面花时间。它提出了一个逻辑的或形而上学的难题，但远没有笛卡尔的特色。另一个论证更具有笛卡尔的特色，尽管它也使用经院哲学或中世纪的材料。它依赖于一个假定的必要原则，即小不能产生大，或成为大的原因。笛卡尔确信他拥有上帝的观念，而这个观念就是关于无限事物的观念。尽管它本身只是一个观念，它是一个无限事物的观念的事实要求非常特殊的解释。笛卡尔声称，没有任何有限的造物，例如他知道他自己就是这样一种造物，可能产生这种无限存在者的观念。它只能由上帝本人植入他体内：正如笛卡尔在某一时刻令人难忘地指出的，作为上帝在他的作品上留下的印记。可以说，上帝通过给他留下这种关于上帝本身的无限观念，从而在他身上留下印记。当他反思小不能产生大时，他意识到，既然他拥有上帝的观念，那么只能是因为事实上存在一个创造他的上帝。

麦基：从他自己的意识的释放中推导出上帝存在的确定性之后，他接着从外部世界存在的确定性推导出上帝存在的确定性。

威廉斯：没错。他接下来考虑的是，对于这个上帝，他知道什么。他是这样反思的：我知道上帝存在，他是全能的，他创造了我，我也知道他是仁慈的。（当然，这些都是传统的基督教信仰。）因为上帝创造了我并且是仁慈的，所以他就像关心我的道德福祉一样关心我的智性福祉。这意味着如果我完成我的工作——这是非常重要的——我尽可能多地阐明我的观念，并且我不仓促同意我没有恰当考虑的事情，如果我在这个意义上完成我的工作，那么上帝将证明我当时非常强烈地倾向于相信的事情。现在我发现，无论我对我的观念提出多少批评，不管我多么仔细地思考我对于物理世界的信念所涉及的内容，尽管我可以在怀疑时悬置判断（如果我不能，我就不会走到这一步），我确实有一种非常强烈的倾向，相信存在一个物质世界。既然我有这种倾向，我也已经尽我所能确保我的信念不是建立在错误的基础上，那么上帝最终会确保我在根本上、在体系上没有犯错。也就是说，我可以正确地相信存在这样一个世界。

麦基：这不是笛卡尔反驳任何对哲学或科学的可能性持彻底怀疑态度的人的方式吗？但是，在断言我们所面对的世界是由上帝——其存在和仁慈是自明的——赐予我们的时，他并没有回答怀疑论者，而是试图先发制人。

威廉斯：嗯，他相信引入上帝的这些论证会获得任何足够关心它们的、真诚的人的赞同，这对他的立场至关重要。这绝对是至关重要的。如果他接受这个观念，即你是否相信上帝是文化或心理教养的问题，完全明智的人也可以对于是否存在上帝有不同的意见——不管他们如何认真地思考这一问题——这将毁掉他的整个立场。对笛卡尔而言，面对这些论证时否认上帝的存在，就像否认二加二等于四一样，是不正常的，也是完全自欺的。他的想法是，如果你把这些证明放到怀疑论者面前，恰当地引导他通过这些证明，如果怀疑论者是一个诚实的人，而不只是嘴上说说或者试图给人留下深刻印象，他最终一定会同意这些证明。一些人没有同意是因为他们想得不够认真，他们没有以一种有序的方式处理这些问题。许多怀疑论者无疑是骗子，他们只是四处摆弄修辞立场，没有真正思考过这一问题。但如果你是真诚的人，足够认真地考虑过这一问题，那么你会看到这个真理并且你不能毫无矛盾地否认外部世界的存在。这就是笛卡尔相信的。

麦基：这组论证的一个具有历史重要性的成果是，假设了一个由两种不同种类的实体组成的世界。存在一个外部世界，它是我可以依赖的上帝赐予我的。但也存在我，在观察这个外部世界。现在，在到达"我思"时，我发现我可以从我对自己的概念的思考中去除一切，除了思考本身的行为——而这，笛卡尔说，意味着我一定不可还原地被思考。我可以设想我自己没有身体而存在，但我不能设想我自己没有意识而存在，因此，作为我身体的物质并不是典型的我的一部分。当然，这出于完全不同的原因而与传统基督教观点相吻合。它直接导致了一种世界观——分为纯粹思想的主体和纯粹广延的客体。这就是著名的"笛卡尔二元论"（Cartesian dualism）——在心灵与物质、观察者与被观察者、主体和客体之间存在自然的二分。它已经融入了西方人看待事物的方式，包括我们的整个科学。

威廉斯：在很多方面这是真的。在怀疑的极端，可以说，笛卡尔认为外部世界可能不存在。但"外部世界"这个词包含了很多东西。"外部世界"是外在于何物？——外在于我（me）。但"外在于我"并不意味着"外在于我的身体"。我的身体是外部世界的一部分，在笛卡尔的意义上，它本身就是外在于我的事物之一。最后，当通过上帝的知识，外部世界已经恢复，我确实拿回了我的身体。那么事实证明，我确实拥有一个身体，但是从来没有证明我就是一个身体。根据笛卡尔的说法，我通常所说的我，事实上是两种事物：一方面是非物质的——他相信也是不朽的——灵魂，它正如你所说是纯粹智性的、纯粹精神的，根本没有物理广延；另一方面是一个身体。由此可见，在日常生活中，当我们以第一人称谈论自己时，我们高兴地把非常不同种类的陈述放在一起。一个人可以很高兴地对别人说："我很尴尬。""我在想巴黎。""我有150磅重。"对于笛卡尔来说，这正是语法学家过去所称的"轭式搭配法"（zeugma）——我实际上在谈论两种非常不同的事物。当我说"我在想巴黎"，这是关于我的心灵的一个陈述，也就是说，根据笛卡尔的观点，这是关于真正的我的一个陈述。当我说"我有150磅重"，这只是一种说法……

麦基：关于你的身体的说法，这事实上并不是你。

威廉斯：没错。一位美国哲学家说得好：在笛卡尔看来，说

"我有 150 磅重"就像说"在来这里的路上我被刺了一下"。

麦基：一开始，我们说笛卡尔的战略目标是建立我们现在所说的科学的可能性，你向我们展示了他得出关于外部世界的特定观点所依据的论证。那怎么才是科学对待世界呢？

威廉斯：我之前提到，当我们通过上帝的帮助把世界再次放回原处时，我们并没有放回我们扔掉的同一个世界；这一观点在这个过程中已经被批评了。在我们的反思中，我们得到的结论不仅是存在一个外部世界，而且正如思想是我作为一个思维的存在的本质一样，外部世界也有一个本质，那就只能是广延（extension）。它在本质上的全部意义只是它占用空间并容易受到几何学和数学科学的处理。它所有更丰富多彩的方面——它有颜色，还有味道和声音——事实上都是主观的。它们是在精神层面的；它们是发生在意识中的主观的现象，由这个物理的、广延的、几何的世界所引起。

麦基：他有一个显著的例子说明所有依赖于感觉的属性与一个持续存在的实体在本质上是分离的，这是一个非常值得引用的例子。他说，在你手上放上一块蜂蜡。它有一定的大小和形状，一定的手感，一定的质地、温度、颜色、气味等；对我们而言，它似乎是这些属性的组合。但如果你把它放在火炉前，它们每一个都会发生变化：它变成液体，变成不同的形状，变得更热，变成深棕色，散发出不同的气味，等等。然而，我们仍然想说它是同一块蜂蜡。它有什么相同之处？当然，现在它没有什么是一样的了。对此的回答是，不是，有，即一个相同的持续占用空间的历史。这在空间和时间上都是可以衡量的。两种测量形式在本质上都是数学的。

威廉斯：笛卡尔认为蜂蜡论证本身到底证明了什么是有争议的。但当然他用这个例子来说明，如果不是实际上证明，他认为根本的一个观念，即一个物质的事物只是某个占用空间的事物——实际上，在某个意义上，是一块空间。他认为，一个物质体本身就是一块空间或一定体积的空间，而不只是在空间中，部分是因为他并不相信真空。他认为整个物理世界是一个有广延的物体，其中的独立事物，桌子或其他任何事物，都是处于某种运动状态的这个物体的局部领域。这是 17 世纪数学物理学的一个基础。用数学物理学自己的话说，它并没有取得成功，最终将被艾萨克·牛顿（Isaac Newton）的经典力学取代，牛顿经典力学有一个不同的关于物理世界的观念。但是笛卡尔的图景为建立一个物理世界的概念做出了大量贡献，该概念从根本上具有数学的特征，并且许诺了数学物理学的完成。这是关于科学革命的一个非常重要的事实，这场革命始于我们正在讨论的这个时期，在笛卡尔的生平和著作中，最先开始发展的伟大科学是数学物理学。化学，一门处理更特殊事物的科学，是十八九世纪而不是 17 世纪的产物。

麦基：如果说笛卡尔在他的时代比任何其他人——可能除了

培根之外——都做了更多建立科学可能性的努力，并把它"推销"给西欧受过教育的普通大众，这是否公平？

威廉斯：我想大概是这样。还有一个人物也是非常著名的，他的物理学更接近经典物理学，那就是伽利略（Galileo）。但伽利略或许可能更臭名昭著而不是受人尊敬，因为他受到了宗教法庭的审判和谴责。笛卡尔在这方面的思想影响非常大，即使他的物理学的详细内容最终在很大程度上被否定了。

麦基：到我们讨论的这一点为止，笛卡尔还没有为我们提供任何物理学——他所做的只是表明以数学为基础的物理学是可能的，也就是说，在我们智性能力范围之内，并且同时适用于真实的世界。你能否详细说明进行科学研究和证明其可能性之间的区别？

威廉斯：好的。笛卡尔希望通过我们迄今为止所遵守的策略证明世界是如此构造的，以至人类有能力获得关于它的知识。从某种意义上说，人类和世界是通过上帝之手互相为彼此创造的。对笛卡尔而言，人类在其本质上并不是自然的一部分，因为人是这种非物质的智性实体，因此并不是自然世界的一部分，也不受科学法则的约束。从这个意义上说，人类并不是自然的一部分，但人的智性能力却很好地适应了它。这意味着我们可以进行数学物理学。现在，笛卡尔认为，一些物理学的根本原则可以通过我们所谓的哲学反思来认识。他尤其认为我们可以通过这种反思知道物理学必须有一个守恒定律。必须有一些数量是守恒的。笛卡尔实际上选择了一些东西作为守恒的量，即运动，它不守恒，实际上在后来的经典物理学中甚至没有得到很好的定义。但是这种观念就在那里，而且应该是先天的，通过反思得知的。他认为，还有一些其他的根本物理原则可以被称为"先天的"（*a priori*）。但在此之外，他认为，物理学的真理必须通过经验被发现。

这非常重要，因为笛卡尔被正确地称为一位理性主义哲学家。他认为世界和心灵的根本属性可以通过反思被发现。他不认为一切都来源于经验。但有时人们认为他是一个如此坚定的理性主义者以至他认为整个科学都是通过纯粹数学和逻辑的推理从形而上学演绎而来的：如果我坐下来认真思考"我思"、物质和上帝，我就会得到整个科学。他不是这样认为的。事实上，他非常一致地说，实验对于区分解释自然的方式和其他方式是必要的。你可以建构不同的模型。这是他的思想非常现代的方面。你可以在他的法则范围内建构或建造关于世界的不同智性模型，而实验对于发现哪些模型真正代表自然是必要的。

麦基：他认为实验是设计用来检验我们关于自然的理论的，还是给我们提供数据，从中这些理论本身被建构出来？

威廉斯：实际上，实验是为许多不同的事物设计的，但基本的要点如下。如果你明白自然的根本法则、物质运动的原则，你可以设想有许多不同的机制会产生表面上相同的效果。然后你做不同的实验，安排一个设置，其中，如果一个模型与现实相符合，那么就有一件事发生，而如果不同的模型与现实相符合，那么其他事就会发生。因此你在模型之间进行选择。这确实很好地描述了物理学家所做的事情。

麦基：在本质上，这是关键实验的现代概念。

威廉斯：笛卡尔非常热衷于这个观念。他令人钦佩地坚持的一件事是，在世界各地进行实验尝试，仅仅为了看看你能找到什么，这并没有什么好处。你必须提出正确的问题。这是我们已经提到的一个原则的另一个应用，即如果你完成自己的工作，那么上帝就在你这一边。如果你不系统地欺骗你自己，上帝就不会允许你被系统地欺骗。因此你要做的就是思考正确的问题：上帝已经如此安排了事物，以至自然将给你答案。

麦基：我认为我们是时候指出这一点了，即尽管上帝对于笛卡尔得到"方法"是必不可少的，但一旦一个人获得了这种方法，他不必成为上帝的信徒就可以使用这种方法。

威廉斯：没错。非常重要的一点是，笛卡尔想将科学过程从神学的限制和神学的干涉中解放出来。一方面，他想把科学从神学基础中解放出来，如果那意味着这种基础只能由神学家提供。但是，正如我们所看到的，上帝是他的系统的基础，他也极端热切地说，他的研究并没有让我们留在一个没有上帝的世界。他的世界是由上帝创造的，我们关于世界的知识也是由上帝保证的。

然而，在人的智性生活中，一个人必须诉诸上帝之处并不是（如你正确指出的）进行科学研究，而是向怀疑论者证明这是可以进行的。此外，笛卡尔非常明智地认为，人不应该花太多时间向怀疑论者证明这是可以进行的。只需要做一次，他认为他已经做到了。

笛卡尔非常强调上帝，我本人相信他这样做是绝对真诚的。我不认为他在这方面是个骗子，尽管他确实以各种方式平息神父的怒火——他并不是一个会惹恼教会的人。但是尽管他对自己是真诚的，他的建构却更容易让上帝从世界中消失，从人们关于世界的理解中消失。

麦基：有些人声称笛卡尔根本不是上帝的真诚信徒，他们指出，他著作中的段落无疑具有讽刺意味。但我认为他们的主张不能成立，原因很简单，如果这是真的，笛卡尔整个一生的工作都将坍塌。据我所知，他可能是一个不真诚的基督徒，但那完全是另一回事。他当然对教会持有一种不抱幻想的看法，但他真诚地相信上帝的存在，在我看来，这是没有严肃怀疑的余地的。我怀疑持相反观点的人将不相信基督教与不相信上帝混为一谈了——无论是当时还是现在，太多的基督徒都倾向于这样做。

但我想转向其他话题。前面我们谈到了笛卡尔的二元论，也就是他将整个现实分为精神和物质，但后来我们似乎没有跟进这一话题。我们现在可以来讨论这一问题吗？笛卡尔的二元论提出的最明显的问题是，怎么解释二者的相互作用。笛卡尔是如何解释精神在空间中推动物体的能力的？

威廉斯：坦率地说，答案是，他从来没有真的解释过。莱布尼茨就这个相互作用的主题有点轻蔑地说："据我们所知，笛卡尔先生似乎已经放弃了这个游戏。"就在笛卡尔去瑞典之前，他写了一本书，在书中，他古怪地试图把身心的相互作用局限在大脑底部的松果腺中。但这几乎没有意义。这个抽象的非物质存在，即心灵，几乎但不完全与数字属于同一个类别，可以通过使某些动物精神改变方向而引起物理世界的变化，这是他相信的，它在原则上如此难以设想，以至它对于每个人来说都是一桩丑闻。很多17世纪的哲学，实际上后来的哲学也是如此，致力于找到某个比笛卡尔留给我们的对身心关系的更充分的表述。

麦基：尽管如此，笛卡尔的二元论还是以某种形式或其他形式在西方思想中扎根了300年。

威廉斯：嗯，我认为主体与客体、认识者与被认识者的区别是我们不可能没有的一个区别。有一些哲学体系试图说，我们没有独立于认识者的被认识者概念，实际上，我们构成了整个世界。但这种观点，即使是其更复杂的形式，也很难让人相信。我们使用，当然科学也使用，某种认识者与被认识者的二元论，一个独立于我们认识它的过程的世界的观念。现在很少有人同意完全纯粹的心灵和身体之间的绝对二元论。认识者必须被理解为一个在本质上具有身体的造物，而不只是一个纯粹的精神。在笛卡尔之前，这在哲学中就已经被接受了，例如被圣托马斯·阿奎那和亚里士多德接受了。

麦基：笛卡尔的体系中还有其他真正关键的缺陷吗？

威廉斯：随着时间的推移，对上帝的论证似乎是该体系中最薄弱的部分之一，这产生了一个重要的历史结果，因为正如你之前所说，看起来似乎笛卡尔在使用怀疑的方法时将自己逼到了一个角落。如果他不能用神学手段走出这个角落，那么就没有任何方法可以做到这一点，因此如果你与他一起走在怀疑之路上，你似乎最终会陷入唯心论的境地，除了意识的内容，你什么也没有留下。

笛卡尔立场的另一个特征值得一提。即使在他自己的一生中，他的体系也因循环而被攻击。上帝应该证明一切。我们在这场讨论的过程中强调了上帝的角色，尤其是在证明我们关于外部世界的信念上上帝所扮演的角色，但笛卡尔也认为，上帝在证明我们对一般论证的信念中扮演了一个重要的角色。他当然是通过论证达到对上帝本身的信念。所以即使在他的著作刚发表的时候，人们就提出了反对，认为他陷入了一个循环。

麦基：只有当他"清楚而明白地"理解上帝的存在，他才能从"我思"取得进展。但只有当他知道上帝存在并且不是欺骗者，他才能确信他"清楚而明白地"理解的事物是真的。

威廉斯：这方面的细节是笛卡尔研究特别感兴趣的一个话题。这里有一个非常普遍的问题，这是这个问题的一个例子，即哲学与其自身存在的关系的问题。笛卡尔循环，正如它所称的那样，是哲学在陈述其自身存在的可能性上的困难背景下的一个特殊例子。它必须允许它自己的发现、它自己的有效性等，并且它在那里很难避免某种循环或某种倒退。

麦基：这是一个具有普遍重要性的观点，值得暂停一会儿。每个声称有效性的普遍解释框架都必须能够解释其自身的有效性和我们如何能够达到它。举一个与笛卡尔相去甚远的例子：如果一种哲学认为哲学信念与真理无关而是仅仅服务于促进信仰它的人们的阶级利益，那么它就是在坚持认为它本身与真理无关而仅仅服务于促进信仰它的人们的阶级利益。因此，作为一种严肃哲学，它是自我否定的。或者如果另一种进路坚持其核心原则，即所有有意义的陈述都必定或者是同语反复为真的或者在经验上可以被证明的，那么它本身立即再次自我否定，因为这个陈述本身既不是同语反复为真的也不是在经验上可以被证明的。许多信念体系给自己带来了这种困难：如果它们是真的，那么我们就应该被禁止这样看待它们，在某些情况下，我们甚至无法表述它们。一种理论必须为自身腾出空间，必须能够为自己提供一种非自相矛盾的正当性，以及我们达到它的方式。如果做不到这一点，它就是自相矛盾的或不融贯的，并且在任何一种情况下都是站不住脚的。

回到笛卡尔，他对哲学的影响简直是巨大的，不是吗？你能关于这一点说些什么吗？

威廉斯：如果用一件事来概括，那就是笛卡尔，并且几乎是笛卡尔一个人，导致西方哲学的中心在这过去几个世纪一直是认识论。由他导致的这种哲学以这个问题开头，即"我能知道什么？"，而不是"那里有什么？"或者"世界怎么样？"并且，问题并不是"什么可以被知道？"或者甚至"我们可能知道什么？"，而是"我能知道什么？"，也就是说，它始于一个第一人称的自我中心的问题。我在一开始就提到，在他的时代，人们可能认为科学或许可以通过一个人完成。但即使我们把历史背景放一边，这也是他事业的一个非常重要的部分，即它是自传性的。毫不意外的是，他的两本伟大著作《谈谈方法》和《第一哲学沉思集》都是以第一人称写作的。它们是哲学上的自我探究的著作。对第一人称和认识论的强调，一直是笛卡尔的主要影响。

麦基：在笛卡尔之后，直到 20 世纪，才有大量哲学家争论"我能知道什么？"是否是哲学的中心问题。

威廉斯：嗯，在这方面，有一个问题，即我们怎么看待黑格尔（Hegel）。有很多讨论黑格尔的方式，根据其中一种方式，我们可以看到，黑格尔努力回到一种亚里士多德式的哲学观，在这种哲学观中，这个问题并不占主导地位。但肯定重要的是，在 19 世纪末，以及在 20 世纪，人们已经从对笛卡尔的认识论的强调转移到了对逻辑和语言学的强调，并试图使语言哲学而不是知识理论成为哲学的中心。

麦基：既然笛卡尔哲学有我们提到的这些缺点——以及其他

我们没有提到的缺点——并且既然哲学家关注的中心已经离开了知识的问题，为什么笛卡尔研究仍然如此有价值？让我从个人角度说一下这一点。为了写一本关于笛卡尔的书，你断断续续地工作了 20 多年，为什么它值得你进行如此巨大的人生投入？

威廉斯：我认为有两个原因。让我们先从历史的角度理解笛卡尔在使我们进入目前的情境中所扮演的角色。我认为，只要稍微详细地了解他说了什么，对于了解我们是谁以及我们从哪里来就非常重要。但是我认为他的著作——当我说"他的著作"时，我想的尤其是《第一哲学沉思集》——重要的原因是，假如一个对哲学感兴趣的人现在想要阅读哲学，笛卡尔的著作遵循的道路、提出"我知道什么？""我能够怀疑什么？"等问题的道路，以一种几乎无法抗拒的方式呈现给我们。这种对哲学的强调如此重要并非偶然。它并不是因为笛卡尔是一位耀眼的造型师，可以在欧洲的心灵上进行远距离催眠。这并不是原因。原因是，他发现了一些在本质上令人信服的东西，我对自己说的观点：我有所有这些信念，但是我如何才能走到它们背后看看它们是否在事实上为真？我如何能从我的信念中退后一步，看看它们中的哪些是偏见？怀疑主义有多少空间？这些是非常强有力的问题，需要很多哲学想象力和工作，使人走出这种非常自然的反思模式；而且，正如笛卡尔所说，当你经历了这个过程之后，你不仅仅是回到你开始的地方——它不仅是一个从自己引起的哲学疾病中恢复的问题。

笛卡尔戏剧性地向我们提出的另一个问题是："我是谁？"

我们可以想象我们自己是我们之外的人。我们有能力用想象力把我们自己从实际环境中抽离出来。我们可以想象我们自己从另一个身体看世界。我们可以想象照镜子看到一张不同的脸——并且重要的是，照镜子看到一张不同的脸而且不感到惊讶。这给了我一个观念，一个强有力的观念，即我独立于我拥有的身体和过去。这是对于笛卡尔式观念而言基本的一个经验，即我在某种程度上独立于这些物质的事物。如果我们从外部看笛卡尔的二元论，作为一种理论，它很难让人相信，对此的理由，我们已经提到过。但与此同时，如果你通过一组特定的反思来了解它，它里面有一些东西让人难以抗拒。对于这组反思，笛卡尔以无与伦比的清晰度和力量呈现在你面前并引导你走下那条道路——正如我认为的，一条错误的道路——这不只是非常惊人的，而且可以说是入木三分的。同样，你不能从试图克服笛卡尔的反思中返回却毫无改变。哲学的首要任务是努力获得关于一个人自身、一个人的想象力、一个人关于他可能是什么的观念的理解，这使一个人可以摆脱他的二元论模式。

5

Spinoza and Leibniz

斯宾诺莎与莱布尼茨

对话安东尼·昆顿

安东尼·昆顿
（Anthony Quinton，1925—2010）

引 言

麦基：长期以来，人们一直把十七八世纪的西方哲学分成两个对立的流派——英国经验主义（British empiricism）和欧陆理性主义（Continental rationalism）。主要的经验主义者包括洛克、贝克莱和休谟，主要的理性主义者包括笛卡尔、斯宾诺莎和莱布尼茨。在区分二者的许多问题中，粗略来说，最重要的，是如下这个问题。理性主义者相信我们人类可以仅仅通过使用我们的心灵、思考和纯粹理性获得关于现实的重要知识。经验主义者否认这一点。他们坚持认为，经验总是一个必不可少的要素，我们关于什么事物真正存在的所有知识最终都必须以这种或那种方式从经验中获得。另外，传统的观点认为，这两个对立的流派最终在18世纪末走到了一起，在伊曼努尔·康德（Immanuel Kant）的著作中结合了。

在这场对谈中，我们将讨论斯宾诺莎和莱布尼茨，笛卡尔之后的两位最伟大的理性主义哲学家。第一位是巴鲁赫·斯宾诺莎（Baruch Spinoza），1632年出生于阿姆斯特丹（Amsterdam）。他的祖上是葡萄牙犹太人，在西班牙宗教裁判所建立后移民到荷兰寻求宗教自由。他在一个封闭的犹太社区长大和接受教育，但反抗宗教正统，并且在年仅 24 岁时就被犹太当局驱逐。对他来说，幸运的是，就他的性情和所在环境来说，他都是一个孤独的人，他选择了一种隐居的方式来完成他的工作。当海德堡大学（University of Heidelberg）向他提供教职时，他拒绝了。他以研磨眼镜、显微镜和望远镜的镜片为生。人们相信这个职业每日吸入的玻璃粉尘加重了他的肺部疾病，导致他在年仅 44 岁时就去世了。他公认的杰作是一本题为《伦理学》（*Ethics*）但实际上涉及哲学全部范围的书，在他死后的同一年即 1677 年出版。这本书的一个惊人特点是，它直接以欧几里得几何学为模型——从少量公理和原始术语开始，通过演绎逻辑证明一长串编号的命题，这些命题加在一起构成了现实的总平面图。它经常被奉为自足的形而上学体系的至高典范，其目标是解释一切。

仅在他去世的前一年，斯宾诺莎与我们将要讨论的另一位哲学家莱布尼茨进行了一系列会面——这是两位伟大的哲学家实际会面并进行面对面讨论的相对较少的例子之一。就个性而言，莱布尼茨与斯宾诺莎截然不同。莱布尼茨是朝臣和外交官，总是在旅行，在许多国家都受到尊重。他是我们文化中最伟大的博学者之一——是他创造了动能的概念；他在不知道牛顿已经发明了微积分的情况下发明了微积分，并且先于牛顿发表；事实上，我们至今使用的是他的符号而不是牛顿的。他是最伟大的哲学家之一。

戈特弗里德·威廉·莱布尼茨（Gottfried Wilhelm Leibniz）于 1646 年出生于莱比锡（Leipzig），1716 年逝于汉诺威（Hanover）。学生时他是如此聪明以至在 21 岁就被授予了教职，但像斯宾诺莎一样，他拒绝了教职，尽管是为了相反的原因——

他想成为世界的人。他一生的大部分时间都在汉诺威宫廷为历代公爵服务，其中一位成为英格兰国王乔治一世（George I）。莱布尼茨几乎完成了处于这个职位的人所能想象的每一项任务，因此他的哲学著作，正如人们可能说的那样，是在他的闲暇时间写成的。即便如此，他还是写了大量的文章，大部分是以短论文的形式；但在他一生中，他几乎没有发表过任何作品。他还保存着大量的国际通信，这在现在具有重要的哲学意义。他的杰出作品包括《单子论》（*The Monadology*）、《形而上学文集》（*The Discourse on Metaphysics*）；以及一本被称为《人类理智新论》（*New Essays Concerning Human Understanding*）的书，这是与近乎同时代的英国哲学家约翰·洛克（John Locke）点对点的论证。

为了讨论莱布尼茨和斯宾诺莎的著作，我邀请了一位既是著名哲学家也是著名哲学史学家的人：大英图书馆（British Library）主席安东尼·昆顿（Anthony Quinton）。

讨　论

麦基：显然我们会想要分别讨论两位哲学家，但在我们这样做之前，关于他们两人一起的，有没有什么有用的内容可以说？

昆顿：我认为有，就是你最初提到的，那是整齐、方便的标准分类。我们看到了三组对立的思想家：三位英国经验主义者，洛克、贝克莱和休谟，以及三位欧陆理性主义者，笛卡尔、斯宾诺莎和莱布尼茨。和经验主义三人组一样，理性主义三人组在风格和目的上有共同之处。笛卡尔定义了理性主义的术语并为该组制定了议程。但笛卡尔通过运用纯粹理性所产生的世界观念是相当直接的。他以一种可识别的形式保存了人类自我，使其作为一个独特的、自主的个体。他肯定了，事实上，他声称证明了上帝的存在，以至少在他的时代可理解的术语，因为他的上帝几乎不是私人性的。他也以一种可识别的方式保存了物质世界，即使它被剥夺了一些更生动、多彩和芬芳的属性。在应用理性主义程序所获得的世界概念中，我们从一些明显自明的命题开始，以获得几何学体系的方式，进行直接的逻辑演绎。在斯宾诺莎和莱布尼茨的情况下，他们以不同的和大致相反的方式，得出的是与对世界的日常理解相去甚远的一些东西。与他们相比，笛卡尔只是在从事拯救现象的工作。但斯宾诺莎和莱布尼茨都认为世界真实的模样非常不同于它在普通人看起来的样子。

麦基：换句话说，他们两个人都在说，世界有一个潜在的现实，日常的观察和经验都无法感知，但哲学可以揭示这一现实。

昆顿：没错。在每一种情况下，它都是一个非常奇怪的世界。尽管在每一种情况下它都完全不同，这两位哲学家意图在笛卡尔的广泛引导下遵照相同的程序。斯宾诺莎的世界是一个统一的世界。他认为只有一个真实的事物，即整个世界。它既是有广延的——在空间中展开——同时也是精神上的，是一个相互关联的思想系统。另一方面，在莱布尼茨看来，真实的世界由无限的事物组成，它是纯粹精神性的。一切物质的事物——以及空间本身，物质的家园——都仅仅是一个现象或表象，是真实世界的一个副产品，是精神中心的无限数组。

麦基：世界是一个非常奇怪的地方，所以关于它的真理也一定是奇怪的。伯特兰·罗素在《哲学问题》(*The Problems of Philosophy*) 中写道："关于物理对象的真理一定是奇怪的。它可能是无法获得的，但如果任何一个哲学家竟然相信他已经获得了它，那么他所提供的真相是奇怪的这一事实不应该成为反对他的观点的依据。"我强烈地同意这一点。

那么现在让我们分别来讨论斯宾诺莎和莱布尼茨。让我们从斯宾诺莎开始。他的哲学，正如你或多或少暗示的那样，是一个单一的极其复杂的观念体系，它应该符合世界的现实。现在在阐述一个体系时，总是很难知道从哪里开始，因为其中的一切都依赖于其他的事物。你会如何开始？

昆顿：在深入了解斯宾诺莎体系的实质细节之前，我认为人们最好多谈谈他的方法。他自己说，他的书《伦理学》是"以几何的方式证明的"；并且正如你在开头的引言中提到的，他用所有的传统几何工具来阐明它：公理和定理，定义和推论，并且在每一个论证的末尾，我们都能找到字母"QED"，仿佛它是普通的几何推理。但奇怪的事情是，整体而言，哲学家们对斯宾诺莎的实际论证并不怎么感兴趣。他并不被认为是有趣的演绎的宝库，而莱布尼茨却正是以这种方式思考的。因此或许他的方法——这种非常明确的、有意识的几何处理模式——尽管它是斯宾诺莎的作品在风格上最明显的特征，却并不是真正重要的。重要的是一种愿景，即将世界看作绝对统一的实体的愿景，对它的任何划分——要么分成部分，比如灵魂或物理对象，要么分成种类，比如精神和物质——都是一种毁坏，体现了某种误解。

巴鲁赫·斯宾诺莎
（Baruch Spinoza, 1632—1677）

麦基：对于很多人来说，这种将整个现实视为一个单一的物品的概念，其中所有显然不同的对象，包括人类个体，都仅仅是部分、方面和模式，是一个非常难以理解的想法。你能为我们更进一步解释一下吗？

昆顿：又到了这里——而且我答应不会再继续这样做——我想我们需要回到笛卡尔一会儿。笛卡尔以一种非常有影响力的方式定义了实体。在哲学中，实体的观念是这种观念，即实际存在的事物、世界的真实组成部分，与仅仅作为真实事物的阴影或脚印的次要的或衍生的物品形成对比。笛卡尔将实体定义为"只需要自身就可以存在的事物"。如果完全按照字面意思理解，那么唯一真正的实体就是上帝——总是假设存在某种事物诸如上帝

（而且笛卡尔认为他可以证明上帝必然存在）——因为一切不同于上帝的存在，例如人类灵魂和物质对象，包括人的身体，都依赖于创造它的上帝存在。因此，声称上帝之外的任何事物拥有实体的名称都是错误的。尽管对笛卡尔而言，上帝是唯一绝对的实体，但一旦他提出了这一点，他就没有像斯宾诺莎那样深思熟虑。他承认灵魂和身体至少是相对的实体。除了依赖上帝之外，它们是自我存在的，因此不同于灵魂的思想和感觉，或身体的形状和大小，后者在任何意义上都不是实体。但是，斯宾诺莎认真对待笛卡尔关于上帝是唯一真正的实体的观点。他坚持认为，事实上只有一个真正的实体，只有一个事物——粗略地翻译一下他自己的话——是对自身的解释，只有一个事物的本质解释了它的存在，它的本质就是存在。与笛卡尔不同，他的结论是，唯一真正的事物不是与他创造的世界不同的造物主上帝，而是存在的整体，绝对的一切。斯宾诺莎宏大设计(它大致符合常识)中的一个要素是，他的这个论点，即唯一的实体、整体、绝对一切，事实上是自然，时空的物质世界——它同时（大约不那么符合常识）也是上帝。

　　麦基：一个论证是，他从上帝的无限本质的概念得出的万物的本质统一性和本质神性。如果上帝是无限的，那么就不存在任何上帝不是的事物。把这一点说得更清楚，如果世界不同于上帝，那么上帝就有边界、限制，并且在这种情况下他就是有限的，不是无限的。如果上帝是无限的，那么上帝一定与万物具有同样的广延。

昆顿：我认为这是你能找到的为斯宾诺莎的立场辩护的最有说服力的方式，它在更早的哲学中就有预见。他援引了许多其他的论证来证明他的一般观点，但它真正的意思是，只有一个事物其解释就在自身之中。而其他一切事物，其解释都在自身之外。正如我所说的，斯宾诺莎将这一个事物与自然等同，并且更让人惊讶的是，与上帝等同。

麦基：这两个观念之间真的有很大的差距，不是吗？将整个现实看作本质上的统一体是一回事，将那个统一体看作神圣的则是另一回事。你认为他为什么要迈出最后一步？

昆顿：我认为那是因为上帝的完美，也就是说，在斯宾诺莎看来，自然不能被理解为上帝活动的一个被动的副产品。自然是一切事物的总和，自我解释的事物；并且因此，在这个意义上，它是完美的存在，可能的存在中最完美的事物；并且因此它配得上上帝之名。斯宾诺莎唯一准备接受的上帝，是一位与所有自然事物等同的上帝。

麦基：你说我们从斯宾诺莎那里得到的真正重要的东西不是一组论证，而是关于世界是怎么样的一种愿景。那个愿景，我假设，可以用文字来表达，即如果我们称一切事物的总和为自然，那么我们确信这个知识，即用我们的话说，不可能有超自然的领域，我们也确信这一知识，即上帝不可能在自然之外。

昆顿：这就是斯宾诺莎的立场。上帝和自然不能被设想为相互区别的事物，就像在正统的宗教传统中，因为在那种情况下，其中一个将被另一个限制。上帝将是——自相矛盾地——不完美的。被创造的世界也将是不完美的，因为它的创造者是不完整的存在。

麦基：因为他持有这种观点，所以他对笛卡尔遗留的最臭名昭著的未解之题——心灵和物质的相互作用问题——有一个打击性的回答。他能够说，不可能存在笛卡尔假设意义上的相互作用，因为心灵和物质事实上是同一个事物，只是在不同的方面被看待——因此这是为什么我们感知到给我们因果联系错觉的这种规律性。

昆顿：当然，身心关系对笛卡尔构成了一个特殊的难题，他为它提出了一个大胆的——如果不是非常令人满意的——回答。他看到了存在的两个领域，尽管二者在种类上完全不同，但却是相互作用的。他声称，虽然心灵本身完全是非物质的，但却可以偏转神经系统中物理电流的流动。像笛卡尔的许多接替者一样，斯宾诺莎不会接受这些，而是以他自己的方式继续统一笛卡尔所划分的事物。哲学史家认为，如果我们把斯宾诺莎看成主要关注笛卡尔的那个问题，即身心关系问题，那么我们可以最好地理解他。我认为这是对斯宾诺莎所从事工作的一个相当有限的看法——实际上他在追求一个更大的目标，关于事物的恰当、全面的概念。在发展他关于唯一的实体是无限的这一基本假设时，他

说，不仅它包含一切事物，没有任何事物在它之外——这个观念
接近于，如果不是等同于，无限的观念——而且上帝或自然，这
个单一的实体，所有事物的整体，有一种无限的属性。这听起来
令人费解。这是令人费解的，因为事实证明，这些属性中只有两
个是我们可以通过任何方式获得或理解的，其他属性都必须基于
信仰。我们必须接受这个无定形的概念，即存在的事物拥有比我
们所能设想的无限得多的属性。我们确实知道的两个属性，一个
是思想或意识，另一个是广延或空间的占有。斯宾诺莎接着说，
在这唯一的实体全部的、包罗万象的构造中，局部和临时的构造
就像布料上的皱褶一样突然出现。他称这些为皱褶模式。在他看
来，它们是我们通常认为的自存事物如桌子、椅子、我们自己、
我们的朋友和喜马拉雅山的真正本质。在日常生活中，我们把这
些事物当作轮廓清晰、可辨认的。对斯宾诺莎来说，它们只是万
物的构造在此处和彼处采取的临时轮廓。

麦基：就像大海中的波涛。

昆顿：没错，大海中的波涛或布料上的皱褶。这些模式中的
每一个都曾经是有意识的和有广延的，因此现实中的这个阶段或
皱褶同时包括这两个方面——一个精神方面和一个物理方面。在
这里，毫无疑问，两个完全不同的事物恰好同时发生、彼此同步、
并行运行。从两个不同的方向看，它们是同一个事物。一个特别
值得一提的暗示是，对斯宾诺莎而言，身心是不可分离的，事实
上，他把人类心灵描述为人类身体的观念。这没有为灵魂不死留

下任何空间——灵魂是一个模式并且所有模式都是短暂的理论更一般地排除了这一点。

麦基：我们都强调了这样一个事实，即斯宾诺莎以欧几里得几何学为模型展示他的哲学，并且还相信他的观念体系直接表达了世界体系。从表面上看，在演绎系统中不可能有非决定论的余地。那么斯宾诺莎如何看待我们是否拥有自由意志这个棘手的问题？

昆顿：他认为他视为日常、常识的自由概念——人类个体有时可以作为事物的自发的、无原因的原因，实践纯粹自发性的自由——是不可能的，它是一种由于我们不知道我们行为的原因是什么而产生的错觉。另一方面，他说，存在诸如人类奴役的事件。因为这是一种人们并不是总是陷入的一种状态或不可挽回地陷入的一种状态，他们可以从这种状态中被解放，因此是他们可以获得的一种自由。人类的奴役在于被某些原因而不是其他原因诱导而行动。有一些原因，我们可以笼统地将它们描述为仇恨、愤怒和恐惧等被动情绪——它们是由外在于我们的、世界令人沮丧的影响在我们身上产生的。但他认为，除了这些，我们还有主动的情绪，这些情绪是由对我们在世界上的处境的理解产生的，由实际上正在进行的知识产生的。我们的活动越多是被主动的情绪引起的，越少是被被动的情绪引起的，我们就越不受奴役，我们就越是我们自己。这是斯宾诺莎可以支持的人类自由的唯一一种类。

麦基：我想他大概是在欧洲思想中第一个引入这个观点的人，

即发现你的感觉和行为的隐藏来源是什么将在某种重要的意义上是解放的，尽管它并没有在字面意义上增加你的自由。它是解放的，因为它让你与自己融为一体。它使你从沮丧中解放出来——因此也使你从因受制于你不了解的力量的摆布而引起的愤怒和不快中解放出来。它会导致接受，而这反过来又会导致没有束缚感，这会大大增加你的快乐——事实上，它就是快乐的秘诀。从那以后，这种想法以不同的形式一次又一次地突然出现。例如，它是弗洛伊德思想和精神分析学派思想的核心。

昆顿：我认为你说的是对的。或者人们可以将斯宾诺莎对人在世界上的地位的态度视为斯多葛主义的态度。也就是说，我们对周围的世界并不特别感兴趣，因此我们必须通过控制它在我们身上激发的情绪，减小它使我们受苦的能力。但你是对的，在斯宾诺莎那里，还有更多的东西。他不认为我们可以通过巨大的努力来抑制或克服这些悲伤和不幸的被动情绪。他的立场是，通过运用智力获得关于世界的理解，我们可以让这些情绪逐渐消失，从而让主动的情绪占据它们的位置。其中最高尚的，是他所谓的"对上帝的理智之爱"，伴随形而上学理解的情感，一种对世界作为一个整体的本质的全面把握。

麦基：在某种程度上，在这个事实中有点悖论，即斯宾诺莎通常被认为是一个宗教的或半宗教的思想家，而事实上他并不相信一个私人性上帝的存在，并不相信灵魂不死，也并不相信我们拥有自由意志。他经常被描述为泛神论者（pantheist）——事实上，他被认为是伟大的哲学家中的泛神论者，就像叔本华被认为是悲观主义者，休谟被认为是怀疑主义者，或者洛克被认为是自由主义者，等等。你认为我们这样看他对吗？

昆顿：我认为把他看作泛神论者当然是正确的，而且这样想一点也没有否认他是真正的宗教信徒。首先，与此观点相反的是，在斯宾诺莎的观点与大致同时代的英国哲学家托马斯·霍布斯（Thomas Hobbes）的许多观点之间存在大量的对应关系。霍布斯是一个彻头彻尾的乐观派，即使他在原则上对一般的宇宙和特别的人性持悲观的态度。尽管偶尔礼貌或谨慎地提到上帝，但他明显是一个无神论者。他与斯宾诺莎的关键区别在于，他的态度是坚定不移的世俗态度，完全缺乏任何像虔诚或崇敬之类的东西。尽管斯宾诺莎像霍布斯一样看到了世界的真正本质，他对世界的态度却完全不同。他的态度本质上是一种敬畏和尊重，一种有尊严的谦逊和退回到沉思生活的宗教态度。由于基督教的本位主义（parochialism），我们无法认识到斯宾诺莎宗教态度的真实性。我们倾向于制定并非普遍适用的要求。我们不应该把斯宾诺莎看成不虔诚的，仅仅因为在我们的文化背景中对私人的、愤怒的、侵扰的上帝所采取的态度，在他的情况下，是针对全景的。他是一个宗教信徒，就像威廉·华兹华斯（William Wordsworth）是一个宗教信徒一样。

麦基：他曾经以一种非常戏剧性的方式表达了对上帝和自然的认同。他说，没有人不理解一个人对自然有强烈的爱，但是如

果他想要自然用爱回报他，我们就会认为这个人是疯子。现在因
为自然和上帝是一体的，同样的事情对于上帝而言也是真的。爱
上帝有利于我们的幸福，但对我们而言，期望上帝爱我们则是毫
无意义和荒谬的。

昆顿：没错。在更升华和复杂的佛教中，有一种与他关于人
在宇宙中的地位相似的观点。我们必须承认，在作为一个整体的
人类生活的情感结构中，这些态度是真正宗教的态度，即使它们
针对的对象并不是我们的文化中宗教态度所熟悉的对象。

麦基：你认为斯宾诺莎接受的正统犹太教养育和教育促成了
他持有这些观点吗？

昆顿：斯宾诺莎对康德的伟大形而上学三重主题——上帝、
自由和不朽——中的两个主题的看法与犹太教的观点很接近。犹
太教的上帝，不像斯宾诺莎的上帝，几乎都是私人性的，但不朽
并不是犹太教的核心。至于自由，在人与上帝的伦理关系的一般
领域，犹太教并没有请愿祈祷的地方，可以请求上帝为我们做事。
犹太教的态度是，对上帝给我们的东西感恩地接受，而不是像基
督教那样有畏缩乞讨的姿态。一个人以他尽其所能的耐心、顺从
和坚忍的态度接受上帝给予的东西，这完全是斯宾诺莎主义者的
视角。

麦基：我认为我们现在必须来讨论莱布尼茨了，如果我们不

想不公平地冷落他。像斯宾诺莎一样，莱布尼茨创造了一个巨大的环环相扣的形而上学体系；但是，与斯宾诺莎不同的是，他并没有在任何一部说明性著作中提到这一点。在莱布尼茨这里，它以零碎的形式出现在大量单独的论文和信件中，在某种程度上，读者必须自己将这个系

戈特弗里德·威廉·莱布尼茨
（Gottfried Wilhelm Leibniz, 1646—1716）

统组合起来。你认为从哪里开始阐释它是最好的呢？

昆顿：如果一个人要写一篇关于莱布尼茨的严肃的专业论文，他大约将从莱布尼茨持有的某些逻辑学说开始。但为了在一个相当短的时间内理解他在从事什么，最好是从单子（monad）的观念开始。这是他的实体版本，并且，如我之前提到的，它与斯宾诺莎的版本完全相反。一方面，单子是无限多的；它们不占据空间，是没有广延的精神事物——可以说，形而上学的点。上帝是一个单子，每一个人类灵魂也是，世界的所有最终组成部分也是。

麦基：你能给我们更多关于单子是什么的描述性定义吗？

昆顿："单子"是莱布尼茨用来表述实体的词。它是一个单一的、不可分割的、基本的单元。它有很多属性，但因为它是简单的，所以它没有部分。莱布尼茨的《单子论》开篇有一个论证，大量的内容都取决于这个论证，但对一个像莱布尼茨一样聪明的人而言，它却令人惊讶的简单。他说，任何复杂的事物都是由简单的事物构成的，复杂事物的最终简单成分是世界的真正组成部分，而这些复杂的事物只是简单事物聚合的副产品。现在，任何占据空间的事物都是有广延的，并且因此是可分割的，因此也是复杂的。所以世界的最终组成部分一定是非广延的，并且因为是非广延的，所以也是非物质的。因此，真实的世界是由无限的形而上学的点组成的；既然这些没有广延的、不可分割的事物都不是物质的，那么它们一定是精神的。因此世界是由无限的点状精神物体组成的，或者正如人们有时说的——有时是莱布尼茨自己说的——一切都是由灵魂（souls）组成，从其他一切事物都依赖的上帝，到人类灵魂——我们最先从这里获得实体观念的一个特殊的单子，最后到我们错误地认为是物质的事物的最终组成部分。

麦基：让人们立刻接受这些太多了，因此我希望回顾一下它的重点，确保我们把它弄清楚了。莱布尼茨认为，世界上一切复杂事物都必须可以分析为更简单的要素。如果更简单的要素还是复杂的，那么它们一定可以做更进一步的分析。最终我们必须得出不能进一步分析的完全简单的要素，而这些要素就是世界的最终组成部分。然而，这些不可能是物质的，因为物质定义的一部分就是，它是有广延的某种事物，而广延根据定义就是可分割的。显然，无法进一步分割的事物不可能再被分割。因此世界的最终组成部分一定是非物质的，并且不可能占据空间。

　　但是现在，我想，你想要批评这个论证。

　　昆顿：首先，人们不必真的说，不管你将事物如何分割，你一定会到达一个它们在原则上不可再分割的点。为什么事物不应该是无限可分割的，即使在任何给定的时间都有一个点，超出这个点我们实际上就无法进一步分割它们？但我们不必停留在此。莱布尼茨真正奇怪的举动始于，他说到一切都是由不可分割的、无广延的点构成的。现在这些点在这个意义上确实是非物质的，即它们并不占据空间，不散布在空间中。但这绝不意味着它们在具有类心灵本质的意义上是非物质的。它们完全可以处在空间之中而不占据任何空间。莱布尼茨假设这些终极的点或单子是心灵，因为他毫无疑问地接受笛卡尔的原则，即存在的一切要么占据空间，要么有意识。当然，在认为单子有意识时，莱布尼茨并没有继续假设它们普遍具有自我意识。他认为，单子有对自身之外的事物的感知和意识。但他并不认为它们有他称为统觉（apperception）的东西，即意识可能拥有的意识到其内部正在发生的事情的能力，特别是其自身对外部事物的意识。

　　麦基：公正地说，我们正在使用的词汇使得莱布尼茨的想法

听起来比它们实际上要奇怪得多。毕竟，20世纪物理学的基本
学说之一是，所有的物质都可以还原为能量，也就是说，能量是
物理宇宙的最终组成部分。现在，在我看来，莱布尼茨正试图表
达一些与这个想法惊人地接近的东西。他说的是所有的物质都是
由活动倾向组成的，而活动倾向本身并不是物质的——事实上，
现在我们知道这是真的。但在17世纪，人们谈论非物质活动中
心的唯一词汇是心灵、灵魂和精神等词汇，这就是莱布尼茨所使
用的词汇。

或者你认为我为了挽救他的想法倒退了吗？

昆顿：没有，一点儿也没有。我认为就这一论点而言，人们
可以说，他有点儿运气，或者预见性的好运。这并不是说他的内
心深处没有一个重要的想法，你归之于他的那个想法：自然，即
物理科学的主题是一种动态的事物状态，运动或活动是其内在特
征的一部分——不是一个巨大的、僵硬的、死气沉沉的，需要外
部推动的装置。在他的时代，甚至此后，许多人的主流观点是，
尽管承认自然由运动中的物质构成，运动并不是内在于物质本身
的，而是必须由外部来源传递给物质世界的。莱布尼茨并没有做
出这样的假设。他采取的立场是，运动、能量或活动，这或许是
最合适的一般术语，是内在于世界的最终组成部分的。

麦基：我认为莱布尼茨在很多令人吃惊的方面是一个现代
思想家，我们还没有真正引出这一点。阅读他的作品常常根本
不像在阅读另一个时代的人物，而更像是在阅读一位近乎同时

代的杰出人物——事实上，高逻辑马力、异常清晰的思维以及一位伟大数学家具有的所有装备的结合让人想起如弗雷格和罗素这样的人。

让我提供一个新的例子来说明他对我们来说的现代性。他是第一个明确、详细地阐述如下这一学说的人，从那时起直到今天，该学说就一直在哲学中发挥着中心作用。也就是，他认为，所有正确或错误的命题都必须属于两种类型之一。首先，一个命题可能是真的，就像定义是真的一样。如果我说"在英国，所有的单身汉都是未婚的"，任何人都不需要进行社会调查就能知道这是否为真。它可以被宣布为真，而无须查看事实情况，因为根据所使用术语的含义，它必然是真的。但还有一种命题，只有在事实确定后才能判定其真假。如果我说"隔壁房间里有一只猴子"——可能有也可能没有，找到答案的唯一方法就是去隔壁看一看。

因此，我们有这个非常重要的关于命题的区分：其真假可以通过对命题本身的分析来确定，并因此自莱布尼茨以来就被称为"分析命题"（analytic statement）；以及其真假只能通过走出命题并将其与自身之外的事物相比对，这些命题后来被称为"综合命题"（synthetic statement）。

毫无疑问，莱布尼茨是第一个彻底、清楚地阐述这一点的人，不是吗？

昆顿：完全正确。你在前面提到，洛克是一个与莱布尼茨近乎同时代的人，在洛克那里就有关于理性真理（truth of reason）

与事实真理（truth of fact）相区别的预兆；但有点不确定并且表述不明确。在莱布尼茨这里，这一点是清楚明白的。一方面，存在着理性真理，否认这些命题显然是自相矛盾的，它仅仅因为矛盾律，也就是说仅仅基于逻辑基础就是真的。另一方面，存在着事实真理，否认这些命题并不矛盾，它们报告了本来可能并非如此的事态。问题在于，在莱布尼茨形而上学承诺的压力下，两者之间的区别几乎消失殆尽。因为他继续区分有限的理性真理和无限的理性真理，我们可以看到，否认前者是自相矛盾的，而后者对我们来说是偶然的，但对于上帝的无限智慧来说，它不言而喻是不可否认的。这一发展源于莱布尼茨的观点，即每个事物都有他所谓的完整的个体概念，其中包含关于它可以真正说出来的一切，可以真正归因于它的所有属性。任何事物如果有不同的完整概念，就必然是不同的事物。由此可见，一个事物所拥有的每一个属性都必然由它所占有。只有一个属性是莱布尼茨的完整概念通常不包含的。

麦基：你指的当然是存在（existence）的属性。对莱布尼茨而言，只有上帝必然存在。任何其他事物的存在都取决于上帝对那个可能事物的存在的选择。

昆顿：正是如此。存在无限多个可能的个体，其完整概念是内在一致的。一个可能的世界是这样的可能个体的集合，其中每个个体的存在都与所有其他个体的存在相一致。在这里，莱布尼茨得出了他对上帝与被造世界的关系的概念。上帝思考了无数可

能的世界（possible worlds）、相互一致的事物系统，然后，至
善的上帝，选择了最好的世界。

麦基：正是莱布尼茨的这个论证，让伏尔泰对他进行了永久
的嘲笑，伏尔泰在《老实人》（*Candide*）中嘲笑莱布尼茨是哲学
家邦葛罗斯（Pangloss），永远喋喋不休地说"一切都是最好的，
在所有可能世界中最好的世界"。

昆顿：他还激起后维多利亚时代的哲学家弗朗西斯·赫伯
特·布拉德雷（Francis Herbert Bradley）说："这是所有可能世
界中最好的世界，其中的一切都是不可避免的恶。"事实上，莱
布尼茨在这里的主要观点并不是上帝选择了人道上、实践上和情
感上最好的世界，而是以更抽象、形而上学的方式选择了最好的
可能世界——粗略地说，在这个可能世界中，有最大量的存在。
无论如何，这种思路似乎消除了莱布尼茨在上帝之外的事物的存
在中所允许的最后一个偶然因素。我们似乎可以得出这样的结论：
实际存在的东西必然存在。上帝的存在是必然的。因为他是绝对
完美的，所以他必定会选择所有可能世界中最好的世界。所有可
能世界中的世界是最好的，也是必然的理性真理，即使这超
出了有限的人类智力所能理解的范围。因此，最好的可能世界存
在是必然的理性真理。

麦基：今天，许多哲学家关心他们所谓的"可能的世界"。
但是，一旦深入到这一点，我们就忘记了我们的出发点，即我们

现在所说的分析命题和综合命题之间的区别。我认为我们应该对这一区别多说一点，毕竟从那时起，它就一直是哲学讨论的中心。事实上，在过去两三百年中，很难想象有任何哲学学说具有如此大的影响力。

昆顿：你说得太对了。正是根据这种区别——他继续以一种富有成效和有趣的但我认为最终是错误的方式混淆了这种区别——康德在《纯粹理性批判》（*The Critique of Pure Reason*）中提出了他自己的理论哲学的主要问题。他认为，除了莱布尼茨所描述的理性真理和事实真理之外，还存在第三种真理。康德将数学命题、自然科学的某些所谓预设（例如守恒定律和因果律）以及道德的基本原则纳入这第三种真理。然后再一次地，在 20 世纪的大部分时间里，理性真理与事实真理之间的区别一直处于哲学的绝对中心。在我年轻的时候，这门学科的一些老师曾经说过，无论一个人向学生传达什么其他知识，如果他能够使学生理解这一区别，那么学生花时间学习哲学就是值得的。是的，你说莱布尼茨将这一问题的清晰度和明确性提升到了一个新的水平，这是完全正确的。

麦基：这是莱布尼茨的贡献，这一点尤其值得让英语读者明白，因为在我们知识分子的狭隘观念中，我们坚持认为它是大卫·休谟的贡献。这个学说确实可以在休谟那里找到，他可能是在洛克的指导下自己提出来的，但事实是，莱布尼茨比休谟早半个世纪就已经说过了，比他说得更清楚，并且说了好几次。

昆顿：是的。在休谟那里，这种区别是以一种轻松的、口语化的、相当不精确的方式做出的。这种区分的基础还没有得到非常精确的阐明，这在很大程度上是因为休谟对形式逻辑的蔑视。然而，在莱布尼茨这里，他花费了大量的精力来弄清楚这种区别的逻辑基础到底是什么。

麦基：与斯宾诺莎一样，莱布尼茨为笛卡尔的心灵与物质如何相互作用的问题提供了一个解决方案。但他的解决方案与斯宾诺莎的完全不同。这种解决方案是什么？

昆顿：就它是一种解决方案而言，它就像通过踢翻桌子来防止自己在象棋比赛中输掉一样。实际上，莱布尼茨所说的是，物质不是真实的而是现象性的，只是一种表象，因此实际上没有任何物质可以与心灵相互作用。真正存在的一切都在某种程度上是精神的——在本质上，在更低的终点，以一种非常基本的方式；在我们的最后，是相当复杂地精神的；并且当然，上帝是完美的，他是一个纯粹的精神存在，而且根本不是他在斯宾诺莎的体系中所是的那个有广延的、包罗万象的物理实体。

麦基：正如我们之前在不同背景下解释的那样，莱布尼茨认为，一切物质都可以还原为非物质，因此世界的最终组成部分也是非物质的。但这意味着对他来说，就像对斯宾诺莎一样，相互作用的问题与其说是解决了，不如说是不会出现。但既然如此，他又能给自己提供怎样的因果解释呢？毕竟，从表面上看，世界似乎在很大程度上就是由相互作用的事物组成的。

昆顿：让我给你一个简短的回答，这可能会引发进一步的问题。世界是像心灵一样的实体的无限排列，每一个实体都会感知所有其他实体，即使通常以一种非常混乱、模糊和有限的方式。它从自己的角度感知整个世界。现在，这些感知的世界，由各个单子形成的世界图景，就像从不同角度拍摄一个场景的电影。如果这些电影都在一组屏幕上放映，它们所包含的内容之间就会有系统的对应关系，但它们实际上不会相互影响或相互作用。每一个单独的单子对世界都有自己的看法，但根据莱布尼茨的说法，单子之间没有相互作用——只是它们的内容之间的对应关系。每个单子都有其内在的历史，随着一种性质继另一种性质而发展。这就是我们之前谈到的完整的个体概念的历史展开。每一个单子的内容的主要部分是它对其他单子的意识，莱布尼茨认为，它们都通过他所谓的预定和谐（pre-established harmony）相互关联。有时他用这一和谐的假定事实来论证上帝的存在。从另一个角度来看，似乎有必要援引上帝来解释这一非同寻常的偶然。

麦基：关于上帝的某种观念使得因果关系的信仰变得多余。如果上帝创造了一切，从一开始就规定了其全部本质并因此规定了未来的发展，那么事物或事件就没有相互影响的空间。事件并不是互相引起的——上帝是一切的原因。因此，上帝每时每刻都对事物的存在负责，他让一切一直不停地运转。如果事物在我们看来是因果关联的，那是因为整个宇宙从一开始及其整个历史都

是上帝的统一创造，而表面上的相互联系并不是因果关系，而是
源于这一事实的预定和谐。

　　但如果是这样，莱布尼茨如何可能解释人类拥有自由意
志？——因为他当然相信我们在重要的意义上拥有自由意志。

　　昆顿：他对上帝存在的主要论证是非常传统和遵从习俗的。
它们稍微有一点实时的调整，但总的来说，它们非常像笛卡尔或
安瑟尔谟的论证。因此，我们在这里讨论的是该主题让人耳熟能
详的历史中的观念。但莱布尼茨对以传统方式得出的上帝观念所
做的事情却非常引人注目。他在个能的上帝概念上取得了很大的
进展。他说，上帝创造了构成世界的所有其他单子，并赋予了它
们内在的本质——在每种情况下都是独一无二的——这决定了它
们随后所做的一切。换句话说，所发生的一切都是神所预定的。
正如你所说，这种关于宇宙的完整设计理论排除了一个事件与另
一个事件之间真正的因果作用。事实证明，表面上的因果关系只
不过是一件事中发生的事件与另一件事中发生的事件之间的某种
对应（correspondence）或平行（parallelism）关系。莱布尼茨
以某种方式将它与自由意志相协调。乍看起来，这样做相当成功。
毕竟，自由意志的缺乏可能被认为是受到外界事物因果影响的结
果，受到外在的强迫而做违背自己真实本性的事情。在莱布尼茨
的世界图景中，每个个体的决定性力量，一旦由上帝设定，就是
上帝赋予那个个体本质。所以，以某种辩论会的方式，莱布尼茨
可以说，世界上没有哪个体系中的个体比在他的体系中更自由。
每个个体都是完全自我决定的。你还能要求更多的自由吗？但尽

管我在莱布尼茨的体系中，从字面上看不受其他造物——其他人或者自然环境——的约束，我仍然完全受到上帝所设置的对应系统的约束，他赋予我本质。一般来说，允许存在被大多数人认为是人的自由的任何东西，对于坚持一切都可以解释的理性主义而言是非常困难的。如果一切都有一个解释，那么看起来这个解释似乎是因果性的——发生的一切都将作为某个庞大的统一设计或计划的一部分而变得可以理解。

麦基：所以你说的是，任何呈现给我们一个解释一切的完善的形而上学体系的理性主义哲学家——不仅斯宾诺莎和莱布尼茨——都很可能无法容纳自由意志。

昆顿：在理性主义者所设想的世界里似乎没有任何个人操作的余地。

麦基：在我们的讨论开始时，你对斯宾诺莎和莱布尼茨二者共同做出了一些评价。你如何评价他们各自对后来哲学史的贡献？

昆顿：他们对其中的不同部分做出了贡献。斯宾诺莎在他那个时代受到了强烈的谴责。他的同时代人也同样质疑他的宗教信仰的真诚性问题。像休谟（他写过"无神论者斯宾诺莎的可怕假设"）和贝尔（Bayle）这样的自由思想家通过诽谤斯宾诺莎来转移人们对他们自己不虔诚的注意力，而他其实比他们更不应该受到这种谴责。直到 18 世纪末德国的浪漫主义运动，出现了约翰·戈特弗里德·赫尔德（Johann Gottfried Herder）和约翰·沃尔夫冈·冯·歌德（Johann Wolfgang von Goethe）等人，斯宾诺莎才或多或少地成为自己。从那时起，由于他的个人尊严、他的超凡脱俗、远离野心和自我肯定，他一直是人们崇拜的对象。对于斯宾诺莎来说，想要出人头地的愿望是完全陌生的。他是一个最真诚的人。他自己的人生故事完全符合他的哲学学说，他也因此受到了钦佩。但他对技术性更强的哲学家并没有太大的吸引力。但我应该说，在中世纪后期的所有伟大哲学家中，没有人比莱布尼茨更直接吸引技术性的哲学家，至少是 20 世纪盎格鲁－撒克逊世界的哲学家。

麦基：举个例子，写了大约 60 本书的伯特兰·罗素，只写了一本关于另一位哲学家的书，那就是莱布尼茨。我怀疑罗素在年轻时就非常认同莱布尼茨。

谈到罗素，莱布尼茨和斯宾诺莎让我印象深刻的一点——这也使他们与当今以语言为导向的哲学家不同——是他们对数学的定位。莱布尼茨当然是一位天才数学家，也是一位天才数学物理学家。这让我想到了另一点。这两个人都非常关心上帝在整个事物体系中的地位。自康德以来，对过去 200 年来的任何一位重要哲学家，我们都不能这么说——除非我们想让索伦·克尔凯郭尔（Søren Kierkegaard）成为唯一一个例外，他甚至令人怀疑是不是一位完全意义上的哲学家。在过去 200 年来，哲学并不经常伴随着对数学科学的沉迷。

在我看来，我们一直在讨论的大部分哲学都有一个未公开的议程。斯宾诺莎和莱布尼茨对新数学和新物理学都有着深刻的理解，这两个学科在他们的世纪中比任何其他世纪都发展得更加深入，而且他们都知道这些学科必须适应任何可持续的世界观。但两人都意识到，从表面上看，它们与关于上帝、精神运作、意志自由等的传统信仰并不容易调和。因此，至少在很多时候，他们试图做的是产生一套包含数学科学和上帝的完整的现实观念。你认为这是真的吗？

昆顿：是的。我认为这确实是事实。首先，我想插一句，尽管他的著作中充满了数学般的工具，斯宾诺莎并不是真正的数学家。他研究过这个学科，但作为数学家，他与莱布尼茨完全不同，正如你所说，莱布尼茨是数学史上的一位重要人物。但在斯宾诺莎那里，数学形式更像是田园诗的传统装置。（一个田园诗人并不是真正的绵羊或羔羊饲养文化或任何此类文化的专家。）但是，忽略这一点，我认为你是正确的，存在一个以某种方式困扰他们的共同话题，并且他们以截然不同的方式解决这个问题。这是为宗教在世界上找到一个位置的问题——伽利略以及 17 世纪物理学家发现物质世界本质的那个世界。笛卡尔的做法或多或少是给入侵者让路，他说，物质世界都是不思考的物质，是伽利略规则盛行的地方——但是，除了物质世界之外，还有个体的人类灵魂和上帝的无限灵魂，它们是纯粹的精神实体，与物质世界分离（尽管也以各种方式与物质世界相关联）。笛卡尔的策略就像将一个国家（例如德国）分成两个划定的部分：一个区域被划为科学，另一个区域被划为宗教。斯宾诺莎和莱布尼茨都对这种所罗门判决婴儿归属的划分方式 *感到不满，这是可以理解的，他们都渴望将宗教与科学更加和谐地结合起来。斯宾诺莎通过采用17世纪自然科学的世界图景，然后把宗教态度赋予如此构想的世界来做到这一点。莱布尼茨则反其道而行之，他说，世界实际上更像是宗教所体现的世界，并且比科学所认识到的更具有精神性：我们可以将关于现象的整个科学构想建立在在本质上对世界的宗教性理解之上，即世界是无限智慧的精神（即上帝）的目的的实现。

---

* 　出自《圣经·旧约·列王纪上》第 3 章第 16—28 节，所罗门审判两妇人争夺孩子之案。为判断孩子归属，所罗门命人拿刀来，声称要将孩子劈成两半后分给两人。一人同意，另一人坚决不同意。而后所罗门把孩子判给了不同意的妇人。——译者注

6

洛克与贝克莱

对话迈克尔·艾尔斯

迈克尔·艾尔斯
（Michael Ayers，1935— ）

引　言

　　麦基：一直以来，最有影响力的哲学家之一，是出生于 1632 年的英国人约翰·洛克（John Locke）。他一直被认为为自由民主和现代经验哲学奠定了思想基础。经验主义者相信，我们对存在的事物的观念永远不会完全超越经验的界限——我们所能设想的一切，要么是过去的经验，要么是由过去经验的要素构成的。这一学说的某些版本已被自洛克以来许多最伟大的哲学家接受，而英语世界的哲学也从未长期摆脱过它的统治地位。它变得如此熟悉，以至现在许多人认为它是显而易见的普通常识——但当洛克提出这一学说时，它还只是一种具有革命意义的观念。无论是在哲学、自然科学还是政治学领域，洛克传达的讯息的一部分始终是，"不要盲目追随习俗或权威。看看事实，独立思考"。在政治学中，这名副其实是革命性的。在法国，它对伏尔泰和百科全书派产生了重要影响，从而引起了法国大革命之前知识分子的骚动。在美国，开国元勋在起草美国宪法时也想到了洛克，并多次提到他。

　　洛克曾在威斯敏斯特公学（Westminster School）（可能是当时英格兰最好的学校）和牛津大学基督堂学院（Christ Church,

Oxford）接受教育，并在那里成为一名讲师，一直工作到 30 多
岁。他还获得了执业医师资格，在他离开大学后，他开始参与政
治并进行医学研究。（在他的时代，他有时以"洛克医生"著称。）
在导致英国人所谓的 1688 年光荣革命的动乱中，为了自己的安
全，他不得不流亡荷兰，他也是追随奥兰治的威廉（William of
Orange）前往英国推翻斯图亚特王朝的其中一员。此时，他已经
写作《人类理解论》(*Essay Concerning Human Understanding*)
多年。这本书出版于 1689 年，当时洛克 57 岁，但它出版的日
期经常被错误地认为是 1690 年——该书扉页上的日期。《论宗
教宽容——致友人的一封信》(*A Letter Concerning Toleration*)
也于 1689 年出版。随后，紧接着出版的是 1690 年的《政府论》
(*Two Treatises of Government*) 和 1693 年的《教育漫话》(*Some
Thoughts Concerning Education*)。尽管洛克活到了 72 岁，还有
其他著述，但他所有有影响力的著作几乎都是在不到五年的时间
内写成的。

洛克之后的下一位至今仍然享有国际声誉的英语哲学家乔
治·贝克莱（George Berkeley），在部分意义上是对洛克的回应，
因此把两人放在一起讨论是有帮助的。

贝克莱于 1685 年出生于爱尔兰，在都柏林圣三一学院(Trinity
College, Dublin) 接受过教育。他因之出名的所有哲学著作都出
版于二十几岁时：1709 年出版《视觉新论》(*A New Theory of
Vision*)，1710 年出版《人类知识原理》(*The Principles of Human
Knowledge*)，以及 1713 年出版《对话三篇》(*Three Dialogues*)。
他的一些其他著作本应更为人所知，但他之所以出名是因为我提

到的这些著作。1734 年，他成了主教，并且直到今天他也经常被称为贝克莱主教。他一生的大部分时间都花在公共活动上，其中一些活动是在美洲新世界。他与耶鲁大学（Yale University）也有联系，其中一所学院就是以他的名字命名的。加利福尼亚州的伯克利市（Berkeley）也是以他的名字命名的。他于 1753 年去世，享年 67 岁，葬于牛津大学基督堂，他有一个儿子曾在那里学习，这个学院当然曾经也是洛克读书的学院。

在这里，与我讨论这两位哲学家思想的，是一位因有关他们的著作而享有学术声誉的学者：牛津大学瓦德汉学院（Wadham College, Oxford）研究员迈克尔·艾尔斯（Michael Ayers）。

讨　论

麦基：我们先来看看洛克。尽管他是世界上最有影响力的哲学家之一，但任何按时间顺序研究哲学史的人，在研究了他的前辈之后，都不能不惊讶于洛克所说的很多内容已经被其他人说过了，例如笛卡尔——将整个宇宙视为一台巨大的机器，将世界划分为物质和心灵等。洛克的立场有什么显著的不同吗？

艾尔斯：与笛卡尔一样，洛克也是 17 世纪旨在推翻以前占主导地位的世界观——即亚里士多德式的世界观——运动的一部分，并提出一种新的观点，正如你所说，其核心观念是物质世界就像一台伟大的机器。世界机器由较小的机器组成，但所有机器都服从相同的物理定律和相同的机械必然性。洛克的思想和知识理论表面上看起来也很像笛卡尔的理论。他认为，思想涉及一系列存在于"心灵中"（in the mind）或"在心灵之前"（before the mind）的观念，它们代表心灵之外的事物。推理（reasoning）是观念产生知识或信念的一种精神运作。他对知识的定义是，对观念之间关系的感知，这种直觉主义知识的观点很像笛卡尔的观点，或者看起来很像笛卡尔的观点。他们都同意这样的观点：在了解某些事物的同时，我们就掌握或"看到"了真理。

另一方面，二者之间又存在非常大的不同。一个最重要的不同是，洛克给予感官的不同地位。对笛卡尔而言，感官传递特定数据，它们使我们拥有与这些数据对应的特定信念，但是这些信念并不算作知识。在我们可以假设感官帮助我们获得关于世界的任何知识之前，感官的传递必须通过理性来解读和解释。对于笛卡尔来说，传递知识的是理性或理智，或对感官数据进行操作的理智。但对于洛克来说，感官本身是基本的官能，它们本身可以传递知识，他称之为"感官知识"（sensitive knowledge）。这种对立体现了两位哲学家回应怀疑论者对物质对象是否存在的怀疑所采取的不同进路。笛卡尔接受怀疑论者为对外部世界的信念提供理由的挑战。洛克则完全没有考虑这一挑战。在洛克看来，怀疑论者正在对人类心灵的基本能力之一提出怀疑，而他本人在提出怀疑论推理时，却依赖于人类的能力。实际上，洛克拒绝了整个怀疑论问题。他准备说，如果有人疯狂到成为怀疑论者，就可以找到理由相信感官经验。但感官的传递不需要这样的理由，也不会真正被它们强化。感官本身为我们提供了知识。它们有自己独立的权威。

麦基：我们应该提到的另一件对洛克来说很特别的事情，就是他对"观念"（idea）一词所指称的概念的特殊使用。他没有发明这种用法，但这种用法在现代哲学中的广泛传播确实源于他。在《人类理解论》第 1 章，他甚至为该术语在他的书中出现的频率

约翰·洛克
（John Locke，1632—1704）

向读者道歉。你能稍微谈一下这一点吗？

艾尔斯：当然，早在柏拉图时期，"观念"一词就已在各种技术意义上被使用，尽管对柏拉图来说，它的含义与 17 世纪的含义非常不同。然后，在很大程度上，可能是由于笛卡尔采用的方式，它成为一个非常流行的术语，用来指人们通常所说的"精神内容"（mental content）。但是，尽管笛卡尔和洛克在这个术语的使用上存在广泛的共识，但他们对观念或精神内容的本质持有截然不同的看法。对于笛卡尔来说，一个观念从根本上来说是理智的。对于洛克来说，它在本质上是感官的。从广义上讲，洛

克的观点是，任何我们在思考的东西，如果我们没有在实际上用感官感知它，那么我们正在拥有某种像对它的感觉的东西，一种对它的感官图像。他甚至用这些术语解释最抽象的观念。当然，他的理论在这一点上必须变得更加复杂，但对他来说，思想基本上是头脑中的图像，以及组合、考虑和使用它们的各种方式。现在，这种我们可以称之为"意象主义"（imagism）的理论在17世纪并不罕见，当时它倾向于引领两个截然不同的方向中的一个或另一个。

霍布斯采取了其中一个方向。根据霍布斯的说法，由于我们所有的知识和理解都依赖于感官，并且所有可感知的、实体的对象都是物质的，所以向我们开放的唯一可理解的关于世界的观点是唯物论的观点。"非物质实体"（immaterial substance）是一个矛盾的概念。他还认为，原则上，我们可以借助语言来分析经验，从而对世界达成完整的科学、机械的理解——这本质上与笛卡尔认为我们可以通过运用纯粹的理智实现的理解相同。但洛克提出了一种不同的思路，这在某种程度上是更加怀疑主义的。虽然感官给我们知识，但它们给我们的知识有限，只是关于事物的存在的知识，而不是关于事物的本质或实质的知识。而且因为我们对世界的所有思考都仅限于我们通过感官获得的概念，所以甚至我们对世界的推测也受到了限制。他认为，科学家无法通过任何方法来了解事物的根本本质。因此，尽管他拒绝对外部世界的绝对怀疑论，但他本人却是一个改良的怀疑主义者。我们知道世界就在那里，但我们不知道它到底是什么样子。笛卡尔和霍布斯都是康德意义上的"教条主义"哲学家，但洛克是一个反教条主义哲学家——这并不意味着他不是一个系统性的哲学家。

麦基：他对"观念"一词的使用以及他独特的知识理论影响如此之大，以至我想在这些问题上暂停一下。洛克相信，在他对这个词的使用的意义上，头脑中呈现的一切都是"观念"，不是吗？他用这个术语不仅涵盖思想，还涵盖感官图像，甚至痛苦和情感。

艾尔斯：是的。

麦基：现在，对于他的知识论来说至关重要的是，我们对外部世界的所有知识都是通过观念传递给我们的。我们无法直接接触（无论这意味着什么）事物本身——这个词和这个观点在它们出现在康德那里之前，在洛克这里早就出现了。如果我看着那张桌子，它就不会出现在我的脑海中。当我现在看着那张桌子时，我脑子里的不是桌子，而是桌子的视觉图像。光线从桌子反射到我眼睛的视网膜上，我的眼睛将图像传输到我的大脑，我有一种我称之为"看桌子"的经验。以类似的方式，我的整个经验，通过我的所有五种感官，不是由与外部世界的物体直接接触组成，而是由对它们的图像和表征组成——所有这些都被洛克称为"观念"。因此，从这个意义上说，我们所有的知识都是间接的：我们从来没有对外部事物的直接的（immediate）知识。这难道不是洛克的观点吗？

艾尔斯：关于这个问题的一个困惑是，这个原则——即我们从来没有关于外部对象的"直接的"知识，或者我们只能通过它们的"表征"（representation）来了解对象——可以有多种解释，从一种几乎任何人都不会想要质疑的陈词滥调到一个令人震惊的怀疑主义悖论。让我尝试解释一下。首先考虑这个观点，即感觉是事物的"表征"。就目前情况而言，它几乎完全是中立或无承诺的。我想，每个人都会同意（除了一些理念论者，或许还有一些行为主义者，他们坚持或曾经坚持认为，心理学可以完全根据输入和输出来完成，而不考虑其间发生的事情），在正常意义上——经验事物正在作用于我们，并在某种意义或其他意义上在我们身上引起这些事物的表征。我们通过事物对感觉器官的作用来获取关于事物的信息。关于这些作用的性质以及其表征角色的恰当解释，出现了有趣的哲学问题和争议。

关于观念是感知和思想的"直接的"对象，以及"即时的"和"非即时的"或"直接的"和"间接的"对象之间的区别，可以提出一个相关的观点。在洛克时代，应用这种区别的一种方式与"观念"概念中无害且自然的模糊性有关，笛卡尔及其追随者安托万·阿尔诺（Antoine Arnauld）注意到并且实际上强调了这一点。事实上，笛卡尔说，"观念"这个词既可以用来指在思维过程中表征事物的心理状态，也可以指当事物被表征时的本身。这种模糊性有点像"命题"（statement）的模糊性，因为"命题"可以是陈述某事的行为，也可以是陈述的内容。因此，如果我看着太阳，"我关于太阳的观念"这个表达可以指我的感觉（被视为我的心灵状态），也可以指当我感知时的太阳。它在任何特定上下文中的含义都会极大地影响所说内容的意义和合理性。如果有人说"丢勒（Dürer）关于犀牛的想法不太像犀牛"，我们会假设他并不是说丢勒的某种特定精神状态不像厚皮动物（我们都知道这一点！），而是说丢勒想象和描绘的犀牛并不像真正的犀牛。丢勒画中或"他心中"的犀牛与世界上或"现实中"的任何犀牛都不同。现在，对于一些哲学家来说，经验和思想的"直接的"和"间接的"对象之间的区别实际上等同于我们经验和思考的事物与现实中的事物或事物本身之间的区别。因此，我们的经验和思想的直接对象都是观念这一原则被认为只是同义反复。因为，当然只有当我们感知事物时才能有对事物的经验，或者只有当我们设想它们时才能有对它们的思考和推理。在与事物的认知接触中，我们无法绕过自己的认知能力。

麦基：但你肯定不是说洛克的这一原则，即"在其所有的思想和推理中，除了它自己的想法之外，心灵没有其他直接的对象"，只是一个没有任何有趣后果的陈词滥调？

艾尔斯：即使只作为陈词滥调，它也提醒我们，事物本身并不一定像我们经验或设想的那样——这是洛克的温和怀疑主义的前提。但事实上，他的理论具有一些很容易使这一原则变得更加值得怀疑和更加有趣的特征。我的意思是，他对观念如何表征的一般性描述，以及他对表征的解释与他对"感官知识"的描述联系在一起的方式。就第一点而言，他认为，我们所有的思想都是由在感官经验 [包括"内在感觉"(inner sense) 或他称之为"反思"(reflection) 的内省] 中获得的简单要素组成的，并且每个要素或"简单观念"（simple idea）都表征现实中经常引起感官经验的事物。因此，我脑海中存在的黄色观念或图像表征或代表了我的思想中经常引起人类观察者黄色感觉的事物。洛克有理由相信，在黄色的情况下，对象中真正存在的东西是以某种方式反射光粒子的表面纹理。但是，在我们的思想中，作为对象中某种事物的表征或标志黄色观念的作用完全独立于任何关于该事物是什么或它如何对我们产生影响的推测或理论。现在你可以看到，观念的表征作用的这个观点是如何与洛克的"感官知识"的观点相吻合的，它解释了此类知识的权威和局限性。洛克认为，在感官经验中，我们拥有事物正在作用于我们并在我们心中引起观念的意识。所以当我们拥有黄色的感觉时，我们就知道黄色这个简单观念所表征或指代的事物存在——某个对象就是我们所说的"黄色"。我们拥有这种知识，尽管我们不知道对象中的"黄色"是什么，除了它在我们心中引起某种感觉的能力之外。我们对黄色的存在有"感官的知识"，但对其本质却没有认识。这在哲学上是非常优雅的，但它危险地将感性知识的范围缩小到对事物的白板感知作用的知识。我认为，正是在这种理论背景下，"经验的直接对象全是观念"这一原则变得令人震惊，这为持怀疑态度的哲学家提供了一种武器，他们很快拿起了这个武器。

麦基：难道没有另一个问题吗？即使我们接受洛克关于我们感觉性质知识的解释，那么物质对象呢？（物质对象是拥有性质的事物。）如果性质（quality）是我们所感知的一切，也是我们所能感知的一切，那么洛克如何解释这样一个事实：我们似乎自发地用那些并非性质但拥有性质的事物（即物质对象）来理解世界？

艾尔斯：他认为"感官知识"不仅延伸到个体的性质的存在，而且延伸到他所说的性质的"共存"（coexistence）——我们感知到许多可观察的性质同时存在于同一事物中。粗略地说，他的模型是这样的：我们意识到有一个统一的事物通过感官以多种方式影响着我们。它还以可感知的方式影响周围的其他对象——也就是说，它的存在习惯性地引起它们的变化，这反过来又对观察者严生影响。最后，它本身会根据其他对象的变化而发生定期的可感知的变化。因此，我们获得了一个事物或某种事物（或者它可能是一个东西）的概念，它拥有无限数量的力量，可以通过感官直接或间接地影响我们，通过它影响其他事物或受其他事物的影响。

这就是洛克对"实体"这个传统概念的解释。一个实体是只能通过其多种作用来了解的某个事物。我们只能根据其可感知的性质和力的清单来思考任何特定种类的实体，但就其本身而言，它是在这些性质和力之外的某个东西，这解释了它们的共存。

麦基：但是，为什么我们应该假设事物除了我们观察到的或通过实验发现的性质和力之外还有更多的东西呢？为什么我们要假设它们背后有一种未知的、不可知的"实体"，一种"我不知道的东西"，正如洛克本人所承认的？

艾尔斯：洛克认为，假设存在的东西只是我们所感知的一堆感官性质是不合理的。那是因为他相信世界是可理解的，它由具有可理解的本质的事物组成，并受必然法则支配。这是理想的科学最终能够解释和理解的。现在，尽管在观察和普通经验层面上存在规律性，但它们往往只是相对的、粗暴的。在那个层次上，我们无法得到那种绝对的、可理解的法则，而对于洛克来说，这些法则是我们已经达到关于世界的终极真理的标志。正是因为我们所感知的世界不适合简单而完备的自然科学，所以我们可以确信感官无法为我们提供有关事物本质的知识。

麦基：这里需要问两个问题。首先，洛克怎样才能在不公然违反经验主义核心原则的情况下假设物质对象的存在作为可观察属性的维持者？其次，如果我们所有的知识都是间接的——表征的、图画的、意象的——而且我们永远无法对对象的本质有任何直接的了解，那么成功的科学怎么可能呢？

艾尔斯：洛克真正想说的是，无论如何，在 17 世纪他写作的情况下，这是不可能的。他的主要目标之一是戳破大量的气球。他试图消除像笛卡尔这样的哲学家的自负，他们认为自己已经获得了关于事物的演绎科学。就事物的终极本质而言，在洛克看来，我们仅限于推测。我们不仅限于推测，而且在推测中我们只能运用从经验中获得的概念。他同意，有一个非常好的推测，即波义耳（Boyle）的"微粒"世界观，认为世界是由大量弹跳、粘在一起并机械地相互作用的小原子或粒子组成的。洛克明确承认世界必定是这样的。事实上，他对实体概念的解释部分基于波义耳对化学变化的解释。

对于波义耳来说，如果我们采用一个化学实体并观察到它在不同条件下以各种不同的方式表现，那么这并不是因为它恰好具有以各种方式影响其他事物的一系列任意或偶然的力，而是因为它有一定的机械结构。正是因为这种结构，当它遇到具有各种机械结构的其他物体时，显然它会在与它们相互作用时以各种方式表现。这是波义耳对以下事实的解释：在一种情况下呈惰性的同一种化学物质可能在另一种情况下溶解或引起爆炸。洛克暂时接受了这一解释，但他认为仍有一些基本问题没有得到解答。其中一个问题涉及粒子本身。如果它们是原子，为什么它们会凝聚成不变的、刚性的东西？如果你假设这样的不可变性，然后从那里继续下去，那一切都很好，但是为什么当一个原子撞击另一个原子时它不会切下一块，或者自行解体呢？因此，他提出了"一致性"（coherence）的问题。

在早于《人类理解论》几年出版的牛顿的《自然哲学的数学原理》（*Philosophiae Naturalis Principia Mathematica*）使另一个问题变得特别突出。牛顿物理学的一个重要组成部分是平方反比定律，即宇宙中的每个物体都以与其质量成正比、与它们之间距离的平方成反比的力吸引宇宙中的所有其他物体。洛克承认牛顿已经证明了这条定律成立，并且他也承认该定律有可能绝对普遍地成立。但尽管如此，在洛克看来，这似乎是一个原始事实，而不是一个本身可理解的原则。在他看来，就像在笛卡尔和其他哲学家看来一样，有些定律在本质上是可理解的——例如，一个以一定速度朝某个方向运动的物体将继续以该速度朝那个方向运动，除非它的运动受到另一个物体的干扰的定律。你似乎不必解释为什么物体一旦开始运动，它就不会自行停止或改变方向。但平方反比定律、万有引力定律则好像没有那种可理解性。

麦基：换句话说，牛顿科学所描述的不是事物的内在本质（我们无法知道这一点），而只是它们的行为方式（这是我们可以观察并可能进行实验的）。

艾尔斯：是的，他认为牛顿最终所取得的成就是对事物的行为方式的非常好的描述，而不是解释。应该说，这种解释是牛顿本人也倾向于认可的。事实上，在洛克去世后出版的《自然哲学的数学原理》第二版中，牛顿介绍了许多显然深受洛克影响的哲学段落。

麦基：牛顿被引用最多的一句话是他的拉丁短语 "*Hypotheses non fingo*" ——这句话可以非常随意地翻译为 "我不提供解释"。他所说的实际上是："我告诉你，有一种东西，比如重力，我告诉你它的作用实际上是如何计算的，但我并不想深入探讨整个事情的解释（explanation）到底是什么。" 这就是他对整个新物理学的态度。正如你所说，他认为它是描述性的，而不是解释性的。直到我们这个时代，仍有一些重要的哲学家继续坚定地持有这种科学观，例如叔本华（Schopenhauer）和维特根斯坦。维特根斯坦简洁地说："整个现代的世界观都建立在这样的幻觉之上，即所谓的自然法则是对自然现象的解释。"
他补充说，即使所有可能的科学问题都得到了解答，人生的问
题仍然完全没有被触及。

新科学的基础是数学。从伽利略到牛顿，伟大的科学家们不
断地发现越来越多嵌入物理现实中的常数方程。这提出了关于数
学的地位到底是什么的深刻问题。洛克对此有何看法？

艾尔斯：他对数学科学（尤其是几何学）的可能性的解释与
笛卡尔的解释有重要的不同之处。对于笛卡尔来说，几何学是空
间科学的一部分，实际上是关于物质的科学的一部分。它是关于
现实的科学的一部分。但对于洛克来说，这是一门由我们创造的
抽象科学。可以说，我们从事物中挑选出几何的属性，并且我们
可以超越我们的经验限制即兴（*ad lib*）构建这样的属性。通过
这种方式，我们可以创造一种非经验科学的主题。这样一门科学
之所以成为可能，正是因为它根本不真正关心事物的本质。正如
洛克所说，它只关心我们自己的想法。

麦基：他认为，我们对事物属性的一些想法在本质上是数学
性质的，而另一些则不是。这种区别变得非常有影响力，因此值
得深入研究——洛克没有发明它，但这种区别的影响在很大程度
上源于他。他将物体的属性分为两类，他称之为第一属性和第二
属性。第一属性是物体本身所具有的、独立于被感知的属性，其
中包括其形状、大小和重量。第二属性是那些涉及与观察者相互
作用的属性，例如，包括颜色、味道和气味。原因在于，如果不

存在有感官或大脑的生物，花朵就没有气味，但它们仍然具有相同的大小、形状和位置。如果有人试图准确地确定使第一属性成为第一属性的特征是什么，那么似乎就是它的数学特征。第一属性是数学上可测量的属性，因此在某种特殊意义上是客观的。

艾尔斯：它们都是机械的。

麦基：是的，非常好。它们是机械的，尽管机械力学确实有数学基础。不仅在洛克时代而且从那时起，第一属性和第二属性之间的这种区别都在哲学中发挥了如此重要的作用，我希望你（如果你愿意的话）对此做出进一步的评论。

艾尔斯：好的，洛克所指出的第一属性和第二属性之间的区别实际上取决于他对波义耳理论的暂时接受。第一属性是波义耳赋予他的粒子的特性。它们是具有大小、形状、数量等的固体块状物。因此，对于洛克来说，这种区别实际上是一种推测性假设。显然，他相信，经过适当的思考后，这种区别是如此理性且不可避免，以至我们几乎不能怀疑它与事实相当接近，即使还不是全部事实。

但是严格来说，正如我们看到的，洛克的观点是，我们关于世界所实际知道的全部知识是，外面存在有能力影响我们的事物。对于洛克来说，固体和形状作为事物的真实属性，与颜色作为与感觉相关的属性之间的区别，最终只是一种假设。

麦基：我们现在已经打好了充分的基础，让我们可以有素材来勾勒出洛克的世界观。在我们采取任何进一步的举措之前，我想暂停足够长的时间来梳理这幅图景。

洛克认为，我们所经历的世界由两种根本不同的实体组成，即心灵对象和物质对象。在这两种情况下，我们永远无法知道它们的内在本质是什么——它们的内在本质对我们来说永远是神秘的。但我们确实对它们的所作所为、行为方式有直接的经验，我们所能获得的关于它们的知识就是从中建立起来的。物质对象的作用之一就是影响心灵。它们通过感官以各种方式来做到这一点，这些方式赋予心灵，即作为感知主体的我们，关于这些物质对象的观念，并且从这些观念中，我们建立了对这些对象构成的世界的概念。我们感知到对象具有两种根本不同的属性。它们具有第一属性，这些属性在类型上是机械的，并且表征了物体本身。无论观察者是否察觉，它们都是物质的最终成分的客观特征。数学科学处理这些方面下的对象。还有一些第二属性，这些属性在某种程度上依赖于观察者，如果没有感知主体，它们就不可能像我们所理解的那样存在。这些属性更多是一般意义上的"质量"，而非数量。

到此为止，我认为，人们可以公平地说，从洛克的时代到20世纪，一种非常类似的世界观一直是西方科学的基础。我怀疑，直到今天，我们看作普通常识世界观的东西与它非常相似。

我现在想继续讨论一件对洛克非常重要（对当今大多数哲学家来说更为重要）但我们尚未提及的事情，那就是语言。洛克的《人类理解论》有四卷，其中一卷专门讨论文字的使用。洛克如何看待语言进入或关系到我们对世界的经验和知识？

艾尔斯：我首先想说明一下你的总结。你的总结方式让洛克看起来不像他本人那样前后一致。确实，他倾向于认为世界是由物质和心灵组成的，但他有充分的一致性，他说，既然我们不知道二者的本质，那么我们甚至连这一点也不能确定。因此，他非常愿意接受这样一种可能性：唯物论是真的，我们所思考的事物实际上是复杂而微妙的机器，尽管我们根本不知道我们是如何运作的。他准备接受这样一种可能性：不存在笛卡尔所认为的非物质的、自然不朽的灵魂。

麦基：我很高兴你指出了我在这一点上的错误，因为他对此有一个值得一提的精彩争论——这一争论在今天的影响力与他第一次使用它时一样重要。他说，有两件关于我们人类的事情必定是正确的，但这两件事对我们来说似乎都是不可能掌握的：要么我们必须是思考、有情感的物质对象，要么我们身上一定有某种非物质的东西，它们思考、有情感并与我们的身体这一物质对象有着独特的联系。他说，如果我们尝试系统地彻底想明白这些选择，那么我们会发现它们都非常难以理解。但其中之一必定是真的。我并不知道你是怎么想的，但我已经被这一点说服了。我认为洛克是对的。

艾尔斯：是的，那个论证是如此的强大，以至人们好奇为什么他在其他场合说二元论可能是正确的。他从不为"可能"

（probably）辩护。

麦基：就像我刚才试图做的那样，现在让我们继续讨论语言问题。洛克的语言观与他关于我们对世界的知识的其他观点如何相一致？

艾尔斯：关于语言这一卷实际上是关于所有不同知识门类的分类以及如何进行好的分类的。我认为最有趣的部分涉及自然世界的分类。洛克在这里想做的是，反驳和取代亚里士多德式的观点，即世界是由自然种类组成的，而科学的目的就是识别每种自然种类并或多或少地分别考察其本质。根据亚里士多德式的模型，科学家必须一一研究马、牛、狗、猫等的本质或实质。这些自然种类就在那里，它们之间有明显的区别。

麦基：根据亚里士多德的说法，自然种类在世界上有它们自己的真实存在，而我们人类观察者要做的，就是发现它们是什么并对它们中的每一个进行观察。

艾尔斯：是的。当然，洛克想要拒绝那个观点，他的拒绝对分类原则是有意义的。

麦基：你说"当然"，但一个从来没有想过这一点的人可能不会立刻看到这个"当然"。这个人可能说："但肯定在外部世界就是存在马、牛、狗和猫。这些范畴事实上本身就存在。我们没有发明它们。我们只是给它们起了一个名字。"

艾尔斯：这个"当然"是从之前的事情推论得出的结果。鉴于世界是一个由较小系统组成的大机械系统，那么狗和猫都是小机器，它们都按照基本物理定律运行，因此，在基本层面上，不存在狗和猫的独立本质。结构上有差异，但所涉及的"本质"实际上是相同的——所涉及的自然法则是相同的。好，考虑到这种世界观，洛克相当可理解地得出了这个结论，即不存在自然种类的划分。在观察的层面上存在着相似之处，这些相似之处使我们相当合理地将世界分割成类别和物种，但最终的分割是由我们完成的，而不是由自然完成的。对于亚里士多德主义者来说，自然物种之间存在着自然的区分，我们只需识别并命名它们即可。对于洛克来说，我们进行了分割，因此我们赋予事物的名称，例如"金""水""马""狗"等，最终都是由我们随意地定义的。

麦基：那么根据洛克的观点，与亚里士多德相反的是，并不存在自然种类。所有这些范畴都是人为的。

艾尔斯：是的。尽管如此，洛克认为，它们应该基于对自然的比我们通常情况下所做的更密切的观察。他的论证是 17 世纪改善科学语言的伟大运动的一部分。实际上，他列出了好的分类的许多必要条件。这是经过仔细观察和实验后得出的，并尽可能合理地考虑到细微的差异，但又不至于使它过于笨拙而不方便使用。它不会不必要地偏离既定的用法，保持不变并且（非常重要的是）得到了所有相关人员的同意。洛克拒绝的是绝对自然分类的想法——我们不可能排除所有的任意性。分类是一项务实的工作。

麦基：但是，对于他自己对心灵和物质对象之间的区别，他会怎么说呢？他自己的观点肯定是，这种区别是自然秩序的基础吧？并且当然，这使得它成为一种自然种类的区别，而不是我们通过语言强加的区别？

艾尔斯：我很确定，他会同意，如果二元论是真的，那么心灵和物质的区别将是关于种类的区别。他所攻击的种类是亚里士多德式的种类，这些种类全部是物质的。在亚里士多德的哲学中不存在任何像笛卡尔的非物质实体的东西。

麦基：身心二分提出了另一个重要问题。如果洛克认为所有物质体，包括我们自己的身体，其内在本质对我们来说都是神秘的，而心灵也同样神秘，那么他对个人同一性的看法是什么？

艾尔斯：对个人同一性的讨论是《人类理解论》中最原始、最有趣的部分之一。他同意笛卡尔的观点，即我知道我是一个思维的存在，但他认为我不知道我的本质，因为我不知道一个东西必须具有什么本质才能思考。笛卡尔的追随者认为，这是一个非常有力的论证，认为它解释了个人同一性。对他们来说，即使在活着的时候，因为物质在不断变化，一个人的同一性也不能由身体决定。所以它必须由灵魂的同一性来决定。同一个灵魂可以在死后存在——事实上，他们认为，灵魂是非物质的和无广延的，因此它在本质上也是坚不可摧的。在复活时，个人的同一性将与同一个灵魂一起出现。现在洛克从不同的考虑出发，那就是永生必须是个人的永生。说白了，永生的全部意义就是奖赏和惩罚。但是，除非在来世受到惩罚的事物意识到它作为地球上的生命所做的事情，否则洛克认为惩罚就失去了意义。

麦基：那就相当于换了一个人受到惩罚了。

艾尔斯：对。假设我们承认存在不朽的、非物质的灵魂，假设我们承认这就是受到惩罚的对象，如果那个灵魂不记得地球上发生过的事情，那么永生就失去了意义。因此，在洛克看来，真正重要的不是所谓的非物质的灵魂，而是意识，意识的统一，无论其自然基础是什么。

麦基：（意识的统一）和意识的连续性。

艾尔斯：意识的连续性，即个体对其过去的意识。当然，在此生中重要的，是想到在来世受到惩罚的将是自己。

麦基：对于洛克来说，记忆（memory）是个人同一性的关键——最重要的是，我内心对自己的历史有一种活生生的认识，这使我成了现在的我。

艾尔斯：是的。洛克并不否认或怀疑记忆有某种实质性的基础。他的重点是，我们不知道那是什么。事实上，他整个论证的重点是，允许不朽的可能性，只要不违背他的反教条主义，也不接受笛卡尔式的非物质的灵魂是我们所知的。但是使他的理论即使在今天仍然如此有趣和重要的原因是，它将作为由一条相互联系的（即使是中断的）意识流构成的自我的观念引入现代欧洲思想。这让当时的正统派感到震惊，但从那时起，它就一直是我们思考我们自身方式的重要组成部分。

麦基：在我对这次讨论的介绍中，我提到了洛克的政治哲学在他自己的时代以及此后产生的巨大影响——自洛克以来，他思想的影响力遍及各个时期。 所以我不希望我们在对此说了点什么之前就不再讨论洛克，而开始讨论贝克莱。洛克的政治哲学和我们所讨论的他的哲学的核心部分之间的主要联系是什么？

艾尔斯：好，洛克有一个有趣的想法，即伦理学（他认为政治学只是伦理学的一部分）是一门先天的科学。

麦基：我认为你最好解释一下这是什么意思。

艾尔斯：也就是说，伦理学是一门无须参考经验即可追求的科学，就像几何学 样。洛克将他对几何学的解释扩展到所有此类科学。它们的基本概念可以自由构建，而不要求与现实相符。在自然科学中，情况则并非如此。对于洛克来说，半人马或独角兽的概念是非常不恰当的，因为根本不存在这样的东西。但我们可以非常恰当地形成几何图形的概念，并对其进行推理，即使地球上从未存在过这样的图形。因此，我们也可以恰当地形成某种行动或政治制度的理念，并理性地对此进行评估，即使从未实施过这样的行动，或者没有一个国家曾经以这种方式被统治过。这个类比促使洛克认为一个准几何学的伦理理论是可行的。

麦基：他的理论采取什么形式？例如，它的公理是什么？

艾尔斯：恐怕他的理论的第一原则可以合理地被描述为过时的。他认为，如果没有法律就不可能有义务，没有立法者拥有惩罚违法行为的权利和权力，就没有法律。一个合法的统治者或政府在人类法中履行这一角色，而上帝在道德或"自然"法中履行这一角色。我不会讨论这种对义务的解释的众所周知的逻辑缺陷。（简言之，由于任何立法者，甚至上帝，都不能颁布自己的立法权，所以至少有一项义务，即服从上帝意志的义务，是独立于立法者的意志的。）但是，在这个古老的框架内，在对政府和被统治者的权利和义务的分析中，具有直觉意义的道德和政治原则的思想得到了相当有说服力的发展。一个著名的例子——尽管这并非洛克原创——是他对财产制度先天的核心的解释。在任何人类法律出现之前，我们对自己的劳动产品拥有自然权利，只要我们能够使用它。如果我摘了一些水果来吃，并且没有剥夺其他人的权利，那么我就拥有获得该水果的道德权利。从我手中夺走它的人窃取了我的劳动。洛克认为这种原则是自明的，可以与几何定理相媲美。

麦基：洛克的政治哲学最令我钦佩的是它对宽容的鲜明口号。他至少有一个关于宽容的论证是基于他的认识论的。在某 时刻，他对它的解释包含了这些奇妙的句子："假如有人有无可争议的证据证明他所坚持的一切都是真的，或者他所谴责的一切都是假的，或者能说他已经彻底检验了自己或其他人的所有观点，那么这个人在哪里呢？在我们所处的这种转瞬即逝的行动和盲目状态下，在没有知识的情况下相信的必然性，甚至常常是基于非常轻微理由的相信，应该使我们更加忙碌和谨慎地了解自己，而不是限制他人。"

艾尔斯：在他的认识论和（特别是）他对宗教宽容的看法之间存在着重要的联系。他有一种你可以称之为个人主义的知识观。没有人可以代替我去知道。为了获得知识（knowledge），而不是借来的意见（opinion），我必须自己思考问题。对于许多实际目的来说，二手的意见是我们需要或有时间就可以有的，但对于真正重要的生活问题、道德和宗教问题，他认为人们应该花时间，并且应该被给予时间，尽可能地自己思考。如果你接受这种观点，并且又非常强烈地意识到把这些事情做好是多么困难，那么你显然已经找到了宽容社会的处方，至少在某些领域是这样。

麦基：当然，我们有可能把这种宽容当作理所当然的，但我们之所以能够做到这一点，很大程度上要归功于洛克。在他那个时代，它远没有被认为是理所当然的——而且在当今世界的大多数地方，它也没有被认为是理所当然的。

在我们结束对洛克的讨论之前，我能否请你对他为哲学做出的持久贡献做一个总体评价？或者，如果这个问题太大，请说说你认为他最重要的贡献是什么？

艾尔斯：好，正如你一开始所暗示的那样，他提供了一个历史上非常重要的框架，人们可以在这个框架中理解现代科学，特别是牛顿科学。他也提供了一种看待世界的方式，让我们认识到我们还有很多不理解的。我们认识到了科学的推测本质。他还产生了另一个没有怎么被预料到的影响。他的一些论证，例如，他强调我们通过感官获得的知识实际上只是关于事物作用于我们的力的知识，为像贝克莱这样的哲学家提供了弹药——他的目标与洛克的世界观截然不同。他们能够利用他们所认为的让步，对唯心主义或极端怀疑主义的让步，但无论如何，他们的哲学与洛克的哲学截然不同。现在我认为洛克仍然有很多话要对我们说，部分原因是，他是唯心主义哲学倾向之前最后一位伟大的现实主义者。（我认为唯心主义哲学本身就存在着严重的错误。）作为前唯心主义实在论者，回到洛克是非常有价值的，这不仅是为了分析有什么错误以及为什么错误，而且也是为了捡起我们已经忘记的重点，这些由于反实在论哲学的长期统治而丢失的重点。

麦基：因为我不是洛克专家，所以我可能可以采取一个更普遍的视角。洛克被认为是现代经验主义的奠基人，更具体地说，也是英语世界现代哲学主流传统的创始人。他是整个 18 世纪法国思想的主要影响者——伏尔泰（Voltaire）一生的大部分时间都在致力于传播洛克和牛顿的思想。引用《哲学百科全书》(*The Encyclopaedia of Philosophy*)的话："伏尔泰、孟德斯鸠(Montesquieu)和法国百科全书派在洛克身上找到了哲学、政治、教育和道德基础，使他们能够提出和推进最终导致法国大革命的思想。"在美国，他对乔纳森·爱德华兹(Jonathan Edwards)、汉密尔顿(Hamilton)和杰斐逊（Jefferson）的影响是决定性的。我不认为任何其他哲学家有与他的贡献相比拟的更大影响力。洛克的著作仍然是哲学核心课程的重要组成部分。由于其政治重要性，它也被历史学家广泛研究。

麦基：现在让我们开始讨论贝克莱。从某种意义上说，这种转变很容易，因为贝克莱最著名的思想就是，拒绝洛克所接受的，也就是对物质实体的信念。因此，贝克莱对洛克做出了反驳。他的主要逻辑观点是深刻的，即经验中没有任何东西可以给我们提供保证来推断非经验事物的存在。他同意笛卡尔的观点，即我通过最直接和即时的经验知道我作为一个有意识的存在而存在，而且我知道我的意识的内容是其所是；但他断言，由此看来，我们永远没有理由声称在外部世界"存在"着无法接近、无法体验、无法概念化的物质对象，而这些物质对象导致我们拥有其中的一些经验。事实上，当我们提出这样的主张时，我们甚至不知道我们在说什么。我们所能知道的只是存在经验和经验主体。

艾尔斯：按照你的说法，你让贝克莱看起来像一个怀疑论者，而他却激烈地辩称，他的哲学是反怀疑论的，而且他并不怀

疑感官的传递，也不怀疑外
面有什么东西对它们负责。
他的主张是，存在的东西不
是物质的，它不是物质。他
想断言，世界上最基本、最
本质的事物，以及唯一真正
的动因或原因，是精神——
无限的精神和被创造的有
限的精神。

乔治·贝克莱
（George Berkeley, 1685—1753）

麦基：你的说法听起来
好像贝克莱最关心的不是否
认某些东西，而是断言某些
东西，即"真正的"现实以
及它的全部都是精神的。

艾尔斯：感性世界是现实的一部分，但它的作用非常次要。
它存在，他甚至断言它是真实的，但它是一种二等的、依赖于心
灵的、惰性的、非实体的存在。贝克莱的动机从根本上来说是神
学的。在他看来，洛克和笛卡尔等哲学家几乎把物质世界变成了
上帝。他们将物质解释为虽然最初是由上帝创造的，但具有其自
身的本质和独立存在的东西。他认为，他们的物质世界就像一个
大钟——即使上帝去度假，它也会继续嘀嗒作响。对于贝克莱来
说，这实际上是无神论，给上帝树立了一个对手。在他之前的

许多哲学家都强烈地感觉唯物论是无神论的根源，并攻击任何给予物质与精神同等地位的观点。在英国，一个名为剑桥柏拉图主义者（Cambridge Platonists）的团体从存在的链条或梯子的角度反对唯物论的威胁，认为精神处于比物质更高的本体论梯级上。贝克莱也许是第一个有这种想法的人，即提出通过使感性世界（在其本质上）独立于心灵来扭转物质的局面。他接受了洛克对我们所看到的世界和世界本身的区别，只是砍掉了世界本身。剩下的就是我们所看到的世界，由上帝直接"在我们的心灵中"引起的。他声称，他并不否认任何对普通人来说重要的存在。他只是摆脱了哲学家违背常理的构造。

麦基：我有一种隐隐的感觉，他可能是对的。至少在我看来，他所说的符合大多数人实际思考和交谈的方式。如果你对任何一个普通人说："你怎么知道这只手套存在？"他会说："好，它就在这里，我拿着它，我看着它，我可以戴上它，闻闻皮革的味道，看看颜色——在这里，你自己感受一下。"换句话说，他认为手套是其可观察到的特征的总和。他并没有将本质的"手套"本身视为维持这些特征的某种不可知、不可概念化的基础。我敢肯定，大多数人从未有过这样的想法——而且我怀疑他们会发现这非常难以理解。它基本上只发生在哲学家和研究哲学家的人身上。因此，当贝克莱声称他的观点符合常识时，我不得不说我认为他说的是实话——当然，这并不是说他的观点是正确的。难道你不同意，如果你对某人说："你怎么知道这只手套存在？"在他列举了可以观察到的东西之后，在大多数情况下他不知道还能对它说

些什么，也就是说，为什么这些东西对他来说就是手套？它们确
实就是手套，这是贝克莱的中心观点。

艾尔斯：要解决关于普通人在这种情况下思考的是什么的
争端总是相当困难的，因为对世界的技术观点逐渐——甚至迅速
地——体现在我们所有人的思考和谈话方式中。例如，我们在某
种意义上用大脑思考，现在已经成为普通人思想观的一部分，但
情况并非总是如此。然而，在我看来，除了哲学家，任何理智的
人类都不太可能认为像手套或金块这样的东西所具有的全部就是
它的感官性质。即使对于那些与这些东西打交道的完全没有受过
教育的人来说，一块金子也是一个具有力和"本质"以及感官性
质的东西。也许得出这样的假设是一项哲学成就：对于金子这样
一种事物的所有性质和力，它的未知"实体"或"基质"，一定
有一个统一的解释；但是，正如我们所看到的，洛克这一观点并
不是不合理的，即这也是我们在将金子视为一种独立的实体的过
程中自然而然地做出的假设。洛克认为，关于"常识"的哲学进
步伴随着一个具体的、尽管最终不充分的关于这些事物的"实体"
是什么的假设，即具有机械结构的固体物质。现在机械假说本身
当然确实与"常识"发生了冲突，因为它否认颜色、气味等是事
物的内在属性。这确实给了贝克莱一个武器，他对第一属性和第
二属性之间区别的攻击是他论证的核心，即所有事物的属性都像
颜色和气味一样与感觉相关或依赖于心灵。但这个一般性的结论
并不让我觉得不符合常识——这并不意味着他的论证在哲学层面
上没有说服力。

麦基：如果贝克莱相信不存在独立的物质这样的东西，那么他如何解释科学的成功（他对此深感兴趣）？确实，如果没有物质，怎么会有科学呢？

艾尔斯：贝克莱认为他能比洛克更好地解释这一点。洛克担心现有的最好的科学最终会以像平方反比定律这样的原始事实告终，而对于贝克莱来说，所有定律，就其本质而言，都只是原始的事实。它们只是上帝用观念影响我们的顺序。我们观念的这种有序序列具有特定的神圣目的，贝克莱通过与语言的类比来解释这一目的。可以说，上帝告诉我们即将发生的事情：如果我有对火的视觉感觉，那么我知道如果我伸出手，我就会被烧伤。除非上帝给予我们的观念是以这种顺序，否则它们对我们来说是毫无用处的。事实上，它们使我们能够以有目的的方式行事，从而使道德生活成为可能。

麦基：因此，人们可以将贝克莱对全部现实的看法总结如下。有一种无限的精神，那就是上帝。有许多有限的灵魂，那就是我们。上帝创造了我们，并通过他的世界与我们沟通。神给了我们所有的经验。所以我们所说的世界是上帝给我们的语言，世界上可理解的规律——科学定律，以及我们在经验中发现的数学方程——该语言的语法和句法，是与人类心灵进行神圣交流的结构。

艾尔斯：根本没有必要假设物质。它没有任何作用。

麦基：如果所有的现实在这个意义上都是精神的，那么贝克莱如何解释我无法感知我的选择这一事实？如果我现在闭上眼睛再睁开，我就会看到那张桌子就在我面前。我不能选择不看到它。我不能选择看到，比如说沙发或空旷的空间。然而，如果所有的感知都依赖于心灵，那么为什么我不能呢？洛克和其他人会说，"这是因为那里存在一张桌子，独立于被感知，并且它以你感知它的方式影响你。"但是贝克莱不能这样说。他的解释是什么？

艾尔斯：嗯，从某种意义上说，有一个物理对象独立于我们的感知而存在，因为上帝的心灵中有一个桌子的观念，并且有一个神圣的意图，即如果环境合适的话，会在我们的心灵中产生某些类似桌子的观念——大概只要我们朝正确的方向看。因此，"真实的事物"既可以用我们观念的顺序来解释，也可以用上帝心中存在的作为该顺序基础的东西来解释。一些批评家认为，从我们思想的既定顺序到上帝心灵中该顺序的基础的飞跃使得贝克莱就像现实主义者一样容易受到怀疑论的影响。但对于贝克莱来说，从我们的观念到某些外部原因的推论在本质上并没有什么问题。贝克莱认为，重要的是对原因进行解释，这比所谓的"外部原因是物质"这一不连贯且自相矛盾的故事更有意义。例如，洛克承认，我们完全无法理解物质在感官知觉中如何作用于心灵，而贝克莱则认为自己避免了任何此类问题。

他认为，上帝的活动是完全可以理解的。事实上，唯一真实且可理解的因果关系是精神的活动，无论是我们自己的还是上帝的。

麦基：我认为，对于贝克莱来说，还有比我们所说的更多的东西要说。在贝克莱去世很久之后，坚持认为我们知识的对象是而且只能是我们的经验数据就成为科学的正统观念之一。但它的意义远不止于此。卡尔·波普尔（Karl Popper）写了一篇著名的论文，名为《谈贝克莱是马赫和爱因斯坦的先驱》（"A Note on Berkeley as Precursor of Mach and Einstein"），其中，他从贝克莱的哲学中摘录了不少于 21 个论点，然后证明这些论点得到了爱因斯坦等现代物理学家的发展。贝克莱的思想有一些深刻的、远远超前于时代的东西，与对上帝的信仰无关。

艾尔斯：我们对任何事物的概念最终都必须回归到我们对此类事物的经验，无论多么间接，这一论证是一个强有力的论证并且产生了巨大的影响。当然，在某种程度上，这也是洛克的论证。但对洛克来说，这并不意味着不存在我们的经验可能无法公正地对待的对象。贝克莱只是想抹去那个神秘的独立的实在。与笛卡尔完全不同的是，他是一位教条主义哲学家。他的自然世界因其被遗漏而是令人惊讶的——这是一个肤浅的世界——但正因为如此，它并不是一个神秘的地方。另一方面，洛克想强调掌握事物本质的困难，并且确实向我们展示了这种可能性，即尽管我们尽了最大努力，它们最终仍然被证明是难以理解的。确实，在某种广泛的意义上，20 世纪的许多科学哲学都是贝克莱主义的，倾向于将科学理论简化为其在经验层面上的实际后果。但绝不是所有科学家都同意对他们的工作进行这样的解释。爱因斯坦本人在不同时期有不同的想法。在科学哲学家中，实在论已经成功地卷土重来。

麦基：恐怕我们必须结束这次讨论了。我可以请你像总结洛克的观点一样总结一下贝克莱吗？

艾尔斯：好，贝克莱也是一位非常重要的哲学家，尽管他在某些圈子里有天真的名声。事实上，他非常聪明、头脑清醒，而且在阐述自己观点的方式上非常现代。他的神学动机无疑是过时的，但他的体系一直是对实在论者的持续挑战。它也一直是许多不同特征的反实在论者的思想源泉。

7

H u m e

休谟

对话约翰·帕斯莫尔

约翰·帕斯莫尔
（John Passmore，1914—2004）

引 言

麦基：大卫·休谟（David Hume）被广泛认为是用英语写作的最伟大的哲学家，他不是英国人，而是苏格兰人。他于1711年出生于爱丁堡。他在很小的时候就完成了一些他最好的著作。大约18岁时，他经历了某种智性启示，在接下来的8年里，他写出了一部篇幅巨大的革命性著作，被称为《人性论》（*A Treatise of Human Nature*）。但《人性论》没有受到多少关注，得到的理解则更少：用他自己的话来说，它"一出版就成了死胎"。因此，在他30多岁的时候，他试图以一种他希望更受欢迎的形式重写它。于是有了两卷较小的书：一本是《人类理智研究》（*An Enquiry Concerning Human Understanding*），另一本是《道德原则研究》（*An Enquiry Concerning the Principles of Morals*）。这些作品也没有受到欢迎。当时，他给人的印象似乎是离哲学相去甚远。在他40多岁时，他写了一部大不列颠史，这部书在一百年来一直是一部模范著作——这就是为什么有时在参考书中他仍被列为"大卫·休谟：历史学家"。在他的时代，他甚至以经济学家的身份而闻名。事实上，他的货币理论最近重新引起了人们的关注。谦虚地说，他是一个担任重要职务的人。在奥地利王位继承战争中,他作为参谋参加了两次军事远征。五十出头的时候,在几年里,他曾担任英国驻巴黎大使馆秘书——之后又在伦敦担任副国务卿。

在他所涉足的各个不同圈子,他因其善良的本性和他的天才而受到欢迎。他的友谊天赋如此罕见,以至他几乎完成了与他的法国同代人让-雅克·卢梭(Jean-Jacques Rousseau)交朋友这一不可能完成的任务,卢梭曾一度提议在英国安家,因为休谟在那里。在法国,休谟被称为"好人大卫"(le bon David);在他的家乡爱丁堡,他居住的街道过去到现在一直以他的名字命名,即圣大卫街。鉴于后一个事实,也许具有讽刺意味的是,他一直在秘密地写下他最后的哲学杰作——对自然宗教的深刻而具有破坏性的批判,直到他死后才曝光。他于 1776 年去世,他的《自然宗教对话录》(*Dialogues Concerning Natural Religion*)于 1779 年出版。有些人认为这是他最好的作品。

休谟是一位异常有吸引力的人物,他也应该被视为 18 世纪爱丁堡智识生活伟大繁荣的一部分,即我们现在所说的"苏格兰启蒙运动"(Scottish Enlightenment)。苏格兰启蒙运动产生了英语世界中最重要的哲学家、经济学家和传记作家:大卫·休谟、亚当·斯密(Adam Smith)和詹姆斯·博斯韦尔(James Boswell)。他们互相都认识,亚当·斯密是休谟最亲密的朋友之一,并深受他的影响。博斯韦尔曾考虑写休谟的传记,但遗憾的是,他从未这样做过。

现在有大量关于休谟的文献,其中最好的书之一《休谟的意图》(*Hume's Intentions*)是由与我讨论的澳大利亚国立大学（Australian National University） 约翰·帕斯莫尔（John Passmore）教授撰写的。

讨 论

麦基：每当休谟提出他自己哲学的简要概述时（他曾在两三次场合这样做过），他总是把重点放在因果关系（causality）上，即一种事态会带来或导致另一种事态的问题。这是一个比不熟悉哲学的人意识到的更加重要和有趣的问题，因为因果关系似乎是将找们整个已知世界联系在一起的东西。显然，休谟把他对此所说的话视为他的哲学的基石，事实上，这也是他至今最著名的理论。

你能解释一下他论证的核心是什么吗？

帕斯莫尔：一个具体的例子可能会有所帮助。想象一下一个男婴，一个非常聪明的孩子，他的父母总是给他柔软的棉质玩具玩。他经常把这些玩具从他的小床上扔下来。它们摔在地上，发出轻柔的撞击声。有一天，他的叔叔给了他一个橡皮球。婴儿从各个角度观察橡皮球，闻它，尝它，摸它，然后把它扔掉。尽管他进行了仔细的研究，但他还是无法知道它会弹起来，而不是像他所有其他玩具一样，在地板上轻轻地发出砰的声音。这个例子可以用来说明休谟的第一个观点。他不断地告诉我们，仅仅通过检查一个事物，我们永远无法知道它会产生什么影响。只有根据经验，我们才能确定其后果。

现在考虑一下男孩的叔叔。他站在旁边，观察他的侄子将

如何玩他送的礼物。当他看到球落下时，他期望它会弹起。如
果你问他是什么导致球弹起来，他会回答："我的侄子把它扔在
了地上。"或者，如果更抽象地解释我们的问题，他可能会说
"橡皮球具有弹跳的能力"，或者，"球的掉落和弹跳之间存在必
然的联系"。我把休谟的语言放到这位叔叔的嘴里，但很容易将
其翻译成更日常的习语。叔叔可能会说，他的侄子通过扔球使
球弹起来，橡皮球的一个特征是，当它们掉落时，它们会弹起，
并且如果它们落下，它们必定弹起。但习语的改变不会影响休
谟的论证。

休谟随后提出了一个深刻的问题。叔叔有哪些经验是孩子所
缺乏的？叔叔使用了"原因""能力""必然联系"等一般概念。
如果这些不只是空话，那么它们一定是参考了经验。在目前的情
况下，这种经验是什么？叔叔的经历与侄子的经历有何不同？

休谟认为，它们的不同在于一个事实。不像他的侄子，叔叔
在很多情况下都能观察到橡皮球首先下落，然后弹起。事实上，
在他的经验中，从来没有出现过橡皮球掉落到坚硬的表面上而没
有弹起的情况，或者橡皮球在没有先落下或被扔出的情况下就开
始弹起的情况。用休谟自己的语言来说，球的下落和弹跳之间存
在着"恒常连接"（constant conjunction）。

到目前为止，一切都很好。我们似乎发现了叔叔的经验和小
侄子的经验之间的不同。但休谟接着提出了另一个问题。这种经
验的不同到底是如何产生"原因""能力""必然联系"等概念的
呢？不可否认，叔叔曾多次看到掉落的橡皮球弹起，而侄子只见
过一次。然而，叔叔没有看到他侄子没有见到过的东西，他只是

更经常地拥有同样的经验。他们都观察到球掉落然后弹起——仅此而已。但叔叔却认为球的下落和弹起之间有必然的联系。这当然不是他从自己的经验中发现的；他的经验，除了经常重复之外，与他侄子的经验一模一样。那么，如果从未直接观察到，那么必然联系、因果关系的观念从何而来呢？

　　休谟的回答是，虽然无数次经历相同顺序的事件并不能揭示我们第一次没有注意到的东西——因果关系——但它确实以一种特殊的方式影响我们心灵的运作。它形成了我们的习惯，即期望橡皮球落下时会弹起。那么，相信 A 导致 B，或者 A 和 B 之间存在必然联系，或者 A 导致 B 发生，无非是这样的：我们的思想是这样构成的，以至当我们在经验中发现 A 和 B 经常连接时，如果我们遇到 A 时，我们会期望它后面出现 B；当我们遇到 B 时，我们会假设它之前有 A。我们的经验使我们产生了一种期待的习惯，我们对这种习惯的意识就是我们对必然联系的认识。但是，我们错误地将其投射到我们周围的世界中，错误地假设我们在那里感知到了必然联系，而不是简单地感到被迫做出特定的推论。

　　麦基：这是一个具有根本意义的问题，因此我想详细讨论一下。如果不考虑事件之间存在因果关系，我们似乎根本不可能形成任何有序世界的概念。但当我们认真地追寻这个观念时，我们发现，因果关系并不是任何我们实际观察到的，也不是我们能够观察到的东西。我们可以说事件 A 导致（cause）事件 B，但是当我们检查这种情况时，我们发现我们实际观察到的是事件 B 跟

随（follow）事件 A。在它们之间不存在我们也观察到的某个第
三实体，即因果关系。这样说并不能挽救局面："我们知道事件
A 是事件 B 的原因，因为 B 总是并且一贯地跟随 A。"白天总是
并且一贯地跟随夜晚，夜晚总是并且一贯地跟随白天，但两者都
不是对方的原因。一贯地连接，虽然是我们观察到的全部，但它
与因果关系并不是一回事。可能是这样，因为纯属巧合的缘故，
每次我咳嗽你都会打喷嚏，但我的咳嗽不会因此成为你打喷嚏的
原因。因此，我们对世界的看法以及对自身经验的理解的核心都
有这个不可或缺的原因概念，但我们发现自己无法通过观察或经
验来验证这一概念。它也无法通过逻辑来验证，因为它是一个经
验概念，而不是一个逻辑概念。它实际上旨在告诉我们现实世界
中特定的物质事件如何相互关联，但它不是从对那个世界的观察
中演绎出来的，也不能通过对那个世界的观察来验证。这是非常
神秘的。通过让我们意识到这一点，休谟指出了一个问题，这个
问题仍然没有普遍同意的解决方案。这是对你所说的内容的一个
准确概括吗？

帕斯莫尔：是的。当然相当多的哲学家试图回应休谟，经常
使用休谟在《人性论》中已经考虑过并拒绝的论证。举个例子，
有些人认为，一旦我们看到一个橡皮球落下然后弹起，或者至少
当我们多次看到这种情况发生时，我们知道丢下球总是会使其弹
起。这是因为自然具有一致性。但是说自然具有一致性是什么意
思呢？它的意思不过是，相同的原因总是会产生相同的结果。并
且我们知道这正是休谟所质疑的。休谟认为，因为自然具有一致

性，说相同的原因必须总是产生相同的结果，只是说，它们必须具有相同的结果，因为它们必须具有相同的结果。这绝对是行不通的。

麦基：换句话说，用自然的一致性来解释因果关系是一种假设需要被证明的前提的变相方式。

帕斯莫尔：没错。休谟会补充的是，如果他的批评者提出一个更弱的论点，认为我们过去的经验至少使未来很可能像过去一样，就像在过去一样，橡皮球将来也会继续弹起。他告诉我们，对于概率的判断总是建立在我们对一致性的信念之上。假设我们说某人患有严重的疾病，在这一年结束前他可能会死去。我们做出这样的判断是因为，根据我们过去的经验，患有这种疾病的人通常会在相对较短的时间内死亡。但这种疾病的死亡率将来可能会发生变化。在这种情况下，与在任何其他情况下一样，我们过去的经验并没有更多地表明我们未来的经验将会是什么样子，即这种死亡将继续是大概率事件。说明一下休谟的观点：一项新的医学发现可能使它成为小概率事件。

麦基：他把用在因果性的同一种论证带到了另一个基本问题上，即自我的存在和连续性。他指出，虽然我们理所当然地认为我们有自我，并且我们是连续的自我，但实际上我们无法在观察或经验中找到这个自我的位置。当我们内省时，我们遇到的是思想、感觉、记忆、情感等，但我们不会遇到某个其他的实体，一个自我，它拥有这些思想、感觉等。这是一件令人不安甚至令人震惊的事情，一件必须要使人意识到的事情，不是吗？

帕斯莫尔：我认为应该补充的一点是，休谟对他的个人同一性理论非常不满意。他明确地告诉了我们这一点，并且在他后来的著作中没有再提及它。正如你所指出的，每当他开始简要介绍他的哲学成就时，他都会特别强调他的因果理论。他确实对此感到满意。他已经完成了他打算做的事情。他认为，他已经表明，我们的思维运作方式迫使我们相信某些事物与其他事物有必然联系，尽管我们所有的经验都是互不相关的知觉——即使我们从未直接体验过任何因果关系。

他可以使用类似的方法来解释为什么我们相信物理对象的持续存在，相信它们持久的同一性，即使每次我们闭上眼睛它们就会从我们的视线中消失。当我们重新睁开眼睛时，我们所看到的与我们闭上眼睛之前所看到的非常相似，就好像我们一直睁着眼睛一样。因此，我们通过想象的把戏，将实际上只不过是一系列非常相似的经验与真正的同一性体验混淆了。

以同样的方式，他也可以解释为什么我们相信其他人的连续的同一性。事实上，这只是我们对物理对象的连续同一性的信念的一个特殊的例子。我昨天看到你了，今天我又看到你了。你看起来和昨天没什么两样，一模一样，就好像我在过去的二十四小时里一直看到你一样。毫不奇怪的是，我认为你是与我昨天见到的人相同的人，并且在我没有见到你的这段时间持续存在，即使我对你的实际知觉在时间上有断裂，有一个夜晚的中断，甚至也有空间上的断裂——在你家和这个电视台之间。

但是假设我开始担心自己的同一性，担心为什么我相信我还是昨天的那个我，正如你所指出的，休谟告诉我们，当我通过审视自己的心灵来寻找自己的同一性时，我发现的只是一种短暂的知觉，而不是任何一种持久的

大卫·休谟
（David Hume，1711—1776）

自我。为什么我会相信我还是昨天的我，相信有某种持久的"我"呢？可以说，所发生的事情是，由于我今天的感知与我昨天的感知如此相似，我在巨大的相似性和严格的同一性之间感到困惑，理所当然地认为有某种持久的"我"陷入了这种混乱。但问题的关键在于，为什么我相信有这样一个"我"。似乎他熟悉的方法到了这里就失效了。这让休谟深感困扰，因为正如他所承认的，他一开始就假设，只要他只谈论心灵及其运作，他就不会遇到任何怀疑论的悖论，只有当他试图跳出自己的心灵去思考心灵之外的世界的本质和关系时，才会出现理解的困难。但现在他在对心灵本身给出令人满意的解释时遇到了无法解决的问题。

麦基：关于因果关系的论证和关于自我的论证有一个共同的基本特征。在这两个论证中，他实际上都在说的是：“这是一个我们认为理所当然的经验概念，因为它应该描述现实世界中的事物实际上是怎样的，所以让我们找到经验，观察事物在那个世界中的情况，并以此为基础。”在这两种情况下，当我们寻找这个概念的经验基础时，我们惊讶地发现它并不存在。休谟的其中一个目标，似乎是试图使我们思考世界的方式与观察和经验的事实相一致，换句话说，与它们的证据相一致。这就是他在《人性论》的著名副标题中所说的“试图将推理的实验方法引入道德主体的尝试”（*Being An Attempt to Introduce the Experimental Method of Reasoning into Moral Subjects*）的意思吗？

帕斯莫尔：当然，他对“道德主体”（moral subject）这个词的理解非常广泛。它不仅包括道德哲学，也不仅包括我们现在所说的“社会科学”——政治理论、经济学和政治学，还包括心理学和逻辑学——他认为，心理学和逻辑学是关于心灵在推理时如何运作的理论。对他来说，甚至文学批评的原则也是“道德主体”。从某种意义上说，他确实想让所有这些形式的探究变得“更加科学”。但当他谈到将“实验方法”引入其中时，我们并不认为他试图将它们转变为我们现在所说的实验科学。对于休谟来说，“实验方法”指的只是依靠经验的方法。他说，当人们开始讨论这些“道德主体”时，他们经常在没有任何真实证据的情况下发表疯狂的言论。他们靠的是口才，而不是论据；当他们应该关注事实时，他们却在说教。他认为，在讨论道德主体时，着眼于事实，与在自然科学中一样重要。人们在休谟自己的社会经济学著作中发现了这种对事实的尊重，无论他是在讨论古代城市的人口数量还是现代世界的贸易。尽管他有时会犯错误，但根据我们目前的判断，他绝不是武断的。

麦基：因此，他真正想做的是，教导对现实和经验事实的一种彻底地全新的尊重，并阻止一切不以此为基础的关于世界的讨论。你强调了一个重点，当他谈到"引入推理的实验方法"时，他指的不是实验，而是经验。

帕斯莫尔：是的，大致就是这样。他确实偶尔会描述一些所谓的实验，但它们并不是任何科学家所认可的那样。将他与同时代的大卫·哈特莱（David Hartley）进行比较很有趣。他们都认为自己对人类心灵的贡献就像牛顿对物理学的贡献一样。他们都着手借助一种特定的理论来实现这一目标，即观念的关联（association of ideas）。根据该理论，以某种方式相互关联的观念，如在我们的经验中，在空间或时间的连续上彼此非常相似，会自动拉在一起形成复杂的整体——用休谟自己的比喻来说，关联作用就像一种引力。尽管如此，哈特莱在心理学史上占有一席之地，而休谟却没有。他的方法在很大程度上是概念性的、分析性的、哲学性的，而不是我们当代世界意义上的科学性的。他受到现象学创始人胡塞尔（Husserl）的欣赏，正是因为他证明了有一些不依赖于实验室的实验来探究心灵结构的方法。

麦基：在休谟一般哲学方法的基础上，存在着一种隐含的语言和意义理论。事实上，他所说的是，一个词要有意义，它必须与一个特定的观念相关。如果这个观念是关于世界的观念，那么它要想拥有真正的内容，就必须源自经验。就这个观点而言，如果你想知道一个词的含义，你必须看向它由之而来的经验。如果没有这种经验，那么这个词就没有经验意义。

帕斯莫尔：对的。休谟曾经在思考（thinking）和言说（talking）（在此背景下，他把写作也包括在其中）之间做出了一个对他来说至关重要的区分。只有当我们运用真正的概念（其根源在于经验）时——即使并不总是完全清晰的——我们才在思考。然而，在言说或写作中，我们可能会陷入使用相当空洞的表达方式，这些表达方式表面上指向概念，但实际上却没有提及任何内容。如果有人回答说，他事实上通过特定的表达方式——比如"本质"——来指代一个概念，休谟就会向他提出挑战。很好，他问道，这个概念是从什么实际经验中衍生出来的？如果对这个问题没有答案，休谟相信他可以有把握地得出结论：这个表达毫无意义。

麦基：这种方法使他发展出了后世知名的所谓"休谟之叉"（Hume's Fork）。他说，对于任何特定的观念，当你批判性地看待它时，你必须问自己两个主要问题。问题一："这些想法是否涉及事实？在什么情况下，它们依赖于观察和经验？"问题二："它们是否涉及观念之间的关系，例如数学或逻辑中的观念的关系？"他说，如果对这两个问题的回答都是否定的，那么，就把这些观念付之一炬，因为它们除了诡辩和错觉之外什么也没有。

他是知识垃圾的令人惊叹的清理工，不仅在哲学和政治领域，而且在宗教领域，甚至在其他领域也是如此。你认为，做一个错觉的清理工是他在哲学史上最重要的贡献之一吗？

帕斯莫尔：我对此非常确定。有一种特殊的错觉——或者他所认为的错觉——他一直在努力消除，那就是我们可以证明我们深信不疑的大多数事情的真实性。他用来证实这一点的论证常常使他听起来非常可疑。在某一时刻，他甚至告诉我们，如果我们将哲学论证推向终点，我们最终将导致信念和证据的彻底消失。

但他也认为，任何人不可能始终保持完全怀疑的立场。这并不是因为彻底的怀疑主义有什么不合逻辑的地方——他拒绝那些旨在表明怀疑主义在理解上是自相矛盾的论证——而是因为人类无法避免地要去行动和去相信。一个人不能以彻底的怀疑论者的身份生活。

尽管如此，他认为，通过怀疑论论证得出极端结论是非常有用的。出于实际目的，我们最终将留下他所谓的"温和的怀疑论"（mitigated scepticism）。认识到所能证明的东西是多么少，我们就应该摆脱任何的教条主义，摆脱那种18世纪称为"热情"而我们称为"狂热"的心态，这种态度的一个特点是，相信存在着可以通过这样一种方式建立起来的真理，即任何不承认这些真理的人必定是道德上邪恶的，因此可以被合理地消灭。

此外，休谟拒绝承认存在构建大的形而上学体系的可能性。如果我们甚至不能完全确定太阳明天将会升起，我们怎么可能证明关于整个宇宙及其起源的真理呢？你之前提到的休谟的《自然宗教对话录》把这条普遍的论证思路应用到了宗教领域，这是一个他非常感兴趣的话题。他称之为"迷信"（superstition）的那一类信念确实是他的哲学所针对的主要敌人。他认为，迷信是危险的，而哲学家的信念在最坏的情况下只是荒谬的。

麦基：休谟的怀疑论根本不是针对世界而是针对人类心灵的能力，这难道不是真的吗？我不认为他怀疑在空间和时间上存在一个独立存在的物质对象的世界，这些物质对象的运动因果地相互关联，我们通过我们的感官对它们进行表征，这些表征是内在于我们的，但却为我们提供了关于我们周围世界的大致可靠的图景。我非常确定休谟相信这一整套常识性的世界观。他不相信的是，这一切都可以被理性地证明。我们根本无法证明这一切。但是如果我们还想活下去，我们就必须假设这就是事实。他并不是在展示世界是怎样的，而是在展示理性是怎样的，并且彻底摧毁理性的伪装。面对一些最基本的现实，理性论证是无能为力的——我认为这就是他的观点……你相信他对常识的世界观持有真正的怀疑吗？

帕斯莫尔：我不这么认为，如果你的意思是，比如说，他没有在人们可能会严重怀疑是否可以避免核战争的意义上，严重怀疑其他人是否存在。但是他的著作中存在两种思想之间的紧张关系：他对发展人性科学的可能性的信念和他发现自己被迫陷入的怀疑主义。他告诉我们，关于人性的科学将依赖于两件事：我们对自己心灵运作的观察以及我们对其他人的观察。这些观察的对象是，那些被认为独立于我们而存在并以影响我们和其他人的方式行动的人。他并不在"怀疑"这个词的任何严肃意义上，怀疑存在这样的其他人并且他们的行为有影响。他如果这样做的话简直疯了。但是他否认这些信念可以通过纯粹的逻辑推论过程演绎出来。事实上，对于休谟而言，严格的证明在数学之外的人类生活中不扮演任何角色。

麦基：他并不认为数学，甚至物理科学，作为人类生活的一部分是那么的重要，不是吗？

帕斯莫尔：休谟对数学，尤其是几何学感兴趣，一度打算就这一主题进行更全面的写作。就物理学而言，他说起牛顿时总是充满钦佩，将他视为智性成就的典范。尽管如此，你当然是对的。休谟非常明确地告诉我们，真正重要的探究形式是政治理论、道德理论、文学批评和逻辑——这是一个他非常广泛地使用的词，正如我已经说过的，指的是人类理解的理论，即在我们推理时会发生什么的理论。在他看来，其他任何事情——比如物理学——虽然很重要，但都是次要的。此外，他告诉我们，即使是基础扎实的物理学，也必须以人类心灵运作的充分理论为基础，作为必要前提。他因此准备断言，"根本没有任何重要的问题，其决定不包含在人类科学之中"。在他眼里，人——奋斗的、充满激情的人——比什么都重要。尽管事实上他太清楚人类历史所展现的无知、暴力和迷信、恐怖和愚蠢。许多哲学家根本不像他这样，他们强调被描述为最终的现实的伟大抽象，或者强调区分你和我的"人性"。

麦基：我想你脑子里想到的是柏拉图的形式理论、黑格尔的精神（Geist），或者布拉德雷的绝对（Absolute）——或者甚至只是任何关于空间和时间本质的哲学思考？

帕斯莫尔：是的。诚然，《人性论》中第一个冗长的讨论是关于空间和时间的。但我相信，这有一个特殊的目的。神学家认为，空间和时间充满了神秘和悖论，以此来抱怨神学是不公平的。休谟试图表明事实并非如此，一旦我们认识到空间和时间不是神秘的实体，而只是我们的感知呈现给我们的特定顺序，那么显见的悖论就可以得到解决。所以如果我们说，用休谟自己的例子，长笛上的五个音符"及时出现"，我们实际上只是说它们连续出现。尽管正如我所说，他对空间和时间的讨论相当冗长，但事实仍然是，它在他构建关于人类心灵和人类社会的充分理论的伟大事业中只发挥了从属作用。

麦基：你刚才的话带出了一个重点，就是我刚才引用的那句著名的副标题——"试图将推理的实验方法引入道德主体的尝试"，这不仅赋予了人们一直以来所选择的"推理的实验方法"这个词特殊的意义，也赋予了"道德主体"这个词特殊的意义。大卫·休谟真正关心的是人类和人类事务。

帕斯莫尔：没错。

麦基：在我对这次讨论的介绍中，当我提到休谟从哲学写作转向历史写作时，我故意使用了"似乎是离哲学相去甚远"这句话。我并没有说他真的放弃了它。这一部分是因为我想到了他后来写的《自然宗教对话录》，还有一部分是因为我知道你在你的《休谟的意图》一书中认为，即使没有这一点，也不会有任何转变，因为在休谟的心目中，他的"哲学"和他的"历史"是对人类事务同一关切的重要组成部分。我希望你现在能详细阐述下这一点。

帕斯莫尔：当然，直到最近哲学才具有现在盛行的这种狭义的含义。但那种更古老、更广泛的用法也仍然有许多残留，根据这种用法，任何系统的探究，特别是对世界、人类和人类社会本质的系统探究，都是一种哲学。很少有"哲学博士"曾经研究过现代、专业意义上的哲学。他们永远不会被要求考虑本次讨论所涉及的各类问题。休谟可能已经准备好承认他已经放弃了形而上学——尽管即便如此，人们也必须记住，虽然他当时正在写《自然宗教对话录》，但他肯定并没有放弃哲学。

麦基：然而，事实仍然是，除了《自然宗教对话录》这个非常重要的例外之外，他放弃了我们所说的哲学。完成他的《人类理解研究》后，他没有进一步思考——或者至少没有进一步发表相关思考——这类问题，比如因果关系和个人同一性。

帕斯莫尔：我当然必须承认这一点。但请记住他的处境。《人性论》基本上被忽视了。他一开始以为这可能是因为它太长或者太晦涩了。于是他写了《人类理智研究》，但仍然没有出现他认为必须认真对待的批评。他确信总体而言他是对的。也请记住，他认为自己正在做的事情是"道德主体"要做的详细工作的初步工作。如果他认为没有人对这些初步工作提出任何严肃的批评，而这些批评会迫使他重新考虑他的观点，那么他继续从事这些初步工作还有什么意义呢？他向我们保证，现在是着手处理最重要的主题的时候了。

麦基：而这些最重要的探究构成了我们今天所说的"社会科学"，而不是我们所说的"哲学"。

帕斯莫尔：当然，条件是，人们将历史纳入这一标题之下，因为正如你一开始指出的，休谟首先以历史学家的身份成名。但在他看来，历史并没有脱离社会理论。在《人性论》第一卷，休谟告诉我们，他已经完成了逻辑领域所需的一切。我们可以非常粗略地说，这是他的社会科学方法论。或者说，也许他已经在那里磨利了切割所需的刀，现在是切割的时候了。事实上，他也背离了构成《人性论》第三卷的道德哲学思考。但在那里也应用了大致相同的考虑：他现在已经有了他后来的理论思考——特别是当他在《道德原则研究》中继续发展它时——所需要的道德理论。而《道德原则研究》又一次没有得到可能说服他的批评性关注，这些批评本可以说服他，他需要重新考虑他的道德理论。

麦基：在休谟对人类事务非常广泛关注的背后，其基础是一种人性理论——或者某种概念，不管怎样——你实际上在几分钟前提到过它。现在你能明确再讲讲吗？

帕斯莫尔：好，这是一个很长的故事，因为实际上他在《人类理智研究》之后的大部分工作都是对行动中的人性、实践中的人性的研究。他从未怀疑过一件事，那就是人性是存在的。这是他与洛克不同的一点。洛克特别致力于消除原罪的概念。因为洛克既是一位宗教思想家，也是一位哲学家，所以这对洛克来说至关重要。他认为人类来到这个世界时，心灵就像一张白纸。在他关于教育的著作中，洛克提出，使用教育作为我们的方法，我们可以将人类转变为我们想要的任何形状。许多法国启蒙思想家都接受这一观点。他们得出结论，教育可以用来完善人性。休谟根本不相信人类是完全可塑的，并因此是可完善的，无论是通过教育还是通过社会变革。他坚信，人类生来就拥有特殊的激情——他举了自爱、对伤害的怨恨、性激情的例子——它们在人类历史上是始终如一的。有些社会在遏制或鼓励这些激情方面比其他社会更成功。但激情依然存在。

麦基：他的观点——人性在本质上基本相同——取决于他的古典知识，这些知识的广度令人惊讶。他对希腊、拉丁文学和历史都有深刻的了解，最令他震惊的一件事是，在那些完全不同的地方、那些遥远的时代以及那些完全不同的社会形式中，人类的行为在相当多的细节上都是一样的，正如他在自己的一生中所看到的那样。

帕斯莫尔：是的。他对塔西佗（Tacitus）和西塞罗对人类和
人类社会的看法特别感兴趣。但他的涉猎范围非常广泛，尤其是
对历史学家和奥维德（Ovid）等诗人的涉猎。他对拉丁作家比对
希腊作家更感兴趣，这是他那个时代的典型特征。他认为，他们
向他表明，自罗马时代以来，人类的激情并没有发生太大的变化。
他们为他提供了一些关于人性永恒的证据。尽管如此，他认为这
一观点并不需要大量证据；相反，他认为这一观点非常明显。毕竟，
他把他的主要著作称为《人性论》，这个标题理所当然地认为人
类具有本性。在他的一篇文章中，他思考是否像一些神学家所主
张的那样，人性是完全腐坏的，甚至连最明显的美德行为也被虚
荣和自爱玷污；或者正如其他人所坚持的那样，它在本质上是神
圣的。他以他典型的方式拒绝了这两种观点。他认为，人性既不
是完全腐坏的——他认为人可以是真正仁慈的——也不具有人们
只能在半神身上找到的特征。但休谟并不质疑这个问题是一个真
正的问题。唯一的问题是人性是什么样的，而不是是否存在人性。

麦基：当人们从我们时代的角度审视休谟的著作时，人们会
被从我们的角度来看，其大部分著作具有的现代性所震惊。例如，
我们已经谈到了他对自我问题的关注——过去几年在英国所做的
一些最有趣的哲学都是关于这一点的，例如伯纳德·威廉斯的《自
我的问题》（*Problems of the Self*），以及卡尔·波普尔 [与 J.C. 埃
克尔斯（J. C. Eccles）合作] 的《自我及其大脑》（*The Self and*

Its Brain）。或者再举一个例子，20 世纪的科学家们对因果关系的存在或不存在深感困惑，尤其是在量子物理学方面——休谟问题是这个问题的经典表述。就在哲学史的昨天，英语世界逻辑实证主义的主要代表 A.J. 艾耶尔（A.J. Ayer）还在不断重申逻辑实证主义的核心学说"很大程度上源自休谟"。因此，在我们的时代，以一种或另一种方式，休谟不得不说的事情与我们同时代的哲学有着明显的相关性。

休谟强调的一个问题是归纳问题，20 世纪关于这个问题的著作也有很多。到目前为止，我们还没有提到这一点。你能说一卜吗？也许问题本身可以这样表述：在我们对世界的思考中，有什么理由根据特殊的个例得出普遍的结论？

帕斯莫尔：这与我之前所说的因果关系密切相关。回到男孩和弹跳球的例子。假设这个孩子在周一掉落了球，然后又如你所愿在周二、周三和周四再次掉落了球。每次他这样做，球都会弹起。那么休谟坦率地承认，这个孩子会开始相信，无论何时他掉落球，球都会弹起，或者休谟认为，与之相同的是，他会开始期望球弹起。唯一的问题是，这种信念是如何形成的。显然，这个男孩并没有从某种具有不容置疑的确定性的公理化的先天原则中把它演绎出来。这个男孩不仅不知道任何这样的原则，而且也没有这样的原则可以知道。在休谟看来，唯一的公理化原则是数学的原则。我们不能立即从数学原则中推断出任何休谟所说的"事实"，例如"所有橡皮球都会弹跳"或"那个球将会弹跳"，这些事实告诉我们世界上实际发生的事情。

麦基：我们当代的许多哲学家会争辩说，即使我们不能严格地像证明数学结论那样证明有关事实的结论，但在这些情况下，我们做出他们所谓的"归纳推理"（inductive inference）仍然是理性的，比如说，我们扔下的下一个橡皮球会弹起来。休谟会对他们说什么？

帕斯莫尔：他会要求这些哲学家详细阐明这个推论。然后，如果他们回答说，球的弹跳遵循有关弹性体的一些一般科学原理，那么他的回答将是，我们接受该命题的理由与我们期望下一个掉落的橡皮球弹起的理由完全相同。我们过去对弹性体行为的经验使我们对它们在我们尚未经历的情况下的行为方式产生了特殊的期望。因此，这个普遍的问题仍然存在：过去的经验究竟如何证明关于未来行为的结论是合理的？

如果归纳法的捍卫者试图援引一些更普遍的原则，例如自然的一致性，他会想知道他们相信该原则正确的理由是什么。他认为，它们只不过是这样一个事实：过去我们的期望并不总是令人失望。这如何证明未来他们不会失望？事实上，在休谟看来，试图证明我们的事实推论的合理性总是会回到某种形式："好吧，当我在周一、周二、周三丢球时，球反弹了……"而他继续坚持认为，这并没有给我们任何逻辑上的理由相信，如果我们明天丢球，球就会反弹。

当然，他一刻也没有否认我们在事实上期望球明天会反弹。但在他看来，这并不是因为某个论证证明我们这样做是合理的；我们期望球会反弹，只是因为期望过去发生的事情在未来继续发生，这是我们人性的一部分。他详细描述了这是如何发生的，涉及哪些心理机制。休谟还认为，我们与其他动物都有关于期望的这一特有习惯。休谟承认，动物不会形成某种形式的经验概括，例如"每当我的主人向我吹口哨时，他就会带我去散步"。但大多数时候，我们也不会。我们只是在经历了某些经验之后才会有某些期望。因为有些动物也会以同样的方式做出反应，所以我们非常恰当地把思考和推理的能力归之于它们。

麦基：这使休谟与笛卡尔相去甚远，笛卡尔坚信，只有人类才有思考的能力——在笛卡尔看来，当动物貌似在思考时，它们只是以机械的方式对刺激做出反应。但是，抛开笛卡尔不谈，当今社会仍然广泛认为，动物依赖本能，而人类可以推理，难道不是这样吗？

帕斯莫尔：休谟与笛卡尔截然不同。休谟认为动物可以推理是显而易见的——当然，不是在数学意义上，但是完全可以像我们在日常生活中的正常推理一样，即当我们听到一个特殊的声音，我们推论巴士正在过来。他还认为，这表明这种推论没有使用复杂的逻辑程序，而是通过简单的心理机制使其成为可能。事实上，他准备将理性描述为"我们灵魂中的一种奇妙且难以理解的机制"——"难以理解"并不是指我们无法解释推理时发生的事情，而是指我们的心灵没有理由以这种方式运作，即在经验连接的基础上创造期望。因此，当休谟告诉我们动物比哲学家有时认为的要理性得多时，他同时是在告诉我们，我们比我们通常认为的自己更加依赖本能。

休谟的崇拜者大多强烈反对他的心理学方法。因此，他们以一种更简单的形式阐述了休谟的立场："没有任何有效的方法可以从事物在过去以某种方式连接的前提出发，得出它们在未来也将以同样的方式连接的结论。"休谟确实说过这一点，即使这绝不是他所说的全部内容。

麦基：关于这一点，真正具有洞见的是，科学定律本身直到我们这个时代都被认为是真正的普遍陈述，它依赖于许多特殊的观察、实验或事例，而且正如休谟所表明的，根本无法建立逻辑联系。从哲学教学本身的历史中可以得出一个令人愉快的例证。在休谟时代之前，多年广泛使用的逻辑教科书中最常被引用的例子之一是这个句子："所有的天鹅都是白色的。"当然，几千年来，欧洲人所见过的每一只天鹅都是白色的——成千上万的天鹅，从来没有一个反例。但当欧洲人发现澳洲时，他们同时发现了黑天鹅。这是一个令人惊奇的例证，它说明了这样一个事实：即使某个特定事物被观察了数千次，甚至数百万次或数十亿次，并发现它是如此这般的，并不意味着下一个也会与此相同。有限数量的观察，无论数量有多大，都不能在逻辑上得出普遍的结论。当然，人类在现实世界中所做的或曾经能够进行的任何实际观察的数量只能是有限的。所有科学定律都是不受限制的普遍陈述，这意味着它们不能从长期以来被认为是其基础的观察中逻辑地演绎出来。这种洞见是爆炸性的，并且人们倾向于说它是无政府主义的——对于那些第一次理解休谟的人来说，他似乎正在把科学推向谷底。

帕斯莫尔：他们当然假定了牛顿的结论已经一劳永逸地成立。但科学家们现在普遍同意，科学理论从来都不是完全不可纠正的。原则上，它们总是可以被推翻。为了保留这种更古老的观点，科学哲学家一度认为爱因斯坦实际上只不过提出了一个更广泛的理论，在其中，只要满足某些特殊的条件，牛顿力学仍然可以找到一个正确的位置。但这是行不通的。尽管牛顿力学在很多情况下仍然有用，但在某些问题上，牛顿力学和相对论是完全对立的。人们不可避免地会得出这样的结论：如果爱因斯坦是正确的，那么牛顿有一些地方就是错误的。当然，安托万–洛朗·德·拉瓦锡（Antoine-Laurent de Lavoisier）的化学理论更不可能与早期的燃素理论相一致，或者查尔斯·达尔文（Charles Darwin）的理论与让–巴蒂斯特·拉马克（Jean- Baptiste Lamarck）的理论相一致。被忽视一个多世纪后，当休谟的哲学最终被认真研究时，它无疑帮助形成了这种更新潮的科学态度，这种态度承认了科学的可错性。

麦基：当人们考虑休谟哲学对康德的影响时，我不明白你怎么能说休谟哲学被忽视了一个世纪。或许它在英国是被忽视了。

帕斯莫尔：好，不可否认，休谟确实在德国将康德从教条主义的沉睡中唤醒，康德用这句话说明他的早期信念，即构建教条主义的形而上学是可能的。但在随后的几年里，人们普遍认为，既然康德已经回答了休谟，就没有必要进一步请教休谟了。在英国，康德主义者 T.H. 格林（T. H. Green）为拯救休谟哲学免遭湮没做了很多工作。然而，具有讽刺意味的是，他主要关心的是把休谟作为他反对经验主义的一种武器，他通过表明经验主义导致了彻底的怀疑主义，从而将经验主义还原为谬论。

麦基：伯特兰·罗素在他的《西方哲学史》（*History of Western Philosophy*）中断言，在许多方面，我们仍然没有超越休谟。罗素对休谟的阐述与你我所讨论的核心问题相同——因果关系，科学定律是否可能以归纳为基础，以及自我的问题——他接着说，在这些领域中的每一个领域，休谟都提出了至今无人能令人满意地解决的基本性质的问题。你同意罗素的观点吗？

帕斯莫尔：恐怕他仍然是对的，尽管学术界几乎每天都会提出解决休谟问题的新尝试。当然，同样正确的是，柏拉图已经指出了很多尚未有哲学家能够普遍满意地解决的非常基本的问题。在哲学中，问问题和提问要比产生被普遍接受的结论容易得多。然而，需要天才才能提出真正的基本问题，看到以前被忽视的基本问题。柏拉图和休谟都这样做了。事实上，不认真对待他们提出的问题——当然是以经过后来哲学著作修改的形式——就不是哲学家。

麦基：休谟是一个什么样的人？当我阅读他的作品时，我感受到一种巨大的人性，非常有吸引力。你认为生活中的他是这样的吗？

帕斯莫尔：他的朋友、经济学家亚当·斯密曾经说过，他是一个人可能接近的最完美的人。传记作家最近相当详细地探索了他的生活。我应该说，他们没有发现任何卑鄙或恶意行为的例子。也许有时候，他会给我们留下有点胆怯的印象。这并不是不自然的。他对宗教的看法在他所生活的社会中几乎不受欢迎。即便如此，他的朋友还是劝他要更加谨慎。正是在他们的要求下，他的《自然宗教对话录》直到他去世后才出版。他有时也有点虚荣。但在当时的情况下，这是一个很容易被原谅的缺点；他不能不意识到自己伟大的智性能力。

如果我被邀请参加哲学家的天国晚宴，大卫·休谟是我应该选择坐在旁边的哲学家，尽管在我看来，柏拉图是一位更伟大的哲学家。他充满了温暖的人性，不做作，既诙谐又严肃。在他知道自己快要死于长期性的肠道疾病时，他以一贯的愉快态度接待了他的朋友们，直到他的虚弱最终使这一切变得不可能。我们从詹姆斯·博斯韦尔那里得到了关于他最后几天的记述。博斯韦尔知道休谟并不相信自己是不朽的，他预计自己会面对一个惊恐万分的人。但是相反的是，休谟表现出了一种平静和快乐，这让博斯韦尔感到相当不安。

麦基：风格就是本人。作为一种文学风格，它产生了巨大的影响。德语文章的最高大师之一叔本华说，他有意识地尝试以休谟写英语的方式来写德语。而 20 世纪杰出的哲学文体家（诺贝尔文学奖获得者）伯特兰·罗素，在他的写作方式中也有意识地受到了休谟的影响。A.J. 艾耶尔也是如此，他是当今哲学领域最优秀的作家之一。

帕斯莫尔：清晰和优雅是休谟所追求的美德。这些在当下绝不是流行的美德；事实上，我最近听到它们被斥为"过时的"。奥斯卡·王尔德（Oscar Wilde）不是曾经说过，如果我们写得清晰易懂，我们就会面临被发现的风险吗？我们大多数同时代人并没有像罗素和艾耶尔那样准备承担这种风险。但这不仅仅是在文学意义上的风格问题。休谟以及他之后的罗素和艾耶尔——更不用说其他一些哲学家——继承了英国哲学的某种方式，这种方式从培根和霍布斯开始，甚至在奥卡姆的威廉那里就很明显。这一传统的哲学家试图澄清、批判、提出论证，看向世界上实际发生的事情。他们并不是要让我们相信存在神秘的先验实体。事实上，他们研究尽可能少的实体，他们告诉我们，这些实体可以在普通经验中找到，或者如果超出这一范围，可以在科学的精细经验中找到。这是一种相对温和的哲学思考风格，尽管它可能得出与流行观点大相径庭的结论。特别是，它并不想要吹捧人类。休谟或许是此类哲学研究的最高典范。

麦基：休谟的哲学方法提出了一个基本难题，在结束讨论之前，我们应该考虑一下。他向我们表明，大多数我们认为理所当然的事情实际上是我们不知道的，而且永远无法知道。他还正确地说，如果没有持有很多信念并付诸行动，我们就无法生活。既然如此，我们应该采用什么标准来接受信念呢？如果知识是无法获得的，那么我们如何区分哪些观点可以合理地持有，哪些观点不可以合理地持有呢？

帕斯莫尔：这是一个非常困难的问题。在《人性论》中，休谟承诺准确地告诉我们他所谓的"诗意热情"（poetical enthusiasm）和"严肃信念"（serious conviction）之间的区别。但他没有遵守这个诺言。事实上，休谟以更加怀疑主义的心情写道，似乎两者之间的唯一区别在于，当我们被认真说服时，我们的想法比，例如，我们"只是想象"时更生动、更有力。但有时他也会区分"智慧的人"的行为和"庸俗的人"的行为。他接着说，"智慧的人"会拒绝所有无法追溯到恒常连接的信念，无论它们多么生动和有力。他确实告诉我们，"一个智者会把他的信念与证据相匹配"。毕竟，休谟是他所谓的"迷信"的坚定反对者，他必须给自己留下某种方式来表明迷信的信念的错误——这些信念，他不得不承认，往往被非常坚定地持有。怀疑论者和批评者是一对尴尬的同床异梦的人。

然而，无论我们对休谟在这个问题上的言论有多不满意，他提出的问题仍然困扰着我们。假设我们同意科学定律在任何严格意义上都不是可证明或者甚至是有很高概率的。为什么依赖科学家告诉我们的东西——正如技术专家一直在成功地做的那样——比依赖某人在伪科学畅销书中提出的一些愚蠢想法要好得多？如今，这个问题变得越来越难回答，而不是更容易回答，因为科学家之间的分歧，通常是在对人类至关重要的问题上的分歧，每天都会在媒体上被宣传。

麦基：我可以把这个问题往前推进一步，问你自己对此的回答是什么吗？

帕斯莫尔：我认为在这个问题上没有任何简单的回答。但一个回答是，科学假设需要受到严格且毫不妥协的审查，但最近的印度圣人的教义则不需要。这也是人们反对这种日益增长的趋势的原因之一，即科学家在未经严格审查之前就宣布所谓"发现"。它削弱了科学的特有美德，而科学正是通过这种美德将批评制度化的。当然，在休谟的时代，科学在这方面仍处于发展阶段。另一点是，科学发现是系统地相互关联的，它们表现出高度的一致性。你举的黑天鹅的例子并不典型。"天鹅是白色的"，这不是一个科学命题，而是一个普通的常识观察。我们也知道，一个物种的不同品种通常有不同的颜色，就像兔子或狗一样。因此，尽管在澳大利亚发现黑天鹅时，它扰乱了人们最喜欢的诗意象征，但这对科学来说一点也不令人不安，令人不安的是遇到一只吸入二氧化碳并呼出氢气的天鹅，或者不含任何 DNA 的天鹅。

这里不是进一步探讨这个令人着迷的问题的地方。但是，当然，我所说的一切都没有表明科学命题是不可纠正的。我想说的是，我们有充分的理由非常认真地对待科学的主张——就像我们有充分的理由认真对待历史学家或学者的主张，尽管我们认识到他们经常犯错误。电话簿和铁路时刻表也是如此。

麦基：我的印象是，今天的大多数人，包括大多数受过良好教育的人，都认为科学是已知的、经过证明的确定性的集合，并理所当然地认为科学的发展在于向已有的确定性中添加新的确定性。任何拥有这种科学观的人都需要从休谟那里上一堂基本课，不是吗？这意味着休谟为我们保留了他的全部的令人不安的能力。

帕斯莫尔：对此毫无疑问，休谟是一位非常令人不安的思想家。他尤其让一些人感到不安，无论他们是科学家还是人文主义者，这些人坚信科学没有给想象力留下空间——这种观点经常被学校科学课程鼓励而不是阻止。这些人认为，虽然写小说、画画或导演电影需要大量的想象力，但科学只是看看进行实验时会发生什么，根据这些受控观察进行计算，然后得出科学概括。这当然是无稽之谈。毫无疑问，有许多缺乏想象力的科学家在做着按部就班的工作。但同样也有许多缺乏想象力的小说家、艺术家和电影导演在做着按部就班的工作。任何伟大的发现，甚至是相对较小的原理发现，不仅需要仔细的实验和仔细的推理，还需要想象力的飞翔。随着休谟的思想在《人性论》中的发展，最初被定义为仅仅是对我们实际上没有感知到的复杂事物具有相对微弱的印象的能力——相对微弱，也就是说，当它与记忆相比——的想象力逐渐扮演了更加核心和创造性的角色。在休谟看来，即使是我们对周围世界最普通的观察也涉及想象力的运用。我们不仅仅是被动地感知周围的世界。如果我们这样做，那么我们应该仅限于一系列的感觉。我们感知事物与感觉不同只是因为我们的想象力始终活跃。事实上，想象力在休谟那里的中心地位——它引导他走向现在流行的学说，即我们所谓的"赤裸裸的事实"和"理论"之间没有绝对的区别——是休谟哲学中最令人着迷和令人不安的特征之一。

麦基：这种对远离尘世的所谓"知识"的珍视，以及为新愿景留下的空间，也可以带来创造性的解放。爱因斯坦曾经说过，如果他没有读过休谟，那么他就永远也不敢推翻牛顿的科学。在此有两件事是相辅相成的：深刻地令人不安的能力以及解放和激发想象力的能力。在今天，阅读休谟的哲学就像在他写下它的时候一样，做到了这两件事。

8

K   a   n   t

康德

对话杰弗里·沃诺克

杰弗里·沃诺克
（Geoffrey Warnock，1923—1995）

引 言

麦基：几代以来，伊曼努尔·康德（Immanuel Kant）一直被广泛认为是自古希腊以来最伟大的哲学家。他于1724年出生于东普鲁士的哥尼斯堡（Königsberg），并于1804年在那里去世，享年79岁。人们经常开玩笑说他很少离开哥尼斯堡，一生也从未走出过自己的家乡，并且他严格遵守一种常规的日常生活习惯，以至哥尼斯堡的居民完全可以通过他经过他们窗户的时间来调整自己的手表。他从未结婚，从表面来看，他的生活平淡无奇。但他并不像我目前描述所暗示的那样是个枯燥无味的人，相反，他善于交际，风趣幽默，衣着优雅，谈吐风趣；在哥尼斯堡大学，这个他任教三十多年的地方，他的讲座以才华横溢闻名。

相当令人惊讶的是，康德是担任大学哲学教师的第一位伟大的现代哲学家。笛卡尔、斯宾诺莎、莱布尼茨、洛克、贝克莱、休谟——这些人都没有教授过哲学。康德之后的19世纪，大多数主要哲学家也没有这样做过：黑格尔是一个明显的例外；但叔本华、克尔凯郭尔、卡尔·马克思（Karl Marx）、约翰·斯图尔特·密尔（John Stuart Mill）、尼采（Nietzsche）——这些人都不是学院派哲学家。事实上，尼采为了成为一名哲学家而放弃成

为学者。在现代，只有到了 20 世纪，几乎所有重要的哲学家才
都是学者。这个学科最近的专业化是否是一件好事仍然是一个有
争议的问题——我怀疑这是不可避免的。

但是，回到第一位伟大的教授。尽管康德青年时期和中年早
期的著作使他广为人知，但除了这些著作中的极少数之外，现在
几乎无人阅读它们。他的持久声誉源于一系列出版物，这些出版
物直到他 57 岁才开始出版，并一直持续到 70 多岁。我们在这里
看到了一个罕见的奇观，一个一流的创造天才在中年后期和老年
创作了他所有最伟大的作品。他公认的杰作《纯粹理性批判》于
1781 年出版。一开始它根本没有被充分理解，所以两年后，他
在一本单独的薄册子里发表了对其中心论证的阐述，这本册子
通常被称为《未来形而上学导论》(*Prolegomena to Any Future
Metaphysics*)，并且接下来，1787 年，他推出了《纯粹理性批判》
的大幅修订版。随后，他迅速连续地在 1788 年出版了第二篇伟
大的批判《实践理性批判》(*The Critique of Practical Reason*)，
并在 1790 年出版了他的第三篇伟大的批判《判断力批判》(*The
Critique of Judgment*)。同时，他还在 1785 年出版了一本小书，
名为《道德形而上学原理》(*The Fundamental Principles of the
Metaphysics of Ethics*)。尽管书名并不吸引人，但这本书从那时起
就对道德哲学产生了巨大的影响。

与我讨论康德著作的是当代的一位著名哲学家，牛津大学赫
特福德学院 (Hertford College, Oxford) 院长、牛津大学前副校
长杰弗里·沃诺克 (Geoffrey Warnock) 爵士。

讨 论

麦基：康德是现代哲学中最伟大的体系构建者之一。阐释任何体系的一个众所周知的困难——正是因为其中的一切都是由其他东西支撑的——是选择在什么点进入、以此为开端；因为无论你从哪里开始，都已经预设了其他的东西。你认为为了阐释的目的而进入康德体系的最佳起点是什么？

沃诺克：肯定存在这个问题。康德的显著优点之一是他非常善于将广泛的观点以全面、系统的方式整合在一起。但在开始讨论康德时，我认为重要的是不要以过于技术性的方式开始；例如，他有时被描述为像哲学裁判一样在理性主义和经验主义的优点和缺点之间进行辩论，或者讨论综合的必然真理如何可能——这些看起来技术性的问题。这些确实是康德非常感兴趣的问题。但是，作为一个起点，我认为人们应该追溯到真正产生这些其他问题的更广泛、更简单的问题上。我认为，这个起点就是他关于当时的物理科学发现与我们的基本道德和宗教信仰之间的明显冲突的关切。他认为在那里至少存在表面的（*prima facie*）冲突或不一致。

麦基：他认为那是什么？

沃诺克：我认为这个冲突的核心和最简单的形式是，它似乎是物理科学的一个预设——事实上，康德认为这是一个有充分根据和恰当的预设——也就是说，所发生的一切都是由先前发生的事件决定的，并且总是存在一个法则，人们根据这个法则可以说，鉴于先前的条件，所发生的事情是唯一可能发生的事情。

麦基：我们在这里谈论的是自然世界、物质世界中的事件……

沃诺克：……在物质世界中，是的。但是，当然，当我们思考我们自己的行为，特别是我们可能发现自己陷入的道德困境时，我们相信我们（和其他人）有其他可能的行动方针供我们选择——有各种我们可以做的事情，并且因此我们必须为我们实际所做的事情承担责任。这就是一个主题：康德认为这与物理科学的一个基本前提在表面上是矛盾的。

麦基：因此问题是，在一个所有物质的运动都受科学定律支配的宇宙中，人类身体等物质对象的运动怎么能受自由意志支配呢？

沃诺克：是的。他还关心上帝如何融入本质上机械和物理决定的宇宙的问题。如果物理解释在原则上总是能够既完整又详尽，那么上帝似乎就被抛在了外面，无事可做。

麦基：康德不是第一个看到这些问题的哲学家，甚至不是第一个看到这些问题的伟大的哲学家，不是吗？

沃诺克：不，当然不是。自从 17 世纪末物理科学的大飞跃以来,这些问题一直是整个 18 世纪哲学家关注的主要问题。例如,经验主义者贝克莱一直专注于此类问题。在康德自己的欧陆哲学传统中,最著名的是莱布尼茨。不,康德当然不是第一个。

麦基：为什么他对他的前辈为解决这些问题所做的尝试如此深感不满（他明显如此）？

沃诺克：好,他相信——我认为是正确的——他的前辈通常试图通过贬低物理科学的自负来解决这些冲突或者结束它们。对于贝克莱来说确实如此,我认为对于莱布尼茨来说也是如此。他们试图证明科学家的基本原则并不是真的,或者至少不是"最终"真的——因此物理科学可能被降级到较低的地位,并否认任何与形而上的学说和论证平等的竞争者的主张。一方面,康德认为,历史表明这不是正确的处理方式；事实上,我们可以说,他认为靴子穿到了另一只脚上——另一方面,物理科学似乎平稳地、逐步地从一个胜利走向另一个胜利,每个人都同意什么已经证明,什么没有证明,但是哲学在他看来就像一个混乱的战场。没有一个哲学家在任何事情上与其他哲学家有太多的共识,没有任何一种学说不是在被接受了几年之后就被其他人反驳,等等。这是一件事。但是,他也认为——我认为这一点更重要——休谟尤其对哲学本身的可信度提出了严重怀疑：他严肃地质疑哲学家声称正在做的事情是否是一项可能的知识事业。康德认为,休谟的挑战（如果可以这样称呼的话）要求未来的哲学家首先问自己,他们所声称要做的事情在原则上是否可能。

麦基：他最常被引用的言论之一是休谟将他从教条主义的迷梦中唤醒了。我认为这就是你现在所指的东西。

沃诺克：是的。

麦基：这个唤醒是什么，事实上——休谟唤醒了康德什么？

沃诺克：简单地说，问题是这样的：休谟，事实上，莱布尼茨和其他思考过这个问题的哲学家，都接受了一个普遍的观点，即全部命题可以被分为两类。一方面，存在有时被称为"理性真理"（truths of reason）的命题（康德称之为分析命题）——这些命题从某种意义上根据定义就是真的，或者就其术语的含义而言是真的。简单的例子是正方形有四个边或自行车有两个轮子这样的命题。他们说，这类命题可以先天地为人所知，也就是说，独立于经验，并且当然也必然是真的。另一方面，存在实质性的、信息丰富的、重要的命题，这些命题告诉我们一些不仅仅隐含在我们所使用的术语中的东西；这些东西，他们说，确实是实质性的、信息丰富的但并不是必然的。它们总是偶然的命题，可能为真或为假，并且只能根据经验、观察或实验来确定它们为真或为假。现在休谟说——并且康德认为他说得很对——如果这是正确的，那么哲学本身就陷入了严重的困境，因为一方面它没有将自己作为基于观察和实验的经验科学，另一方面它不希望承认它所做的只是阐述一套同义反复，分析我们说话和思考的术语。休谟的问题是：如果哲学家不做其中的任何一件事，他还可能做其他任何事情吗？

麦基：休谟和他之后的康德没有意识到，将全部命题划分为这两类的主张不仅对哲学而且对自然科学都造成了严重的困难，因为不受限制的普遍科学定律不是分析性的或直接事实性的命题——它们既不能通过逻辑演绎得出，也不能从经验中证明。休谟和康德都认为这是所有的人类知识的一个问题，确实如此吗？

沃诺克：是的，我认为是这样，但可以说，他们以非常不同的方式做出了反应。我认为休谟的想法是，科学可以简单地作为一组经验假设而很好地继续下去——尽管当然没有声称证明任何事情都必然如此，而且实际上也没有任何可持续的主张来构成知识体系。但是康德的观点是，这种对命题的穷举二分法的信念是错误的。事实上，他毫不怀疑这一定是错误的，因为虽然人们很可能会质疑哲学家的可信度，他们声称提出了既综合又必然的命题——不是分析性的，但也不是偶然的——但他认为非常清楚的是，可以说这类命题在自然科学和数学中是常见的形式。因此，无论人们对哲学可能有什么疑问，他认为，科学和数学中肯定存在不容置疑的命题，它们既不是分析性的，也不是经验性的和偶然的。

麦基：换句话说，这些是应用于世界的命题，但不能从对世界的观察中得出。

沃诺克：是的——我们可以简单地通过论证来证明这一点。他称它们为"先天综合命题"（synthetic *a priori*）。

麦基：如果这样的命题应用于世界，但又不能通过任何观察或经验从世界得出，我们如何获得关于它们的知识？

沃诺克：好，这当然正是问题的关键。这里必须引入康德极为重视的一个区别——他所谓的"物自体"（things-in-themselves）或"自在的世界"（in itself）与"表象"（appearances）之间的区别。现在，关于物自体的问题，康德会说，我们就是不能提出任何要求——也就是说，物自体就是它们本来的样子，我们对此无能为力。但如果你转向我们所经验的世界这个话题，当它作为一个经验对象呈现给我们时，即他所说的"表象"世界，那么，他说，那就是另一回事了，因为他声称，任何世界如果要成为一个可能的经验对象，就必须满足某些条件。

麦基：对于我们来说是这样。

沃诺克：对于我们来说是这样，并且至关重要的是要补充，对于任何人和每个人都是这样。他认为一个关键的事实是，世界是——任何"世界"都一定是——一个无限的经验主体的共同经验对象。他认为，如果存在这样一个世界，一个可以被一群经验主体共同体验、谈论和了解的世界，那么它就必须满足一些条件。因此我们可以先天地说"表象"必须满足这些条件。

麦基：用下面的方式表达你刚才所说的内容是否正确？我们能够经验、感知或知道的东西，当然必须取决于有什么可以经验、感知或知道，但也必须取决于我们用于经验、感知和知道的装置。这个装置是什么是一个偶然的问题。举个现代的例子，我们碰巧能够解释某些频率的电磁波，但不能解释其他频率的电磁波——我们的身体能够将其对光线的接收转化为对周围环境的感知，但我们不能用无线电波或 X 射线来做到这一点。但是可以想象的是，我们或许能够以与我们现在所用的方式完全不同的方式来理解现实。现在康德说，既然如此，为了让我们能够经验任何事物，它必须是我们拥有的装置能够处理的。这并不是说没有其他东西可以存在，而是说没有其他东西可以被我们经验、感知或知道。

沃诺克：好，我会用一种方式来限定这一点。我认为，康德不想对我们的感官装置具体是什么、我们拥有什么样的眼睛、耳朵和其他感觉器官进行纯粹的经验考虑。我认为他试图说的是一些比这更普遍的东西——经验主体的概念，以世界为经验对象，要求这样的主体应该具有某种感觉能力，以及某种智性和概念能力。但他不想说，除了某些非常普遍的方面，它们一定是这样或那样的。例如，他不会对我们的眼睛是否与红隼或獾的眼睛不同感兴趣——他的普遍主张是，一个经验主体必须有某种感知方式，某种他所谓"感性直观"（sensible intuition）的能力。

麦基：因此，关键在于，感知主体本身必然会带来某些倾向，并且只有与这些倾向相一致的对象才能被经验。

沃诺克：绝对是这样，没错。

麦基：我相信，这是任何哲学家以前从未想到过的事情。

沃诺克：是的，我认为这确实很新颖。休谟的某些段落看起来有点像在这一点上对康德的预期——在这些段落中，他描述了我们如何在经验数据或"印象"的基础上构建我们的物体世界图景。但休谟提出的所有这些只是一点儿经验心理学。我们这里不仅有一些关于经验的事实，而且还有经验可能性的必要条件——这是康德的基本和真正原创性的贡献。

麦基：这使他对人类知识的本质产生了怎样的新看法？

沃诺克：好，他提出了这样的主张：如果一个人足够仔细地思考并论证足够长的时间，人们就可以指定他所谓的任何可能经验的形式。他给这个事业起了"自然形而上学"（Metaphysic of Nature）的名字，有时也称为"经验形而上学"（Metaphysic of Experience）。他所说的"经验问题"是一个偶然问题，纯粹的经验事实可能会实际发生这样或那样的情况。但他认为人们可以阐明并思考出任何可能的经验的（他所谓的）形式必须是什么。当然，这将是一个学说体系，这个体系当然会告诉我们一些关于世界的事情，因为它告诉我们它的基本形式是什么，但也会告诉我们一些必要的、不能不如此的东西。

麦基：因为存在这样的命题，所以莱布尼茨和休谟错误地认为所有有意义的命题必须要么是先天分析命题（其真假由所使用的术语和支配其使用的规则决定，因此在其外在应用之前是可知的），要么是后天综合命题（其真假根据事物在经验世界中的观察方式而定，因为这种知识依赖于经验，所以只有在事件发生之后才可知）。我们现在有了第三种命题，先天综合命题，它们是关于世界的，但无法通过经验验证——但关于世界的真或假，我们可以提前知道。你能举出此类命题的例子吗？

沃诺克：好，用最笼统的术语来说，它们分为两大类。首先，康德试图处理他所谓的"感性形式"，或者更确切地说，"空间"和"时间"这两种形式。他认为，这些是被我们的感觉本质强加给我们的经验，强加给作为经验对象的世界的——

麦基：很抱歉，我想在这里打断你一下，因为我认为这对于很多人来说是一个非常难以理解的想法。康德认为，空间和时间并不能表征物自体……

沃诺克：是的，确实……

麦基：……但这对我们来说是不可避免的经验模式。

沃诺克：没错。

麦基：因此，虽然我们只能在那些维度中体验世界，但不能说它们独立于我们和我们的经验而存在。

沃诺克：这当然是对的。如果你提出这样的问题："被造物本身又如何，它表现出什么样的时空秩序？"康德会说："这不是一个可以讨论的话题。"他坚持认为，我们所能谈论的只是作为我们经验对象的世界，即它所呈现的世界；但我们可以说，对于任何可以想象的这样的世界，无论它可能包含什么物体，无论那里可能发生什么事件，物体都将在空间上是有广延的并位于空间之中，事件都将占用时间并以有序的时间顺序发生。他认为，对于任何可以想象的物体和任何可能发生的事件，这都必须成立。而且，如果这还不够雄心勃勃，他还补充了另一个引人注目且肯定有争议的主张：他说，空间形式的详细内容是由几何学提供的，而时间形式的详细内容是由算术提供的。他说，这就是几何学和算术本身如何"可能"——两者都是命题的主要部分，它们既不是偶然的，也不是分析的，而是"先天综合命题"，并且它们具有这种特征是因为它们指定了经验的形式，即经验的可能性条件。

麦基：它们是知识的主要组成部分，它们给予我们的知识是在任何可能的经验应用之前就给予我们的。

沃诺克：是的，这就是他的观点。但我认为，特别有争议的是，空间和时间概念是否真的以他似乎暗示的那种相当直接和简单的方式受到几何和算术的限制。

麦基：你暗示这在我们这个时代仍然存在争议。

沃诺克：哦，绝对是这样。

麦基：现在，鉴于先天综合命题——

沃诺克：我可以打断一下吗……我想说，康德的先天综合命题分为两大类。我们只讨论了其中之一，即阐明感性形式（Forms of Sensibility）的先天综合命题。如果我可以简短地提一下第二类。他认为还存在他所谓的知性形式（Forms of the Understanding），或人们可能会说的思想形式。我认为他在这里论证的基本原则是，任何可能的经验世界，任何可以做出客观陈述并且（有时）被知道为真的世界，在某些方面都必然是有序的（orderly）和可预测的。他试图表明，在此基础上，我们可以推导出普遍因果决定论的牛顿原理，作为理解可能性和客观知识的条件。然后，令人难以置信的是，他还试图证明牛顿物质守恒定律也规定了经验可能性的条件。所以他试图引入物理学，你看——就像他试图引入与感性形式相关的数学一样，他现在试图引入与知性形式相关的物理学的基本原理。多么雄心勃勃的承诺！

麦基：我们正在
开始勾勒人类知识
的整体图景，但是这
个图景太大以至我
想在这里暂停一下，
以展示它的一些主
要特征。康德认为，
因为我们所有的知
觉和经验都是通过
我们的感觉和精神
装置来到我们身边
的，所以它们都以依
赖于感觉和心灵的
形式来到我们身边。

伊曼努尔·康德
（Immanuel Kant，1724—1804）

我们无法直接接触物自体本身，他用物自体指的是那些不以我们
的感性形式和知性形式为中介的事物。

沃诺克：并且暗示我们可以获得这样的知识是没有意义的。

麦基：我很高兴你强调了这一点。现在，无论我们碰巧有什
么形式的理解，任何可能的经验都必须符合它们，才能成为我们
的经验。

沃诺克：是的，绝对是这样。

麦基：康德为自己制订的计划的一部分是，对这些形式的本质进行彻底的研究。如果这项研究既完整又成功，它将告诉我们所有可能的知识的局限性是什么。对吗？

沃诺克：是的。

麦基：任何超出这些限制的事情都是我们无法得知的。他的结论之一是，经验主体所感知的任何经验世界都必须在空间和时间的维度上表现出有序性，但是空间和时间没有独立于这种表象秩序的现实，因此也没有独立于经验的现实；因果关系也是如此，在这样一个世界中发生的事件必定看起来是因果相关的，但是谈论独立于经验而存在的因果关系是没有意义的；这些事实使科学的成功成为可能，因为它们使我们能够对所有实际和可能经验的世界拥有不受限制的普遍知识——而科学只是关于实际和可能经验的世界，而不是关于世界本身。所有声称与任何可知的事物相关的概念都必须源自实际或可能的经验，否则，它们要么是空洞的，要么永远无法被验证。

所有这一切的影响都是激进的，不仅对于所肯定的内容而且对于被排除的内容而言都是如此，不是吗？

沃诺克：是的。这当然是正确的，而且从根本上来说是正确的。对于康德来说，知识受到"可能的经验"（possible experience）的限制；知识是由"可能的经验"决定的。我相信，可以这么说，康德对他自己使自己陷入的这个立场感到失望。人

们从他开始探究的方式中得到的印象是，理想情况下，他希望为
关于上帝和灵魂的神学思考以及关于宇宙的形而上学思考奠定坚
实的基础。正如他所认为的，既然已经展示了数学和科学如何能
够构成坚不可摧的知识体系，那么如果能够为改革的神学和形而
上学做同样的事情，那就太好了。但他实际上发现自己有必要说
的是，不可能有这样的基础——我们所能建立的基础就是"可能
的经验"以及可能经验的对象。如果你试图超越这一点，如果你
试图提出独立于任何可能的经验的限制，宇宙应该如何表征的问
题，或者如果你试图谈论上帝和灵魂，那么你的计划一定不会成
功，并且它在原则上是空洞的。康德当然是在说这一点，无论他
得出这个结论可能有多么不快乐。

麦基：虽然康德认为我们永远不可能知道上帝是否存在，以
及我们是否有灵魂，但他自己相信上帝确实存在并且我们确实有
灵魂，不是吗？

沃诺克：是的，确实如此。

麦基：但他很清楚，这些信念是无保证的信念问题，而不
是可能的知识问题。即便如此，在他自己的前提下，他怎么可
能认为关于上帝或灵魂的言论是可以理解的呢？为什么它不是
空洞的？

沃诺克：是的，这是一个非常好的问题，我认为他实际上在

这个问题上有点狡猾。可以说，康德的做法是以一种相当有趣的方式颠倒了整个问题。无论如何，他的前辈中的一些人做出了这样的假设：我们的道德信念和态度以及我们的宗教信念，需要某种形而上学的基础，并且他们试图以神学和哲学伦理学的形式提供一个基础；而康德则以完全相反的方式完成了这件事。他说，我们不仅有权（entitled）拥有道德信念和宗教信念——他认为我们不可避免地应该拥有它们；他还认为，这种信念必定会不可避免地引导我们走向关于上帝和灵魂本质的形而上学的非经验学说。然而，这些学说本身，就其有任何基础而言，都是直接建立在我们原始道德信念本身之上的——因此，这些学说才是真正根本的东西，而神学和形而上学只是在此基础上相当脆弱、高高在上的上层建筑。

麦基：我想再回顾一下这个问题，因为它很重要、很有趣，而且令人吃惊。康德是这样说的，这是一个不可否认的经验事实，即我们大多数人都有一些道德信念，即使我们想忽视，我们也无法忽视这些信念。现在，为了使这些信念具有有效性甚至意义——并且为了使诸如好（good）、坏（bad）、对（right）、错（wrong）、应该（ought）等基本道德概念具有有效性或意义——我们必须有某种选择自由。必须有某个区域、某个空间，无论多么狭窄，我们可以在其中行使自己的自由裁量权。因为如果它们不存在——说我们本来可以采取与我们所做的不同的行为从来都不是真的——任何关于道德评价的尝试都是空洞和毫无意义的。因此，如果道德概念具有任何意义，那么某种程度的自由意志就必须成为现实。为了使这一点成为真的，我们的存在中必须至少有一部分独立于受科学定律支配的运动中的物质经验世界，因为我们必须能够"随意"移动那个世界中的一些物质对象，即我们的身体。我怀疑，在本次讨论的背景下，"自由"意味着"不受科学定律的约束"。我们被迫得出这样的结论：我们必须至少拥有部分自由的精神或灵魂。

现在我已经非常清楚地看到了这个论证，它似乎非常有力，实际上很有说服力。但康德如何进一步证成从这个结论到上帝存在的巨大跨越呢？

沃诺克：好，在尝试解决这个问题时，我不太确定我是不是会退回到一个阶段。你在一两分钟前提出了这一点，康德的结论似乎是这样得出的：当我们试图谈论上帝和灵魂时，我们发现自己所说的不仅不能以任何经验的方式或任何先天的方式证明，而且实际上没有真正的意义。我认为我们还没有完全解决这个问题，但我认为这是绝对正确的，而且是康德非常不愿意承认的。他对自己与神学和宗教的关系的评价是，用一句被广泛引用的话来说，他必须悬置知识，给信仰留出空间——他只是简单地表明了为什么神学的主题不可能是知识的主题。但他说，人们不需要对此感到震惊，因为我们一直都知道它在本质上是一个信仰的问题。但是，正如你正确地说过的，人们可以认为他的论证其实比这更加激进——不仅仅是当我谈论上帝时，我在说一些我不知道为真的事情——他的论证事实上似乎导致了这样的结论：我不知道我在说什么，或者我所说的实际上没有任何意义。显然，他很不愿意得出这个结论。他想说的是，他所做的一切只是为了表明这不是知识或证明的问题。

麦基：是的。我认为在这个问题上他的观点是，虽然在一个实际可以决定的问题上依赖于信仰是迷信，但如果这个问题无法决定，那么站在它的一边持有某种信仰也不是不合理的。

沃诺克：绝对如此。没错。

麦基：在本次讨论的一开始，你就提出，真正推动康德开展其哲学事业的问题是，牛顿的物理学与伦理学的存在之间的明显冲突。根据我们迄今为止所说的一切，他如何尝试解决这个难题？

沃诺克：我认为他在很小的程度上解决了这个难题，即使在他自己看来也是如此——我认为他本人也完全意识到了这一点。他想说的是，通过明确区分作为表象、作为经验对象的世界和物自体的世界，他可以说，一方面，存在表象的世界，并且物理学在原则上给了我们关于它的全部真理——他相信它们是这样。他毫不怀疑牛顿的观点绝对正确，并且物理学家将世界描述为可能经验的对象从根本上是正确的，并且可能是穷尽的。但是，他说，请记住，我们在那里谈论的是表象的世界。另一方面，还存在物自体的话题。可以说，在那里还有空间容纳其他类型的概念：自由意志、理性能动性、对与错、好与坏、灵魂——还有空间给这些概念，不是在表象世界中，而是在表象世界之外。当然，他看到，按照他自己的原则，他不得不说，这些其他的事情不能成为知识的话题。假如你对他说："你知道存在自由意志这种东西吗？"他将前后一致地说："不，我不知道这种东西。我知道的只是存在留给这种可能性的空间。"他不要求更多。

麦基：但他也会说，他情不自禁地相信一定存在自由意志这样的东西。

沃诺克：哦，当然。是的，他也会继续这么说。

麦基：按照这种观点，伦理学来自所有可能知识的世界之外。康德对于它的来源有什么看法？我们如何得到它？

沃诺克：好，一个简短且本身毫无启发性的答案是，他认为它来源于理性。但是，可以说，他将道德观念从世界中清除出去，当然给他带来了一系列可怕的问题，事实上，他几乎没有时间认真处理这些问题。例如，如果你说意志、道德思想和道德意识一般都以某种方式完全在表象世界之外运作，那么你面临的一个相当明显的巨大问题就是道德决定、意志、道德思想如何影响我们所经验的现实世界。它如何可能产生影响？他似乎将意志和世界如此彻底地分开，以至虽然他也许为道德思想和宗教思想的存在创造了空间，但却使它们不可能对实际发生的事情产生影响。我必须说，这是他并没有真正面对的一个重要困难。

麦基：你说出他的道德哲学的主要结论将有助于人们进一步理解这个问题。在我们剩下的有限篇幅里，不可能深入探讨他支持这些结论的论证。但你概括一下结论本身将有助于我们理解。

沃诺克：我认为，对此，我们可以简单地说一些有用的话。他在他的道德哲学中真正试图做的是，以某种方式从纯粹的理性概念中提取道德的本质。对于任何能够用道德术语思考或谈论的行为者来说，最重要的是，他必须是一个理性的人，能够思考支持和反对这样做或那样做的理由，并有相应的"意愿"（willing）。康德试图论证道德的基本要求实际上内在于理性概念本身中——这些要求必须是先天的、被任何理性存在者视为具有约束力。从本质上讲，他试图表明，只有与我们的道德原则相对应的一系列行动原则才能被理性存在者的共同体一致地并因此理性地、普遍地采用。

麦基：由此得出了他著名的定言命令（Categorical Imperative）——也许我应该请你来表述它。

沃诺克："只按照你可以同时希望它成为普遍法则的准则行事。"因为如果作为一个理性存在者，一个人不能（一致地）意愿一个"准则"应该成为一个普遍法则——也就是说，应该被每个人普遍采用并采取行动——那么这个准则就不能成为可接受的道德规则；因为一个被理性接受的道德规则一定是每个人都可以采用的。他想说的是，道德真正强加给我们的是行为条件，这些行为条件需要任何可能的理性存在者的共同体的同意。他进一步主张，并且相当粗略地试图表明，存在一组单一的、确定的条件，它们单独通过了理性可接受性的检验，可以这样说。无论如何，这就是他正在努力做的事情。

麦基：康德哲学在第一次接触时是出了名的难以理解，我预计一些关注我们讨论的人此刻正在经历这种困难。困难的根本在于他的这个观点，即我们根本没有办法获得关于物自体的知识——可以说，我们由于自身的局限性而永久地屏蔽了它们，并且这些局限性在一定程度上是我们依赖于主体（并且这也意味着依赖于我们）的感性和知性形式的局限性，其中包括空间和时间。你认为，对那些觉得这一切难以理解的人说"看，你已经在不同的背景下熟悉了其中一些观念。许多严肃的宗教徒一直相信这类东西，即使你自己不是宗教徒，你也知道这一点。这些人始终相信，我们所经验的这个世界只是一个转瞬即逝的表象世界，而人们所谓的真正的现实，即所有永恒的意义所在，都在这个世界之外——也就是说，在空间和时间之外。现在，作为一名哲学家，康德正在尝试做的是通过纯粹理性的论证来获得这些观念"，这是有帮助的吗？你认为这样说是有帮助的吗？——或者你认为它是否只是掩盖了问题？

沃诺克：不，我不这么认为。人们可以通过这样的方式来阐明这个问题：考虑这个问题——不要因为它似乎是一个过度假设的、也许是无聊的问题而不这样做——一个人必须成为什么样的人才能熟悉事物"本身"，也就是说，超越"感觉的界限"和可能经验的限制。我相信你能从康德那里得到的唯一可能的答案是，你必须是上帝。因为这将涉及你以某种完全永恒的方式来认识事物，没有空间视角或任何其他类型的空间的限制，对认识的方式没有特定的感官限制，当然也不用法语或英语或任何特定的语言思考，甚至根本不以任何特定的概念形式思考。你对宇宙的认识将完全摆脱这些限制。如果有人问："我必须成为什么才可以像那样？"那么唯一的答案是："我必须成为上帝。"

麦基：康德哲学最显著的特点是，尽管他精通数学物理学，极大推进了笛卡尔、莱布尼茨、洛克和休谟为代表的以科学和数学为基础的哲学的中心传统，并严格遵守其规则——也就是说，他完全依赖论证，只诉诸理性标准，拒绝任何对信仰或启示的诉求——但他得出的结论不仅与宗教相一致，而且与宗教信仰的更神秘的形式相一致，不仅是西方的信仰而且包括东方的信仰。

沃诺克：是的，除了我们之前提到的令人不安的事实之外——也就是说，他必须说，严格来说，所有关于这些话题的讨论对我们来说都是不可知的。我们事实上不知道我们的意思是什么。这是神学家们一直不太愿意接受的一个命题——尽管康德自称是他们的盟友。

麦基：直到最近也是如此。难道我们不可以说，现在许多神学家恰恰接受了这个命题吗？

沃诺克：可能是这样。

麦基：除了理解康德所说的困难之外，阅读康德的另一个完全不同的难题是他的行文风格。一些伟大的哲学家如柏拉图、休谟、叔本华等都是非常好的作家，他们的作品阅读起来很愉快。但即使是康德最好的朋友也不能替他辩护这一点。每个人都觉得他的文章很难读；它几乎总是晦涩的，有时甚至近乎难以理解。他为什么写得那么糟糕？

沃诺克：我认为人们可能会说到三点。这部分是由于你一开始就提到的事实，即他是一位职业学者，而且是非常专一的学者。他确实以非常浓厚的学术风格写作，对技术术语和行话、复杂的二分法和表格、他所谓的"建构"（architectonic）有着浓厚的兴趣——这一切都非常学术化。但关于"三大批判"，还有一个需要记住的重点是——这又与你一开始所说的有关——当他认真地开始写他知道将成为他的杰作，或者至少希望成为他的杰作的作品时，他已经年近六十了，他一直被这样的想法困扰：在他把这一切写下来之前，他可能会死去。毫无疑问，他在 60 岁到 70 岁之间写下的数百页写得都非常快。他写得很匆忙，我认为这与他的写作笨拙、有时几乎难以理解有很大关系。

麦基：两百多年前，人们的预期寿命比今天短得多，以至康德当时认为自己可能很快就会死去，这对于康德这个年纪的人来说事实上是完全自然的。

沃诺克：是的，他认为需要抓紧时间并不是没有道理的。另一个（不太明显的）重点是，他用德语写作，对于一个有学问的人来说，这在当时仍然是一件不寻常的事情。德语几乎没有被接受为一种适合学术和学习使用的体面语言。例如莱布尼茨——我不认为莱布尼茨曾经用德语写过一部严肃的作品。

麦基：他总是使用拉丁语或法语。

沃诺克：拉丁语或法语，是的。其结果是，没有一种有既定的风格或传统的学术德语论文可供康德采用。但是情况对于比如贝克莱和休谟来说就完全不同了——在他们的时代，英语已经成为一种完全易于掌握的、成熟的语言，适合这种学习的用途。我认为这对康德来说一定是一个问题。在他所使用的语言中，没有可以遵循的良好模型。

麦基：我认为，康德的写作带来的不必要的困难导致了一场智性悲剧，因为它在理解可能是所有现代哲学中最伟大的著作上设置了一个障碍，对许多人来说，这是无法克服的。这意味着，即使在两百多年后，他的著作对于大多数受过教育的人来说仍然是未知之域……我在开头提到了这样一个事实，即他被严肃的哲学学生广泛认为是自古希腊以来最伟大的哲学家。为什么他的名声能达到如此的巅峰？

沃诺克：我想，我主要会提到两种使他能够达到名声巅峰的品质。我认为，他有相当罕见的洞察力（penetrating），这是说，他能够在以前被看作理所当然、不值得太多关注的事情中看到智性的难题。他有一种非凡的能力可以看到问题出在哪里——这是最伟大、最基本的哲学天赋之一——能够在其他人乐意接受的、不想太多的地方看到存在的问题。我认为他的另一个品质——这可能与他的学术专业精神有关——是他非常善于看到他的论证的整个指南如何组合在一起——他在这个主题或那个主题上所说的话如何可能影响他在其他地方或在其他章节中所说的话，可以这么说。他非常有自我意识，而且在专业上有条不紊。他的工作方式绝不是零碎的、权宜的或勉强的。他给人一种整个庞大的事业都处在牢靠的控制中的感觉。我必须说，他确实让洛克和贝克莱甚至休谟这样的作家，对我来说都像业余爱好者，尽管他们都很优秀。

9

Hegel and Marx

黑格尔与马克思

对话彼得·辛格

彼得·辛格
（Peter Singer，1946— ）

引 言

麦基：很少有哲学家比黑格尔对世界的改变更明显——无论是通过他个人对德国民族主义的影响，还是通过他最著名的哲学追随者卡尔·马克思（当今许多政府实际上用他的名字来描述自己）的著作间接地改变了世界。因此，如果我们想看到黑格尔思想的一些实际后果，我们所要做的就是看向我们的周围。黑格尔对哲学本身也产生了同样巨大的影响——有人说，自黑格尔以来的哲学史可以被视为针对他的著作的一系列不同的反映。

格奥尔格·威廉·弗里德里希·黑格尔（Georg Wilhelm Friedrich Hegel）于 1770 年出生于斯图加特（Stuttgart）。他一生的大部分时间都在担任这种或那种教师，并最终成了海德堡大学和柏林大学的哲学教授。作为一名哲学家，他大器晚成，但到 1831 年他去世时，他已经成为整个德国哲学界的主导人物。他最有影响力的其中一些著作是《精神现象学》(*The Phenomenology of Mind*)、《逻辑学》(*The Science of Logic*)、《法哲学》(*The Philosophy of Right*) 和《历史哲学》(*The Philosophy of History*)。

黑格尔有几位著名的追随者，其中最著名的无疑是卡尔·马克思(Karl Marx)。马克思于1818年出生在德国特里尔市(Trier)，作为一名年轻的哲学学生，他在很大程度上是一位黑格尔主义者。直到25岁左右，他才成为一名社会主义者，开始发展德国哲学、法国政治学和英国经济学的丰富而具有原创性的混合版本，也就是马克思主义。1848年，他与一位富有的年轻实业家弗里德里希·恩格斯 (Friedrich Engels) 一起撰写了《共产党宣言》(*The Communist Manifesto*)。马克思和恩格斯之间的合作也许是思想史上最重要的合作。恩格斯一生的大部分时间都在支持马克思，使他能够创作出自己的著作；由于马克思的政治活动，他的一生主要是在流亡中度过的：31岁时，他搬到伦敦居住，后来一直住在那里，直到1883年去世。去世后，他葬于海格特（Highgate）公墓。他在大英博物馆阅览室工作了很多年，并且正是在那里写下了他的代表作《资本论》(*Das Kapital*)。《资本论》于1867年出版。

马克思主义并不完全是公认意义上的哲学，但其中显然有一个主要的哲学成分，而这个成分始终是黑格尔主义的。我打算在这次讨论中将大部分时间花在黑格尔身上，然后展示我们将要讨论的一些最重要的思想是如何被纳入马克思主义的。和我一起进行讨论的，是澳大利亚墨尔本莫纳什大学（Monash University in Melbourne, Australia）的哲学教授彼得·辛格 (Peter Singer)，他出版了关于两位思想家著作的精彩介绍之作。

讨 论

麦基：黑格尔被广泛认为是所有重要哲学家中最难读懂的一位，但你关于他的小书具有用日常语言传达他的一些中心思想的独特优点，我希望你能在这次讨论中也这样做。从你的观点来看，最好从何处开始？

辛格：我会以《历史哲学》为开端，因为黑格尔对历史的描述相当具体。读懂黑格尔的部分困难在于，他的思想过于抽象。但因为《历史哲学》涉及特定的历史事件，所以为他的哲学中更抽象的部分提供了一个简单的切入点。

麦基：就西方哲学而言，这本身就已经是一个新的出发点。对于黑格尔之前的伟大哲学家来说，历史或历史哲学似乎都不是特别重要。人们也许会因为休谟的《英国史》（*History of England*）而认为他是一个例外，但休谟从未产生过我们所理解的历史哲学。同样，莱布尼茨写过一个家族的历史，但从未产生过任何历史哲学。

辛格：是的，这是一个改变。例如，在康德的人性观中，人类永远被分为他们的理性和他们的野蛮欲望。这就像古老的图画中的人，介于猩猩和天使之间。对于康德来说，这只是人性的一个事实——我们总是在本性的这两个方面之间左右为难。但黑格尔否认这是一成不变的。他从历史的角度看待人性。黑格尔说，在古希腊，人性更加和谐。人们没有意识到他们的欲望和理性之间有任何冲突。 所以康德所看到的分裂必定是历史上发生过的事情。事实上，黑格尔说，它是随着欧洲新教中个人良知的兴起而发展起来的。因为它在历史上已经发生过，所以它不一定是一个永恒的特征。在其他时期，它可能会再次被克服并恢复和谐。

麦基：黑格尔不仅历史地看待这个问题，而且也历史地看待所有重要的概念，不是吗？他认为我们的观念已融入生活方式，进而融入社会。当社会发生变革时，概念也会发生变化。

辛格：是的，完全正确。他看到历史发生的方式存在发展（development）——它总是在向前发展。它始终是一个过程，从来都不是静态的。

麦基：他为历史向前发展的方式起了一个名字，即"辩证过程"（dialectical process），有时简称为"辩证法"（the dialectic）。你能否解释一下，在黑格尔看来，这个辩证的过程是什么？

辛格：让我们回到我之前提到的例子。黑格尔认为，希腊社会是理性与欲望和谐相处的社会。但这只是一种简单的和谐。它是简单的，因为在古希腊，人们还没有发展出个人意识的现代概念。所以个人与社会之间是和谐的，因为个人并不认为自己与城邦是分离的，并且能够对正确与错误做出自己的判断。然后，在这种简单的和谐中出现了苏格拉底，黑格尔认为，苏格拉底是一个世界历史人物，因为正是他提出了质疑一切的观念。苏格拉底到处问人们这样的问题："什么是正义？""什么是美德？"当人们试图回答时，他们意识到他们已经接受了关于这些事情的传统假设，而苏格拉底毫不费力地证明这些假设是站不住脚的。于

格奥尔格·威廉·弗里德里希·黑格尔
（Georg Wilhelm Friedrich Hegel, 1770—1831）

是希腊社会的简单和谐被打破了。顺便说一句，黑格尔认为雅典人判处苏格拉底死刑是完全正确的。苏格拉底当时正在腐蚀和颠覆雅典社会。但这是历史进程的重要组成部分，最终导致了个人意识的兴起。这是历史发展的第二个必要要素。它与希腊社会的统治原则截然相反。因此，我们从黑格尔所说的简单和谐的"正题"（thesis）转向个人意识的"反题"（antithesis），并在欧洲新教中达到了巅峰。但事实证明这也是不稳定的。它导致了法国大革命所造成的破坏，以及法国大革命之后的恐怖；因此，它也必须让位于"合题"（synthesis）。这是和谐与个人意识相结合的第三个阶段。很常见的是，在这个过程中，合题会再次成为新的正

题，并从中产生进一步的反题。所以这个过程将会继续下去。

麦基：为什么这个过程会继续进行？为什么会有历史变革这样的事情呢？毕竟，完全有可能想象出像古埃及这样接近静态的社会。为什么平衡、和谐的状态，就像黑格尔认为的古希腊，不能无限期地持续下去呢？为什么必然有一只油里的苍蝇会促成变革？

辛格：就古希腊而言，是因为这是一个简单的（也许一个更好的词是"天真的"）和谐，一旦理性原则得到发展，那么这种和谐将不可持续。黑格尔追溯了这个理性原则在希腊思想中的发展，并表明它的发展是多么必要。理性存在者不再满足于毫无疑问地接受社会的规范。到底为什么在这个特定时刻出现这种质疑态度是历史故事的一个细节。但在某个阶段，作为理性存在者，我们将必须质疑这种简单的和谐。一旦我们质疑它，个人意识就会开始兴起，并破坏社会以此为基础的天真的和谐。

麦基：自黑格尔以来，"辩证法的革命"的概念就一直具有如此大的影响力——而且在今天的马克思主义者中更是如此——以至我们必须弄清楚它。我们人类之所以陷入永恒的变化过程中，难道不是因为每一种复杂的情况都必然包含着相互冲突的因素吗？从本质上讲，这些都是破坏稳定的，因此这种情况永远不会无限期地持续下去。它在这些内部冲突的压力下崩溃了，并产生了一种新的情况，在这种情况下，这些冲突得到了解决，或者至少得到了缓解。但是当然，新情况本身也包含着新的冲突。如此无限继续。而这个无限继续的过程就构成了历史。因此，辩证法的概念被作为历史进程的关键提供给我们，是一切事物为何不断变化的根本解释，并且告诉我们，变化总是采取什么形式：正题，然后是反题，然后是合题，然后又变成一个新的正题，又接着是它自己的反题，等等。

到目前为止的解释中，这一点仍然是保持开放的，即黑格尔是否坚持认为，虽然变化必然发生，但变化的实际方向是不确定的，是无数随机冲突的不可预测的结果；但他没有这样坚持，难道不是吗？相反，他相信这一切实际上都在朝着某个方向发展——它有一个目的、一个目标。

辛格：没错。黑格尔的目标是心灵朝向自由的更大发展。我们始终朝着实现人类自由的方向前进，这是一个增强对自由的意识和增强对自我的知识的过程。

麦基：你说得好像自由和知识这样的概念实际上包含在历史中，而且历史的变化就是这些概念的嬗变。这让人们想起罗素的嘲讽，即黑格尔认为历史是"果冻状的思想"。

辛格：历史代表了这些概念的发展，这是真的。历史不是偶然的篇章。它不是一个白痴讲述的故事。它是有目的地推动这些自由和知识原则的进步。

麦基：这个变化过程是对什么发生的？我的意思是，通常当我们在任何情况下谈论变化时，我们都会假设有些东西会发生变化。在这种情况下，它是什么？黑格尔当然不能相信历史的具体内容是抽象的概念——概念不是实体，甚至不是抽象的实体。那么，我们在谈论什么呢？人类个体？社会？谁——或者什么——正在经历改变？

辛格：一个简短的回答是，他所写的既不是关于个人，也不是关于社会，而是关于他所谓的"精神"（Geist）。德语单词"Geist"是一个很难翻译的单词。最简单的方法也许是说黑格尔所写的是关于"心灵"（mind）的。"心灵"是一种正常的翻译。例如，德语单词"Geisteskrankheit"的意思是"心理疾病"。因此，我们可以说，在黑格尔看来，历史是对"心灵"发生的，即对你和我的心灵，或者我们所有个体的心灵。但"Geist"还有除此之外的另一个含义，即"精神"（spirit）的概念。我们会谈论"时代精神"（Zeitgeist）。或者，当德国人谈论圣父、圣子和圣灵时，我们谈论的是"精神"（Geist），所以它也有一种精神的或宗教的味道——这表明在某种意义上存在着超越我的个体心灵的现实。你可以说它对心灵发生，但是是对大写的心灵（Mind），而不仅仅是人类个体意义上的心灵。

麦基：黑格尔是否在说，全部现实是一个统一体，是心灵的或精神的某种东西，因此我们一直在谈论的所有过程都是那种心灵的或精神的东西里面的过程？

辛格：是的，最终黑格尔的观点是，现实就是精神（Geist）。它最终是精神的或者智性的。我们一直在谈论的过程是对精神或大写的心灵发生的，而它又在历史中发展。

麦基：对于关注这次讨论的一些人来说，这可能听起来很奇怪。因此，我认为值得指出的是，在宗教信仰方面，我们已经熟悉了与这些观点非常相似的想法，尽管我们自己作为个体可能并不是宗教徒。许多宗教徒，包括许多基督徒，相信所有现实最终都是精神的，所有现实最终都有精神意义。我认为黑格尔所说的是与此密切相关的事情，尽管它不一定在传统意义上是宗教的。

辛格：不同的是，正统基督徒认为上帝是精神的，与这个世俗和物质的世界分离。根据基督教的观点，世界当然具有精神意义，但它本身并不是精神的。因此基督徒把上帝与世界相对比。人们可以认为黑格尔说的恰恰与此相反——也就是说，我们可以说黑格尔是一位泛神论者，他相信上帝就是世界，一切都是精神的，因为它是上帝的一部分。但这也不完全正确。对黑格尔的正确解释使他处于传统基督教观念和泛神论观念之间。根据黑格尔的说法，精神体现在（manifested in）一切事物中，尽管它并不等同于（identical with）存在的一切。

麦基：事实上，自黑格尔以来，黑格尔学者之间一直就这个问题争论不休：黑格尔哲学最终是宗教的还是非宗教的？有些人极力主张它是宗教的，另一些人则认为不是。你站在争论的哪一边？

辛格：我认为，尝试以非宗教的方式来解释黑格尔是非常有价值的，因为这样你就会发现，你可以以非宗教的方式很好地理解他的大部分哲学。你可以把他理解为在谈论大写的心灵，并且当他在集体意义上使用这个术语来指代我们所有个体的心灵，就好像它们是一个心灵一样，你可以将其理解为指的是我们心灵中的共同元素，我们共有的理性能力，我们的心灵是基于相似的原则构建的这一事实。但我不得不承认，虽然你可以把这种解释推得更远，但你并不能真正以这种方式百分之百地理解黑格尔。最后的百分之十或许必须认识到，他所说的话背后存在某种宗教或准宗教的心灵观或精神观。

麦基：我们现在讨论了黑格尔引入西方思想中的两个基本观念。第一个观念是，全部的现实是一个历史的过程。唯一一位接近提出这一观点的思想家是前苏格拉底哲学家赫拉克利特，但在他那里，这一观点完全缺乏社会维度。我认为，公平地说，自黑格尔以来的所有社会思想都受到了黑格尔这一思想的影响——而且不仅是社会思想。第二个主要观念是辩证法，它通过对马克思主义的影响在我们当今的时代具有重要的意义。我们可以再加上第三个观念："异化"（alienation）的概念。它是黑格尔提出的。他用它指的是什么？

辛格：黑格尔用"异化"指的是，某种事实上是我们自己或我们自己的一部分的东西对我们似乎是陌生的、异己的和敌对的。让我来举一个例子。他展示了一幅他所谓的"不幸的灵魂"的图景，这是一种异化的宗教形式。不幸的灵魂是一个向上帝祈祷的人，他认为上帝是全能、全知和全善的，但相比之下，他认为自己是无能、无知和邪恶的。所以这个人不快乐，因为他贬低了自己，并将所有这些品质归于某个外在于他的存在者。黑格尔说这是错误的。事实上，我们是上帝的一部分，或者如果你愿意的话，我们正在将我们的品质投射到上帝身上。克服这种异化的方法是，认识到我们和上帝是一体的，我们赋予上帝的品质就是我们的品质，它们并不是外在于我们的异己的东西。

麦基：他不会说这些只是人类的品质，不是吗？而是说它们是共有的品质。

辛格："他们只是人类"的说法，是他后来的一位门徒路德维希·费尔巴哈（Ludwig Feuerbach）提出的。黑格尔不会这么说，但他会说我们和那种神圣的精神都是同一个现实（Reality）——即精神（Geist）或心灵（Mind）——的一部分。

麦基：你明确表示，黑格尔将全部现实视为一个变化的过程，并且他认为这种变化是辩证地向前发展的。刚才我采用了自然的下一步，问到辩证法革命的过程将走向哪里，但我们刚开始回答这个问题就离题了。我们可以回到原来的问题吗？也许与之前相比，我们现在处在一个更好的位置可以来回答这个问题。历史革命有没有一个目标？

辛格：辩证过程的终点是心灵认识到自己是最终的现实，从而将一切异己和敌对的事物视为自身的一部分。黑格尔称之为绝对知识（Absolute Knowledge）。这也是一种绝对自由的状态，因为现在心灵不再受外在力量的控制，而是能够以理性的方式安排世界的秩序。只有当心灵看到世界实际上就是它自己时，才能做到这一点。然后心灵只需在世界上实施它自己的理性原则，就能理性地组织世界。

这个过程的一个显著特征源于这样一个事实：当心灵第一次明白它是唯一的终极现实时，就会达到巅峰。问问自己：这实际上是什么时候发生的？答案一定是，它发生在黑格尔自己的心灵在哲学思考中掌握了"心灵就是唯一的现实"这一观念时。因此，黑格尔不仅描述了所有先前的人类历史无意识地为之奋斗的目标——绝对知识和绝对自由的状态，黑格尔的哲学实际上就是整个过程的巅峰。

麦基：我想知道黑格尔本人是否意识到了——他是否真正意识到他所做的就是将自己作为哲学家推向世界历史的巅峰？我对此表示怀疑。

你说这种巅峰状态同时被视为绝对知识和绝对精神的一种状态。但是根本不明显的是，知识和自由是同一个东西。黑格尔认为它们是吗？

辛格：对自我的知识变成了自由，因为对于黑格尔来说，心灵是世界的终极现实。在心灵认识到自己是世界的终极现实这一伟大时刻之前的整个人类历史中，我们一直是游戏中的棋子。我们没有控制历史舞台，因为事情已经发生在我们身上，而我们却没有意识到或理解它们为什么会发生。我们无法控制自己的命运，因为我们将自己的现实的某些方面视为外来和敌对的因素。一旦我们认识到我们就是世界的一切，我们就会理解这个过程；我们已经掌握了历史发展的规律。然后我们就会发现，这些法则实际上就是我们自己理性的法则，它们就是我们心灵和思维的法则。

麦基：我认为这就是黑格尔的名句"存在即合理，合理即存在"（The Real is the Rational, and the Rational is the Real）的关键所在。

辛格：没错。当我们理解了这句话，我们就自由了。自由在于对现实的知识，因为当我们看到现实的合理性时，我们就不再徒劳地与之抗争。我们知道现实的本质是我们自己的理性原则。然后我们就可以自由地随它流动，甚至根据理性法则来命令它和指导它。

麦基：你已经清楚地指出了黑格尔思想的一个特征，那就是他认为观念不仅存在于抽象中，也不是永恒的和不变的（就像比如柏拉图认为的那样），而是总是体现在社会和制度等变化的历史现实之中。考虑到这一事实，黑格尔认为历史进程最终会形成什么样的社会？

辛格：正如你从我们的对话中预料的，它是一个合理有序的社会。但我必须澄清这对黑格尔来说意味着什么，因为它不是纯粹理性的社会。黑格尔认为，纯粹理性的社会以法国大革命者的理想为代表。他们不仅废除了国王、贵族和宗教，他们还试图让一切变得合理。他们说，为什么月份的天数不规律呢？为什么不让它们都一样呢？为什么每周有七天？让我们把它们定为十，就像我们的十进制测量系统一样，等等。黑格尔认为这是疯狂的抽象理性概念的结果。这就像是城市规划者查看了伦敦地图后的推理，他说："哦，你们的街道都是弯曲的，交通都得绕道。让我们摆脱这个混乱的局面。让我们把建筑物拆掉。我们将修建漂亮的笔直的街道，并在每个街区建造一座大型高层公寓楼。这样我们就可以容纳更多的人，我们可以在外面有一块光滑的绿色草坪供孩子们玩耍，一切都会变得美丽、有序和合理。"

麦基：我们在伦敦正遇到了这种事情。那真是一个大灾难。

辛格：黑格尔可能会预言这将是一个大灾难，因为这是抽象理性的极端化。对于黑格尔来说，一个真正合理的对伦敦的城市规划方案将着眼于现实，即存在的伦敦，找到在现实中合理的东西（并且当然它是由于某些理由而发展成这样的，所以一定存在合理的因素），然后尝试以实现伦敦发展背后的合理性的方式来遵守这些理由。黑格尔的理性不会让我们把它推倒重来。它将鼓励我们改变伦敦发展中的一些武断和反复无常的方面，这些方面导致了特殊的问题；但基本上，黑格尔的理性在现实中寻找合理性，并增强和发展它，以使其实现自身。

麦基：针对这种所谓的国家的理性概念，一个批评尤其经常被提出来，特别是被盎格鲁－撒克逊传统中的自由主义哲学家提出来。一个单一的有机整体的国家，理性地行事，理性地安排一切，不允许个体有主动的、古怪或存异议的活动，因为这会不断破坏其计划。所以，在实践中，它总是不能容忍个人的主动性，也就是说，不自由。你对此有何评论？

辛格：我不认为黑格尔反对一切个人自由，但他的自由观确实不是标准的盎格鲁－撒克逊自由主义的观点。为了理解两者之间的区别，让我们首先看看经济领域比如市场中的自由观念。根据一种观点，即自由主义的观点，自由意味着人们能够按照自己的意愿行事。例如，如果我今年春天更喜欢穿橙色衬衫，那么如果我不被阻止购买该颜色的衬衫，我就是自由的。如果我想买除臭剂，那么如果我可以买到，我就是自由的。我是自由做出决定的，这就是自由主义的经济学家所需要知道的一切。但一些更激进的经济学家对此提出了质疑。他们说这是一种非常肤浅的自由观念。他们想知道为什么我这个季节想穿橙色衬衫。我为什么要使用除臭剂？为什么我认为自然体味是一个问题？激进的经济学家可能会认为这是因为我被操纵了。有些人想从我购买他们的除臭剂、从我认为我上一季穿的颜色在这一季不再好看的想法中谋取利益。所以我被操纵了，我不自由了。为了知道我是否自由，激进的经济学家不仅需要知道我是否可以做我想做的事，而且还需要知道为什么我想做我想做的事情。我的偏好合理吗？它们是能够满足我的需求的偏好吗？

黑格尔会同情这位激进的经济学家。他说，自由不仅是按照自己任性的想法行事的能力，或者满足别人诱导你产生的欲望，以便他们可以卖给你一些东西。对于黑格尔来说，自由一定是实现作为理性个体的你自己。

麦基：这听起来都挺好的，但想想它实际上意味着什么。我碰巧相信我知道自己想要什么：我想要今年春天能够穿一件橙色衬衫；当天气变热时，我想要能够出去买除臭剂。但我生活在一种状态中，这种状态告诉我："不，不，你只是认为你想要那些东西。它们根本不是你的理性偏好。但我们碰巧知道，如果你的偏好是理性的，你会想要什么。因此，我们将决定你需要什么，或者在这个例子中，不需要什么。真的，你会更快乐，尽管你可能意识不到这一点。"

黑格尔的方法肯定会导致威权主义吗？

辛格：我认为实际上你可能是对的，我不知道黑格尔对这个反对意见有什么答复。他唯一能说的是，虽然实际上要弄清楚在没有威权主义政府的情况下如何建立一个让个体真正实现其理性本性的社会可能非常困难，但这并不意味着你可以通过自由主义的自由放任（laissez-faire）概念来解决这个问题。我们仍然必须面对这样的问题：人们的需求和欲望可能被操纵，而在这种情况下，说他们真正自由是有误导性的。

麦基：你是说，即使黑格尔没有答案，这个问题也是一个真实的问题。

辛格：它仍然是一个问题。

麦基：让我们暂停一会儿，仔细考虑一下。我在我们整个讨论开始时问你，了解黑格尔哲学的最简单的方法是什么，你回答说，最好从他的历史哲学开始。我们就从那里开始；并且我们继续——可以说是以直线的方式——走到了我们刚刚到达的地方。那么，我们现在是否能够更好地理解他的哲学的其他方面？

辛格：我认为我们已经掌握了黑格尔哲学的许多要点。以黑格尔的《逻辑学》为例。我们已经讨论了辩证法，这是黑格尔《逻辑学》中最著名的观念，即正题、反题、合题的观念。或者换个角度，在《逻辑学》中，黑格尔认为逻辑不仅仅是与内容分离的形式问题，后者是亚里士多德传统逻辑的解释方式。黑格尔说，形式和内容是相辅相成的。我们现在可以明白他为什么这么说了。他认为辩证法是在历史的实际过程中实现的东西。黑格尔说，逻辑是"没有外壳的真理"，即真理永恒的、不变的形式，与特定的历史内容无关，尽管事实上它总是与某些内容联系在一起。这是《逻辑学》的另一个关键观念。我们刚刚谈到的另一点是黑格尔关于终极现实的观念，以及终极真实是精神的而不是物质的。

麦基：在《逻辑学》中，就像我们已经讨论论过的黑格尔思想的那些方面一样，我们遇到了理性的概念，它体现在现实中——而且更重要的是，体现在历史现实中。人们似乎无法逃避黑格尔的这个观念：一切事物总是会回到心灵及其在历史过程中的无所不在。我想这是否就是为什么他被视为最优秀的唯心论哲学家？

辛格：是的，黑格尔当然认为心灵是终极现实。我们觉得这是一个非常奇特的想法。要理解黑格尔为什么这么认为，必须考虑他从康德哲学中发展他的思想的方式。康德认为，我们的心灵塑造了我们感知现实的方式，因此，除了通过我们的心灵带来的空间、时间和因果关系的概念，我们实际上无法看到任何东西。但是康德仍然认为存在一种非精神的终极现实——他称之为物自体。但对于黑格尔来说，这是无意义的。黑格尔认为，如果没有办法了解事物本身，那么我们就不能真正拥有知识。

黑格尔也拒绝英国经验主义者的观念。英国经验主义者问，我们怎么知道我们面前有一张这样的桌子。他们说，有某种感觉材料（sense data）可以将桌子的图像传达给我们的心灵，因此在心灵和物质现实之间存在一种感觉材料的媒介。黑格尔说，在那种情况下，我们仍然永远无法了解桌子的本来面目，我们永远只能通过媒介来了解它。黑格尔用许多论证来表明这是行不通的，而且它一定会导致怀疑论，导致我们无法真正了解任何事情。但是黑格尔也提供了进一步的论证来证明怀疑主义是不可能的。那么他为什么留下了空间？黑格尔说，唯一的解决办法是拒绝认识主体和认识客体的观念，例如桌子，作为一种独立于认识它的心灵存在的客体。你必须说知识如果存在，就必须是直接的。我们不能通过任何媒介来获得知识。这如何可能发生？只有当认识者和被认识者同一时，这才可能发生。这如何可能发生？因为认识者是心灵，被认识者一定也是心灵，所以所有的现实一定是精神的。

麦基：当我思考你迄今为止提出的所有黑格尔的观点时，在我看来，存在一个核心见解，所有最重要的概念都自然地从其中相继出现。这个核心见解就是，理解现实意味着不是理解特定的事态，而是理解变化的过程。由此看来，黑格尔哲学的所有关键概念都以下列方式和顺序自然地出现。如果我们问："改变的是什么？"黑格尔回答说："精神。"如果我们问："为什么它会改变而不是保持不变？"黑格尔回答说："因为从一开始，它就处于一种异化状态。"如果我们问："改变的过程采取什么形式？"黑格尔回答说："辩证法。"如果我们问："改变的过程有一个目标吗？"黑格尔回答说："是的，一方面是绝对知识（即绝对自由）；另一方面是有机社会。"

现在，因为以这样的方式可以把黑格尔最基本的观点说清楚，一个问题自然而然地出现了："黑格尔为什么不这么做呢？"他的作品几乎是独有的晦涩难懂——它确实让读者感到厌恶。它如此晦涩难懂，以至从叔本华到罗素的许多杰出哲学家都真的认为它根本没有说什么，它只不过是骗人的。当然，他们错了，但他们之所以有这种想法在一定程度上是黑格尔自己的错。人们可以

一页一页地阅读黑格尔的著作，绞尽脑汁地思考："他到底是什
么意思？"黑格尔著作的很多内容就像天书一样，以至哲学学生
互相大声朗读其中的段落只是为了让人发笑。黑格尔为什么要这
样写？

辛格：他的一些不太宽容的批评者认为他的晦涩是故意的，
以掩盖他思想肤浅的事实。但我并不认为黑格尔的思想是肤浅的。
我认为它们是深刻的，事实上阅读的困难来自观念的本质（nature
of the ideas）。他的一位学生说，虽然一个有口才的讲师可能会
把所有内容都背下来并清晰地表达出来，但是黑格尔在讲课时总
是挖掘出深刻的观念。他付出了巨大的努力才让这些观念浮现出
来。他的风格是，大声思考但在材料上有困难。我们可能会非常
遗憾他没有对他的著作进行修改和完善，但在当时德国哲学风格
的背景下，他觉得没有必要澄清也不足为奇。毕竟康德、费希特
（Fichte）与其他同时代人也都很晦涩，但仍被视为伟大的哲学家。

麦基：这一切引发的另一个问题是，一位如此晦涩、如此难
以理解的哲学家，为何甚至在他自己的时代就获得了如此巨大的
影响力？

辛格：我认为这部分是由于他在柏林大学的情况，柏林是当
时德国新兴国家普鲁士的首都。这也是由于黑格尔观念的丰富
性。黑格尔的影响不仅是在哲学上的影响，也是在神学、历史、
政治、经济和战争方面的影响。黑格尔的观念可以以这些方式

应用的事实表明，他的方法，特别是他的历史要素方法，是多么有用。黑格尔关于一切事物都是发展出来的、作为一个过程的结果的历史观，可以被所有这些不同领域的学者有效地应用。

麦基：我们现在可以谈谈这些如此重要的观念在黑格尔去世后发生了什么吗？黑格尔去世后发生的第一件事就是他的追随者分裂成两派：青年黑格尔派和老年黑格尔派，或者左翼黑格尔派和右翼黑格尔派。你能解释一下其中的区别吗？

辛格：右翼黑格尔派认为，黑格尔哲学暗示着像普鲁士这样的国家就是黑格尔的观念所指向的有机国家。他们认为，黑格尔本人在他最清晰的政治著作《法哲学》中说过这一点。在那里，他描述了一个国家，一个君主立宪制国家，与普鲁士国家没有太大的不同，因此他们认为没有进一步改革的真实需要。所以他们是保守派或右翼黑格尔派。

左翼黑格尔派坚持认为，黑格尔哲学的基本主旨要激进得多。正如我们一开始所说的那样，黑格尔谈到了克服理性与欲望、道德与自利之间的分歧。这是一个非常根本的改变。没有人相信这种改变在1830年的普鲁士已经发生了。因此，左翼黑格尔派说，黑格尔哲学的主旨是进行更深远的变革，一场革命性的变革。他们不得不承认，黑格尔在《法哲学》中并没有以革命者的身份来写作；但他们指出，黑格尔的工资是由普鲁士支付的。他们说黑格尔已经妥协，已经背叛了，但他们希望更真实地对待黑格尔，比他对他自己更真实。他们试图把他的思想推进到这样

一个地步：理性与
欲望、道德与自利
的正题与反题都被
克服，我们达到一
个和谐社会的合题，
在这个社会中，人
的本质中的鸿沟和
分歧被调和。

　　麦基：当 然，
这给我们带来了马
克思和马克思主义，
对 我 们 今 天 来 说，
马克思无疑是青年

卡尔·马克思
（Karl Marx，1818—1883）

黑格尔派或左翼黑格尔派中最重要和最有趣的人。（顺便说一句，
我认为你最后的评论最具启发性，它表明极右翼和极左翼的诊断
如何都可以有效地源自黑格尔——这让许多没有亲自研究过它的
人感到困惑。右翼和左翼极权主义不仅在实践上是相似的，而且
它们的智性血统也是相似的。黑格尔是两者的祖父。）

　　到目前为止，我们讨论的黑格尔的基本观念，除了其中一个
之外，全部都被马克思继承并成为马克思主义的核心观点：第一，
现实是历史的过程；第二，这个过程的改变方法是辩证法；第三，
这种改变的辩证过程有一个特定的目标；第四，这个目标是一个
免于冲突的社会；第五，在实现这一目标之前，我们注定要处于

一种或另一种形式的异化状态。黑格尔与马克思最大的区别在于，黑格尔认为这一过程发生在精神对象或心灵对象上，而马克思则认为它发生在物质对象上。但是，尽管存在这一差异，他们观念的整个模式仍然是相同的。这就好像马克思从黑格尔那里继承了一长串方程，并用不同的 x 值代替，但方程本身保持不变。

辛格：正是如此。例如，你可以在马克思的唯物主义历史观中看到这一点。这是马克思思想的核心观念。他认为，历史的发展是由物质生产力决定的。因此，物质方面的生产力，主导着我们生活的精神方面。我们的观念、我们的宗教、我们的政治，一切都源于我们社会的经济结构。这颠倒了黑格尔的历史观。正如马克思本人所说，他站在了黑格尔的肩膀上。当然，对于黑格尔来说，正是心灵的发展导致了特定社会和特定历史时代的形成。

麦基：你认为可以说马克思对哲学做出了原创性的贡献吗？

辛格：我不认为马克思对狭义的哲学（即我们谈论的现实的终极本质问题）做出了重要贡献。马克思当然是一个唯物主义者，但他并没有以哲学家的身份来论证他的唯物主义；他把它接受为某种非常明显的东西。重要的是物质世界，而不是像精神一样遥远的东西，马克思将精神视为一种思辨的德国形而上学抽象而不予理会。所以他没有为唯物主义辩护，因此他也没有为那个哲学讨论做出任何贡献。他所做的是给我们一种观点，一种世界观，在其中，我们受我们的经济环境控制，因而是不自由的。这种思想仍然很像黑格尔的思想，即认为我们是历史游戏中的棋子——为了获得自由，我们必须控制经济力量，毕竟，经济力量是我们自己的力量。经济不就是我们自己提供食物、提供住房等的方式吗？因此，它是一种这样的观点，即我们不知不觉地受到了某种实际上是我们的一部分的东西的控制。如果我们想要自由，我们就必须控制这些力量。这是对人类处境的一种强有力的、具有广泛哲学意义的观点；但就"哲学"一词的狭义的学术意义而言，这并不是一个重要的哲学发现。

麦基：将黑格尔主义和马克思主义这两个紧密相连的思想体系放在一起来看，你认为，自它们的时代以来，它们对人类思想最有价值的贡献是什么？

辛格：从我们所讨论的可以清楚地看出，作为一个影响我们思维和观念各个方面的过程的历史的观念是对我们源于黑格尔和马克思理解的一个重要补充。

麦基：它几乎成为 19 世纪所有思想的主导的、崭新的方面，难道不是吗？当然，它很快就得到了达尔文进化论的强大推动，该理论教会我们将所有生命——不仅仅是人类生命，更不仅仅是社会生命——视为已经进化的，因此也参与了永恒变化的过程。

辛格：我们现在无法想象将社会或观念视为独立于其历史的永恒实体。这是某种我们亏欠黑格尔和马克思的东西。所以这是

一件非常重要的事情。另一个极其重要的观念是自由的概念，它
与自由主义的自由概念非常不同。除非我们能够控制自己的命运，
否则我们就不可能获得自由，除非我们不被经济环境的狂风吹来
吹去（对马克思来说），也不被看不见的理性之手引导（对黑格
尔来说），而是真正掌控自己的命运，实现我们自己的力量，认
识到作为集体的人类控制我们的命运的能力并做到这一点。正如
你所说，这个观念在实践中可能具有非常危险的威权主义倾向，
但这是一个非常重要的观念。既然黑格尔和马克思已经向我们展
示了它，我认为它永远不会被忘记。

麦基：这让我们了解了这些观念的优缺点。对他们的主要指
控是，很简单，他们是现代世界极权主义的源泉。黑格尔一直被
认为是有机国家观念的思想创始人，更具体地说，德国的国家崇
拜在希特勒身上达到了巅峰。［……］希特勒政权谋杀了数百万
它们自己的公民。现在我绝非暗示我们两位哲学家中的任何一个
人心里有类似的想法，更不是说他们会赞同这种想法。但事实是，
两位哲学家都认为观念在历史、制度和社会现实中的体现是观念
的真正本质——可是这就是当他们自己的观念如此体现时所发生
的现实。那么，就他们自己的前提而言，这些观念本身肯定存在
一些致命的缺陷。是什么缺陷？

辛格：我认为他们自己的观念被错误地体现了。我认为你根
本无法在希特勒的种族主义、民族主义中真正追溯黑格尔的观念。
你在黑格尔那里找不到这种种族主义。

麦基：那么你认为德国民族主义的国家崇拜传统完全曲解了黑格尔吗？

辛格：在这种情况下，它当然完全是对黑格尔的歪曲。而且，它也许是对发生在马克思身上的事情的最大的讽刺。正如我一直所说的，马克思是一位自由的哲学家。他珍视自由。他讨厌支配。他的女儿有一次要求他写下他最厌恶的恶。他回答说："奴性。"奴性，正是你在极权主义下生存所需要的东西！但是这些观念确实被误用了。它们确实被歪曲了。

麦基：为什么？如果是这样的话，到底是什么导致了这种大规模的误用呢？

辛格：我认为最终有一种错误的人性观。存在一种尝试，试图表现出比人们实际存在的更大的统一。我们可以将其追溯到黑格尔的"心灵"或"精神"概念，认为它是超越个体心灵的差异的东西。我们在马克思那里发现了它，在这个观念中，即如果你改变经济环境，你就改变了人性，然后我们都会克服彼此之间的分歧。马克思说，一旦我们摆脱了导致我们在市场上竞争的经济结构，我的利益和你的利益之间、我们的个人利益和社会利益之间的分歧都将消失。不幸的是，这是错误的。你可以改变经济基础，但你无法摆脱理性与欲望之间，我的利益和你的利益之间，或者个人和社会之间的分歧。事实上，一旦你让人们不可能或很难相互竞争以争夺财富，就会发生这样的情况：他们就会开始争夺地位或权力。现在并不比过去更好。所以我认为马克思关于人性会改变的观点是错误的。

最后一句话也许应该由马克思 19 世纪的伟大对手、俄罗斯无政府主义者巴枯宁（Bakunin）说，因为巴枯宁正是批评了马克思思想的这个方面。马克思说，我们应该让工人来统治，因为这样他们就会代表社会的广大群众——工人阶级来进行统治。巴枯宁说不。他说，你不应该有任何统治者，因为如果工人是统治者，他们将不再是工人，而将成为统治者。他们将按照统治者的利益，而不是工人阶级的利益来行事。马克思认为这是胡说八道。马克思认为，不同社会中的人将是不同的人，他们将有不同的、更少的自我导向的利益，并且会为了所有人的利益而共同努力。[……]

Schopenhauer

叔本华

对话弗雷德里克·科普尔斯顿

弗雷德里克·科普尔斯顿
（Frederick Copleston，1907—1994）

引　言

麦基：人们可能会认为，在所有学科中，哲学将是免于时髦的变幻无常的，但事实并非如此。在哲学中，就像在其他人类活动中一样，每一代人似乎都会反对上一代人的价值观。迄今为止，一直被广泛研究的作者受到冷落，而新的人物脱颖而出。结果很可能是，在任何给定的时间和地点，几乎都是同样少数的哲学家成为研究的时髦对象，而相比之下，许多其他著名的哲学家却受到冷落。但随后新一代出现了，并重新评估了一两位受到冷落的哲学家，使得他们重新时髦起来。这个过程就这样继续下去。

过去的200年里，在哲学家中，这种情况最为明显地发生在叔本华身上。在他一生的大部分时间里——粗略地说，是19世纪上半叶——他几乎完全被忽视了。然后在19世纪下半叶，他突然成为所有哲学家中最著名和最有影响力的人之一。但随后在20世纪上半叶，他又受到了严重的冷落，甚至大多数哲学教师也不再费心去读他的作品。现在，在我们这个时代，他重新受到人们的关注——特别是因为他对20世纪最重要的哲学家之一维特根斯坦产生了塑造性的影响。

亚瑟·叔本华（Arthur Schopenhauer）于1788年出生于但

泽（Danzig）[现称格但斯克（Gdańsk）]。他的家族世代都是富有的汉萨商人，他所接受的教育并不是为了学术生活，而是为了训练他踏入国际商业领域。但他对家族企业没有兴趣。相反，他坚持上大学，此后他自己资助了自己一生的独立学习和写作。他的博士论文《论充足理由律的四重根》（*On the Fourfold Root of the Principle of Sufficient Reason*）已经成了一部小经典。在他写下他的代表作《作为意志和表象的世界》（*The World as Will and Representation*）的四年里，他只有20多岁，该书于1818年出版，那一年他刚满30岁。（该书的扉页上印有1819年的日期，因此这一年经常被误认为是出版年。）从那时起直到1860年他72岁去世为止，他出版了大量作品，但所有这些都是为了扩展、阐述或丰富他在20多岁时构建的、他从未背离的哲学体系。他出版了一本简明的论文集《附录和补遗》（*Parerga and Paralipomena*），以及两本简短而尖锐的伦理学著作《道德的基础》（*The Basis of Morality*）和《意志的自由》（*The Freedom of the Will*）。他还有一本小书《论自然中的意志》（*On the Will in Nature*），其目的是表明他的观点得到了科学新发现的支持。最重要的是，1844年，他出版了《作为意志和表象的世界》的修订版，其长度是初版的两倍多。

关于叔本华，有几件值得注意的事情。尽管他的思想直接继承自康德的思想，稳居西方哲学的主流，但他对印度教和佛教知识渊博，并且是唯一一位描述东西方思想重要相似之处的重要西方哲学家。他是第一位公开且明确地成为无神论者的重要的西方哲学家。与其他任何伟大哲学家相比，他将艺术置于事物体系的更高地位，对它们有更多的讨论——毫无疑问，部分由于这个原因，他对前沿的创造性艺术家的影响超过了现代的其他任何哲学家。他本人就是最杰出的德语作家之一。他的许多句子都是如此精彩的警句，以至有数百个句子被从上下文中抽取出来单独出版在警句的小书里。这是一场知识的大灾难，因为它掩盖了这样一个事实：叔本华首先并且最重要的是一个体系构建者，其哲学只能作为一个整体来理解。

截至本次讨论，有关叔本华思想的英文印刷书中，最长且最新的恐怕是我写的；但独白在这个系列中是不合适的，所以我邀请了一位学者来与我讨论叔本华。无论如何，我的客人是当今最杰出的哲学史家、伦敦大学（University of London）哲学史名誉教授弗雷德里克·科普尔斯顿（Frederick Copleston）。除了在他著名的九卷本《哲学史》（*History of Philosophy*）中对叔本华的论述外，他还写了一本单独的书《亚瑟·叔本华：悲观主义哲学家》（*Arthur Schopenhauer*，*Philosopher of Pessimism*）。

讨 论

麦基：也许最好的开始方式就是向我们自己提出这样一个问题：叔本华打算做什么？你的答案会是什么？

科普尔斯顿：我认为，像许多其他原创哲学家一样，叔本华想要理解他自己发现的这个世界，这个他生活在其中的世界。或者可以说，他试图对人类经验形成一种连贯的、统一的解释，或者获得对现象世界、现象多样性的概念性掌握。为此，他认为有必要识别潜在的现实。如果有人问他为什么他认为有一个潜在的现实需要识别，我想一个主要原因是，他从伊曼努尔·康德的前提出发。他认为，我们看待世界的方式是人类的视角，人类心灵被预先设定为以某种方式看待世界。例如，我们无法经验到对象，除非它们位于时空之中，受制于时空关系，并且体现了因果关系。但显然不能从中推论出：因为事物以某种方式出现在我们面前，除了它们出现的方式，这就是它们本身的样子。现象的概念，即对人类主体、需求显现的事物的概念，作为一个相关概念，除了它们向我们显现的方式，还要求物自体、事物本身的观念。但是尽管康德拒绝放弃物自体的观念，他仍然坚持认为我们无法知道任何关于其本质的肯定性的知识。在康德看来，人类的理论知识仅限于现象世界。但叔本华的目标是尽可能地识别事物本身。

麦基：这是一个如此重要的想法——我们将通过多种方式回顾它——值得我们停下来思考一下，特别是因为刚接触它的人有时会发现它很难掌握。康德认为，经验只能通过我们的能力、感觉的和精神的装置来获得。因此，我们能够经验到什么，不仅取决于"外面"有什么可以经验，还取决于我们能力的本质，以及它们能够处理什么、它们对它们处理的事情做了什么。这意味着经验所采取的实际形式是依赖于主体的。由此康德继续论证，我们可以将全部现实视为由两个领域组成。我们的经验领域，它因为我们是其所是所以也是其所是，我们不能设想事物不是这样。他把这个领域称为现象领域。接下来还有事物本身的领域，它们独立于我们和我们的经验形式。他把这个领域称为物自体领域，"物自体"（noumenon）一词的意思是"事物本身"。对于后一个领域，我们无法获得关于事物本质的直接概念。我们的世界——经验世界、日常生活和常识的世界、科学所关注的世界——是前者，即现象世界。重要的是要认识到，对于康德和叔本华这样的哲学家来说，经验世界和现象世界是一回事。这个世界的形式是依赖于主体的。叔本华从康德那里继承了整个分析，但他努力地思考世界本身与表象世界之间的联系可能是什么。他接受康德的论点，即前者永远无法被直接了解，但他想知道对后者的详细分析是否可能为我们提供关于它一定是什么的重要指示——一定是因为，毕竟，后者在某种意义上是对前者的一种表现。因此，他试图以这种间接的方式了解潜在的现实的本质。他的研究就是这样进行的，难道不是吗？

科普尔斯顿：是的，确实如此。我认为重要的是要记住，对于叔本华来说，只能有一个潜在的现实。康德本人认为这是一个常识问题，即如果有一张桌子像它所呈现的样子，那么一定存在桌子本身；并且如果有一块地毯像它所呈现的样子，那么就存在地毯本身——存在很多的事物本身。但是，当然，如果我们不考虑时空关系和因果关系，那么我们就无法把一件事和另一件事区分开来。因此，如果潜在的现实超越了空间、时间和因果关系，并且与现象世界完全不同，那么它只能是一。复数或多数属于现象世界。但如果认为叔本华将潜在的现实视为世界的外部原因，一种在时空世界之外并超越它的原因，那就是错误的。对于叔本华而言，就像对康德一样，因果关系的范畴只适用于现象的、经验的世界。潜在的现实，即事物本身，物自体，是（表象世界的）世界的内部。确实，它是呈现的，但是呈现出来的对象可以说是世界的内在现实，而不是完全超越世界的东西。

麦基：这些观念真的很难，我认为值得慢慢研究它们。叔本华认为，一个事物与另一个事物不同——任何事物与其他事物不同——是可能的，这一观念有意义，仅当它指涉时间、空间或两者。如果两个事物在时间和空间上都相同，那么它们就是同一的。它们是同一个东西。这意味着不同事物的概念只能适用于这个经验的世界，这个时间和空间的世界，这个表象的世界。在这个世界之外，谈论任何事物与其他事物的不同是没有意义的。因此，在我们经验的这个世界之外无论存在什么，都一定不是不同的。通过这个论证，叔本华试图表明康德在谈论事物（以复数形式）本身时是错误的——这个世界背后的任何事物都一定是单一的、没有不同的。通过断言这一点，他向印度教和佛教的核心信仰之一迈出了一大步。这些宗教还相信，在这个高度差异化和多样化的现象世界背后，存在着某个无差异的东西，它把自身表现为这个世界。在某种程度上，最引人注目的是叔本华并不是从佛教或印度教中获得这个信念，而是通过贯穿西方哲学主要传统——笛卡尔、斯宾诺莎、莱布尼茨、洛克、贝克莱、休谟和康德的传统——的中心论证线索来获得它，并通过传统所依赖的纯粹理性论证进一步发展它。

科普尔斯顿：在我看来，如果一个人从伊曼努尔·康德的前提出发——我自己不会这样做，但如果一个人这样做了——那么叔本华是非常正确的。因为，一旦康德的前提被接受，似乎就没有办法区分一个事物与另一个事物，当然除了在现象世界内部。如果潜在的现实不受空间、时间和因果关系的制约——例如，如果说它在这里而不是那里是没有意义的——那么就可以得出结论：不可能有多个潜在的现实。至于印度教，我们必须记住——如你所知——印度教哲学有许多不同的体系，其中一些是多元的。即使在吠檀多传统中也至少存在二种不同的哲学。但是叔本华思想的某些方面确实与吠檀多哲学最突出的形式（即不二论体系）之间存在一些相似之处。但也许我们将有机会回到这个主题。

麦基：叔本华关于不同（differentiation）的论证当然是清楚明白的，但它并不成立。例如，数不以空间、时间或因果关系来区分，因此这些事物本身不能构成区分本身的原则，即使它们足以满足某些非常重要的目的。但让我们此刻先不要追究这个问题。让我们跟随叔本华的论证进入下一阶段。正如我们所说，他希望，如果我们分析这个现象世界，我们可能会从中得到关于潜在的物自体本质的一些线索，尽管物自体本身不是直接可知的。现在，我们可以选择作为其论证的下一阶段的是，叔本华选择了他认为康德知识分析中的一个重要疏忽作为他的起点。康德认为——或者至少是这样说的——我们所有关于物理对象的知识都是通过我们的感官获得的，并由我们的心灵排序。叔本华指出，对于我们每个人来说，世界上有一个物理对象，我们对它的了解完全不充分，那就是我们自己的身体。我们确实通过我们所有的五种感官获得了关于我们自己身体的知识，但除此之外，我们还有另一种完全不同顺序的知识。我们每个人都对这个物理对象拥有大量的知识，而这些知识根本不通过五种感官中的任何一种获得。我们实际上直接从内部了解这个物理对象。叔本华认为，这种从内部对物理对象的直接的、非感官的认识似乎可以用来照亮一条通向一般事物内在本质的知识的道路。

科普尔斯顿：我个人认为，如果一个人从康德的前提开始，那么他就必须接受康德的不可知论（agnosticism）。我不认为有任何方式可以摆脱它。但你的这一个主张是完全正确的：叔本华的想法是，我们可以通过身体接触到潜在的现实。在我看来，真正的困难是，根据叔本华的前提，我们对任何事物的观念，甚至是终极现实的观念，都必须属于现象世界。在现象世界之外无法获得任何知识。正如维特根斯坦在《逻辑哲学论》（*Tractatus Logico-Philosophicus*）中所说的，超出它只有沉默。然而，这一点也完全是真的，即叔本华认为通过我们对我们身体的经验给出了潜在现实本质的暗示。

麦基：到目前为止，我想为叔本华辩护，因为他非常明确地指出，我们从内部获得的关于身体的知识并不是关于康德式物自体的知识。他给出了不止一个好理由来说明为什么它不是。首先，这种知识存在于时间维度，而不是空间维度。时间正是内在感觉的形式，并且时间只能是现象世界的一个特征。所以内在知识仍然是现象知识。其次，我们对自己的内在自我只有部分了解，而大部分知识是不为我们所知的。在弗洛伊德之前的几十年，叔本华明确而详细地指出，我们自己的内心生活和动机的大部分是不为我们所知的，因此我们的生活、我们的决定、我们的行动和我们的言论在很大程度上都是被无意识地驱使的。那么，在此，再一次地，我们从内部对自己的认识只是对表象的认识，而不是对

亚瑟·叔本华
（ Arthur Schopenhauer, 1788—1860 ）

现实本身的认识。还有第三个原因。叔本华认为，所有知识都必须表现出主客体结构。要想有任何知识、任何事物，就必须有某种东西可以被掌握，并且有某种东西可以掌握它；必须有一个被认识者和一个认识者，一个被观察者和一个观察者。在叔本华看来，这种二元性似乎是知识本身的本质所固有的，因此，在他看来，在有知识的地方就必然存在差异——因此知识本身只能存在于现象世界中。现实本身必定是无知识的。因此,有三个理由——这三个理由中的每一个都是决定性的——来说明为什么我们从内部对自己的知识并不是对事物本身的知识。

科普尔斯顿：叔本华以非凡的方式预见了弗洛伊德的思想，这是完全正确的，并且这也有助于表明叔本华在思想史上的重要性。但我认为，这一点也是真的，即我们所有关于潜意识的观念，包括存在潜意识的观念，也一定属于现象世界。而且我们抵达了，我的意思是，康德的前提，康德的结论。我发现叔本华的形而上学很有趣，也发人深省。但我怀疑他的形而上学思考是否符合由康德启发的认识论理论。

麦基：在我看来，你将叔本华本人并未说过的观点归之于他了。尽管你说得好像在批评他，但到目前为止，他对自己论证地位的看法与你自己的完全一样——他并没有比你提出更多的主张。但我将让你来解释他认为我们对自己的内在知识如何可以为终极现实的本质提供指导。(在我看来，为了保持一贯的康德主义，我必须说。)

科普尔斯顿：对于叔本华来说，一个人的身体运动是欲望、冲动或某种驱动力的表达。他使用"意志"(will)一词作为一般描述性术语，尽管"力"(force)或"能量"(energy)可能更可取。无论如何，尽管人们有时可能会提到意志运动(例如移动我的手臂的意志)，但根据叔本华的观点，正如后期维特根斯坦的观点一样，假定一种意志(volition)，一种意志的行为(act of the will)，先于并引起给定的身体运动是错误的。意志、意愿，可以说是身体运动的内部。叔本华并没有声称只存在区分于任何心理方面的身体运动。存在一个过程，在其中，我们可以通过抽象来区分两个方面。如果我们反思这个分析——以及你所关注的无意识动机和潜意识驱动的过程——我们的反思可以给我们一个暗示，一个指向终极现实本质的指南。根据叔本华的说法，这本身就是一种无意识的努力，一种追求存在、生命、自我肯定、终极力量或能量的努力，或者用他的话说，意志。

麦基：他相信，如果我们观察宇宙中除了我们自己之外的物体，这一点会得到进一步证实。物理宇宙由运动中的物质组成，物质和运动都令人难以想象的伟大——无数的星系和太阳系以接近光速的速度穿过宇宙。他看到宇宙蕴含着难以想象的巨人能量。并且他追随康德的观点，认为现象世界的终点必然是能量。他认为物质是能量的实例化，原则上所有物质都必须可以转化为能量，并且物质对象是一个装满了力的空间。当然，在这一点上，20世纪的物理学以最非凡的方式证实了康德和叔本华的观点。但这些哲学家通过认识论分析得出了他们的结论，早于科学家一百年。

那么，好的，现象世界的重点是能量。在这种情况下，隐藏的、不可知的物自体必定是某种东西，其所有现象的表现都是用能量的术语来表达的，或可以还原为能量的术语来表达。

科普尔斯顿：是的，但是当人们谈论理论物理时，我们是否应该牢记如此多的、物理学家都不愿意设想的像"能量"这样的术语指的形而上学实体？这些术语当然可以在理论物理的框架内使用。它们有它们的功能。但是无论是否可以证成，许多哲学家都会反对在科学家对"能量"等术语的使用的基础上构建形而上学。还是说我误解了你？

麦基：是的，你误解了我。你把我没有采取的一个步骤归咎于我。或者你将其归咎于叔本华——无论哪一个都没关系；因为我不妨坦白说，在这一点上，也就是他整个形而上学的基本观点上，我同意他。他并不是说物自体就是能量。他是说，物自体在我们这个现象世界中以能量的形式显现出来。他的观点是，这个我们的经验、常识和科学的世界最终是能量，因此无论物自体是什么，它都会把它自身表现为那一点。因此，尽管我们无法直接接触物自体，但我们还是可以获得一些关于物自体的知识——它在现象世界中以能量的形式显现出来。

科普尔斯顿：我同意"能量"这个词比"意志"更可取，因为"意志"这个词倾向于暗示一个有意识的过程。

麦基：他对"意志"一词的使用是一场灾难，导致了无穷无尽的误解。他预见到了这种误解并提出了警告，但这还不够。他一开始就不应该使用这个词。因为，正如他反复所说，在他的使用中，"意志"与有意识的能量、生命、个性或其他什么都无关，更与目的或目标无关。他说，一块石头的落下和一个人的行动中都含有同样多的意志。整个无机宇宙都是意志的表现，而物理学的任务就是发现这些表现的规律和规律性运动。太阳的燃烧是意志，地球绕着太阳转是意志，潮汐的运动是意志。宇宙中任何地方和每一个地方的所有行动和冲动都是意志。

他之所以选择这个不幸的术语，是因为我们人类最接近拥有一个直接、无中介的行动或冲动的经验，即在我们作为行为者的能力中，在所谓的意志活动中；还因为人类最深层的冲动就是生存的意志。在我们对这些事物的经验中，我们直接领悟到冲动。这仍然只是现象知识。但因为这个微小的特例是我们经验中宇宙表现的唯一实例，所以他犹豫不决地决定给整个概念起一个我们在经验中瞥见的名字。正如我所说，从那时起，它就造成了误解。正如叔本华自己坚持认为的，没有哪一个术语是充分的，而且或许任何术语都会导致误解。但"能量"会引起更少误解。当然，问题在于物自体不能"像"经验中的任何东西，因此无论使用什么术语都会在它与该术语通常表示的含义之间造成混淆。

科普尔斯顿：是的。但当然叔本华不会对潜在的现实漠不关心，难道不是吗？我的意思是，他对它采取了相当明确的、消极的态度，贬低它的价值。"能量"是一个中性词；我的意思是，说一个人赞成能量或不赞成能量、喜欢能量或不喜欢能量，都是很奇怪的。但是正如我们都非常清楚的，叔本华对于终极现实及其表现有着非常明确的态度。

麦基：确实如此，也许你开始意识到，如果他使用"能量"这个词，就会产生一些不同的误解。但就目前情况而言，即使是写过关于叔本华著作的许多作者，也错误地认为他将一切事物的形而上学基础等同于人类意志。很难明白他们怎么会犯这个错误，因为他经常警告人们不要这样做，不只是在他的部分著作中，而且是在许多不同的地方。但他们犯了这个错误。在我看来，"能量"这个术语的客观性，以及它与物理学的常见关联，本来可以减少它的破坏性误导。

科普尔斯顿：嗯，我认为你这样说是非常正确的。我的观点是，叔本华把终极现实看成是完全令人反感的东西，他有时甚至愿意用道德术语来谈论它，把它说成是邪恶的。人们不会自然地认为能量是令人反感的或不令人反感的。至少我不会。当然更不会认为它是邪恶的。不管怎样，因为叔本华对终极现实抱有这种明确的态度，他自然对经验世界（作为终极现实的表现或显现）表现出同样的态度——当然，事实上，他采取了相反的方法。也就是说，他从表象和现象世界出发，走向潜在的现实和物自体。

麦基：现在让我们直接面对他的态度问题。到目前为止，我们的讨论一直在勾勒叔本华的现实图景，即他认为无论我们喜欢与否，事物本来是什么样子。但是，正如你现在一直在说的，他本人肯定不喜欢它。事实上，他认为这个世界是一个可怕的地方。在他看来，这里充满了残酷、不公正、疾病和压抑。全世界的医院和监狱在任何特定时间都挤满了人，人们在那里经历最令人震惊的痛苦和折磨。动物在本质是牙齿和爪子沾满血的；在每一天的每一刻，在五大洲，成千上万的动物都在把对方活生生地撕成碎片，把对方活生生地吞下去；自然世界是一个永远在尖叫的世界。叔本华对此的看法是，这是一个噩梦般的画面。他的看法以具有如此非凡和戏剧性力量的文体形式表达出来，读过的人都不可能忘记。但现在，将其与他的形而上学相关联：一个显现为这个现象世界的物自体一定是某种难以形容地令人震惊的东西。因此，我们得出了叔本华的著名观点，即世界的形而上学基础是某种令人憎恶的东西、某种不可接受的东西；在现有条件下，它根本不存在比存在更好。在所有伟大的哲学家中，他是最悲观的悲观主义者。

科普尔斯顿：是的。当然他并不仅仅止步于此，难道不是吗？我的意思是，他有一些建议，一些出路——不管怎样，至少在仍然存在欲望、自私、渴望、敌意和冲突的此时此刻，我们临时的出路是审美沉思、艺术、对艺术的创作和欣赏。人们可以走进一家艺术画廊，从纯粹审美的角度来欣赏那些画作。但当然，人们可以走出来去咖啡馆或酒吧——需要和欲望将再次出现。审美体验只能提供暂时的出路或逃避。

我认为叔本华在介绍他的理论时，把柏拉图的理念作为终极现实和艺术作品之间的中介是一个错误，因为我不明白这些理念在他的体系中怎么会有任何位置。但他完全正确地区分了对事物的审美态度和试图盗用它们并利用它们为自己谋利的态度。康德在叔本华之前就理解了这一点，尽管后者显然是在一种非康德哲学的框架内使用这种区别。

麦基：我们的审美反应可以是热情而有力的，可以完全抓住我们，但同时又是冷漠的。

科普尔斯顿：是的，冷漠但并非不感兴趣。

麦基：我认为我们应该在此解释一下叔本华的观点。他所说的是类似这样的事情。通常，如果我看到一盘食物，我会用吃的术语来思考——要么我想吃，要么我不想吃，或者不是特别上心。无论如何（如果我愿意的话），我把它看成是我可以用来满足我的欲望、饥饿或贪婪，或者只是我的生存意志的东西。但是，如果我看到一幅荷兰画中的一盘食物，无论它多么栩栩如生，我根本不会以这种方式看待它——我以一种客观的、冷漠的眼光来看待它，作为一种美学对象，并只意识到它的美学属性。也许我选的例子太粗糙了，因为叔本华认为，我们对一切事物的正常态度是，根据它可能的用途来看待它，而审美态度则是一个例外。在我们的审美反应中，我们可以说是从意志的枷锁中解放出来的。叔本华认为，这解释了人们在艺术创作或沉思中被抽离自我的体验，以及感觉到时间静止的体验。这种感觉是如此美妙，因为这种正常的存在状态——这种感觉将我们从该状态中解放出来——对我们来说是一种负担。

叔本华认为，艺术的关键功能是认知功能，而不是表达功能。它的真正目的不是表达情感，而是传达对事物普遍本质的洞见（事实上，这可能会在情感上深深地感动我们）。具体来说，它的作用是让我们获得在世界的个别现象中实例化的柏拉图的理念的直接知识，根据独特的特殊性获得关于特殊背后的普遍性的直接知识。

你认为他的观点有多大说服力？

科普尔斯顿：好，我认为人们可以赋予这个观点以意义。如果我没记错的话，当我还是一名 20 多岁的本科生时，"有意义的形式"（significant form）的观念——主要是由克莱夫·贝尔（Clive Bell）倡导的——到处被人们谈论。有意义的形式大概是智性知觉（intellectual perception）的对象，而不仅仅是情感反应（emotive reaction）的问题。虽然艺术中的真理这个话题对我来说似乎很有趣并且很值得讨论，但我不能说我已经对这个问题下定了决心。我当然不想否认真理的概念是一个类比概念，可以以相当不同的方式理解，根据它们的几个应用背景都是可以证成的。例如，虽然我肯定认为相应的传统的真理概念是有用的，但艺术中的真理观念似乎需要一种非命题真理的理论。不管怎样，我对叔本华引入柏拉图理念的批评，当然不是为了暗示我在他的美学理论中没有看到任何价值。在我看来，它包含着非常值得思考的思路。

麦基：它对一些非常伟大的艺术家产生了巨大的吸引力——

科普尔斯顿：哦，是的。当然——

麦基：他们显然认为这符合他们对自己正在做的事情的看法。

科普尔斯顿：或者至少这让他们感到高兴……

麦基：让我们开始考虑叔本华关于伦理学的言论。在叔本华所描绘的世界中，道德或伦理的地位可能是什么？

科普尔斯顿：你知道，叔本华坚持认为，由于存在一种终极现实，而且我们每个人都与这一终极现实相同，因此从某种意义上说，我们最终都是一体的。他以这个理论为基础，提倡同情、移情以及区别于情色之爱的无条件的爱。好样的。我的意思是，这是一件很好的事，他应该秉持同情和移情。与此同时，如果我们每个人都是自我吞噬的、受到冲突折磨的现实的化身，我发现很难看出相互的爱如何成为现实的可能性。难道人们不会期待相互冲突，这种冲突——考虑到潜在现实的本质——是无法克服的？我希望，不用说我并不质疑叔本华的价值判断，即爱优于仇恨，同情优于残酷。相反，我全心全意地赞同这些判断。但这并不能改变这样一个事实：如果我们都是同一个意志，并且如果这个意志是某个可怕的东西，那么叔本华是正确的，他没有止步于同情的观念，而是作为一种理想继续提倡反对终极现实和——

麦基：只是为了将两个话题分开，我可以打断一下你吗？在我们试图解释反对现实［或者像他说的"否定意志"（deny the Will）］这个非常困难的概念之前，让我们先更多地了解叔本华的伦理学是什么。正如你所解释的，他的伦理学是应用的形而上学，这本身就是哲学史上一件非常了不起的事情。他的观点是这样的。因为世界上的一切都是物自体的现象表现，因此每个人类个体都是物自体的现象表现。因为物自体是同一的、无差别的，在一切事物中都是相同的，这意味着所有人类的最终的、不可知的物自体本质是同一的。就我们的内在本性而言，我们都是同一的。这就是同情的理由，否则很难解释：这就是为什么我关心发生在你身上的事情，为什么我分享你的快乐和痛苦，为什么你不仅仅是我世界中的一个外在对象。这也意味着，如果我伤害了你，我最终就是在伤害自己，破坏我自己的存在。因此，我们存在的同一性是道德的基础，而同情则是真正无私的道德行为的动机。

你非常正确地指出了，如果物自体是邪恶的，那么我们在其中的同一性，以及与它的同一性，就很难成为肯定意义上的道德基础。我同意这一点。它促使我对叔本华持最大的保留态度。我拒绝他的悲观主义。这导致了他哲学内部的主要矛盾——这是其中的一个但不是唯一一个矛盾。没有它，几乎他说过的所有一切就都更说得通。

在哲学中有一个著名的区分，被称为事实-价值区分（fact-value distinction）。也就是说，事实是一回事，但我们如何评价它们是另一回事——没有价值判断蕴含在一个纯粹的事实判断之中。例如，你和我可能会同意，基督教会对我们社会生活的影响力在 20 世纪已大大下降，但我认为，你可能不赞成这个事实或对此感到遗憾，而我却对此表示高兴。人们总是有可能对事实有一致的意见，但对如何评价事实存在分歧。这也适用于我对叔本华的态度。物自体是否是同一和无差别的是一个事实，但它是否可恨则是一种评价。我认同叔本华的大量分析，但不认同他的评价。在我看来，在他关于现实的本质的描述中，很多甚至大部分内容都是精彩的，充满了深刻性和洞察力。但我认为他对现实的敌意是病态的。我承认他对经验的分析大部分都接近事实，但我拒绝他的厌世和悲观主义。我认为重要的是，人们要认识到，一个人可以像我一样高度认可叔本华的哲学，而无须认同他的情感态度。

科普尔斯顿：你也知道，现在有很多哲学家质疑事实－价值二分法。就我个人而言，我认为这种区分有明显的用处。例如，我们必须区分简单描述人们实际行为方式的命题和断言人们应该或不应该如何行为的命题。这两种命题显然属于不同类型的命题。同时，我认为，过去这种区分的重要性和应用范围都被过分夸大了。例如，我不认为人们能够对世界做出任何不包含或不预设价值、重要性和意义判断等的一般解释。同样，在对历史的任何重建中，如果超越了单纯的年代顺序，并且讲述了一个重要连贯的故事，那么肯定会隐含价值判断。换句话说，我不相信没有价值的历史，也不相信没有价值的形而上学。例如，我不准备声称世界观是与价值无关的。有些世界观包含了固有的价值判断，并且所有世界观都暗示或预设价值判断。因此，我想质疑任何普遍性的宣称，即从形而上学系统中无法推导出道德结论。我敢说，这个论点根据定义是可能成立的，但是事实可能并非如此。

麦基：不，我也不认为它们是这样运作的。我想强调的一点是，人们可以接受叔本华的很多观点——我总是小心地不说全部观点——但不认同他的价值判断。事实上，我不喜欢说"接受"一种哲学或一位哲学家——我宁愿说"学习"。我个人从叔本华身上学到了很多东西，同时在许多重要方面与他有着截然不同的价值观，我认为很多其他人也可以这样做。这就是我的观点——

并不是说我或其他人应该甚至可以以一种与价值无关的方式采纳叔本华的观点，而是我们可以将其中的许多观点与和他不同的价值结合起来。

现在让我们开始讨论他哲学的最后一步。他认为世界是一个令人厌恶的地方，而表现为这个现象世界的物自体只能是某种可怕的东西，因此他得出了合乎逻辑的结论：我们应该远离这个世界，与它没有任何关系——用他的话说，否定意志。你能解释一下他这句话的意思吗？

科普尔斯顿：当叔本华表示赞同世界上几种宗教所揭倡和实践的禁欲主义和自我禁欲时，我想说，他认为它们构成了通往这条道路上的一系列阶段，他把这解释为对意志的最终拒斥、欲望的最终消灭，以及生存意志或生命意志的最终消灭。叔本华想要的不是自杀，而是某种更类似于佛教涅槃的东西。就我们的知识而言，渐进的自我否定过程的最终结果将是，对存在的否定并进入不存在或虚无。如果还有更多的东西，可以这么说，我们无法知道。对我们来说，否定意志就是否定存在、否定现实。

我想发表两点意见。首先，尽管叔本华反对意志的观念与比如过去基督教的方面有一些相似之处，但叔本华的态度与基督徒、正统犹太教徒或穆斯林的态度之间存在着根本的区别。对于叔本华来说，反对现实是一种理想，而信仰上帝的犹太教、基督教信徒和穆斯林肯定不会认为拒绝神（对他们来说的终极现实）是可欲的。此外，这种差异还影响着我们对这个经验世界所采取的态度。如果世界被认为是由一位善良的上帝创造的，那么信徒就很难建议人们彻底反对它。

　　其次——这个评论与第一个评论无关——叔本华设想的对意志的彻底拒斥显然是——在他的前提下——意志本身（体现在人类身上）对意志的拒斥。我很难看出，被视为一种对存在的渴望和自我肯定的终极现实如何能够做出这种彻底的自我拒斥。但我认为叔本华将声称，在人类身上并通过人类意识到自身的意志，感知到它自己的可怕特征并因此被迫在其现象的自我显现中并通过其现象的自我显现反对自身。

　　麦基：在你关于宗教的比较或对比中，在我看来，你遗漏了最重要的一个。你谈到了基督徒、穆斯林和犹太教信徒，但最关键的比较肯定是与佛教徒的比较吧？你对佛教的了解比我多得多，所以我意识到我在此正在踏入危险的境地，但我的理解是，一些（尽管不是全部）佛教徒不假定人格神的存在，不假定个体灵魂的存在，并且不假定个体死亡后会永生。如果是这样，他们就拥有与叔本华相同的所有基本信念。但对我们目前的讨论更切中要害的是，许多佛教徒认为，地球上的生命最可欲的目标是，完全摆脱生存的需要。这肯定与叔本华否定意志的观点非常接近吧？

　　科普尔斯顿：在这些方面很难总结佛教的观点。盛行于东南亚和斯里兰卡的小乘佛教自认为继承了佛教的原始精神，回避形而上学，因为它关心的是无法解决的问题。如果神圣现实的存在事实上没有被否认，那么它当然也没有被肯定。同样，尽管人们相信轮回，但关于涅槃本质（最终目标）的积极陈述却因缺乏而引人注目。至于大乘佛教，有许多不同的宗派或传承，我们在这里很难讨论。这个主题太复杂了。总的来说，你当然有理由认为佛教和叔本华哲学之间有相似之处——存在对同情的普遍强调，以及对所有现象的变化和短暂特征的普遍强调。至于对上帝的信仰，没有人会把佛教描述为一个一神论宗教，即使在某些形式的佛教中，我们发现了不可言说的绝对观念。也许我们应该把这个问题留在那里。我之所以提到犹太教、基督教和伊斯兰教，是因为一些作者尤其注意到基督教与叔本华思想之间的某些相似之处，因此通过指出根本差异来恢复平衡是很重要的。正如你正确地指出的，就佛教而言，相似性更为明显。

麦基：在我们结束这次讨论之前，我认为我们应该谈谈叔本华对其他人的影响。他对创造性艺术家产生了无与伦比的影响。过去 150 年里一些最伟大的小说家在他们的书里反映了他的影响力：屠格涅夫（Turgenev）、哈代（Hardy）、康拉德（Conrad）、普鲁斯特（Proust）、托马斯·曼（Thomas Mann）；这些只是几个例子。在音乐之外，理查德·瓦格纳（Richard Wagner）受他的影响比其他的影响都大。但是也许在哲学讨论系列中，我们不应该把注意力集中在他对创造性艺术家的影响上，而应该集中在他对原创性思想家的影响上。在此有三个例子最为突出：尼采、弗洛伊德和维特根斯坦。你能否首先谈谈他对尼采的影响？

科普尔斯顿：你知道，尼采将叔本华视为一位教育家——事实上，他的一本早期著作就以《教育家叔本华》（*Schopenhauer as Educator*）为标题。这表明，他认为叔本华是一个不满足于对事物的肤浅看法的人，而是深入表面之下，并且不害怕面对世界和历史。在尼采看来，叔本华并没有试图掩盖世界和生活的黑暗面，也不像莱布尼茨那样谈论所有可能的世界中最好的世界。作为一个心灵正直的人，叔本华描绘了人类生活和历史的本来面目，而不是人们希望它们成为什么样子。尼采也完全同意叔本华的理智服从意志的观点。也就是说，他同意这个论点：心灵最初或首先是意志的仆人。尼采还称赞叔本华是一个性格独立的人，他不允许自己的观点受到社会、过去或现代的其他哲学家的支配，而是自己独立思考。当然这也是真的，即尼采后来尖锐批评叔本华背离了生活，对世界和人类生活采取了"否定"的态度。克兰·布林顿（Crane Brinton）教授在谈到尼采时说，伟大的"肯定"者，即尼采，一生的大部分时间都在说"不"，这显然是正确的。与此同时，尼采坚持要求生命应该被肯定，而不是被否定或排斥。我承认我对尼采的态度有些同情。因为如果世界如叔本华所描绘的那样，那么在我看来，最好的事情就是尝试改变它以让它变成更好的世界。可以肯定的是，我不同意尼采关于什么是更好的世界的观点，但我当然认为需要创造性的行动，而不是拒斥现实。但是尼采从未停止过对叔本华的钦佩和尊敬，他认为叔本华的哲学是他在学生时代得到的一种启示。

麦基：在受叔本华影响的三位思想家中，我特别要提到的是第二位——弗洛伊德，所以也许我应该谈谈他。在弗洛伊德出生之前，叔本华就已经充分阐明了一般归功于弗洛伊德的两个最重要的思想。一个是无意识的概念，不只是这个概念本身而且还包括弗洛伊德重复的一个关于它的扩展论证。该论证认为，我们的大部分动机对于我们自己都是无意识的。之所以是无意识的，是因为它们受到了压抑；之所以被压抑，是因为我们不想面对它们；我们之所以不想面对它们，是因为它们与我们希望坚持的我们自己的观点不相容；因此，大量产生动机的能量要么被压抑，要么只有在它们被清理干净并错误地呈现给我们的意识心灵后才被允许浮出水面。这个论证是弗洛伊德主义的核心。然而，它是叔本华早在弗洛伊德之前就提出的论证，弗洛伊德本人也承认确实如此，但弗洛伊德声称这是自己独立得出的论证。第二个开创性的观点——大概是弗洛伊德继上述观点之后最著名的观点——叔本华显然早在弗洛伊德之前就提出的一个观点是，性动机无所不在。叔本华认为，性动机几乎渗透到一切事物中，在当时，对一个严肃的思想家来说，这样的提法既困难又令人震惊。他说，其理由与性动机使人类得以存在这一事实有关。这一事实意味着，性活动无疑是我们大多数人参与过的最重要的活动。它不仅决定了世界将有人居住，而且决定了在未来的所有时间里将由谁居住，因为每个人都是独一无二的并且是只有两个特定父母的可能产物。作为世界上的存在者，我们存在的两极是受孕和死亡。哲学家和其他各类作家写下了无数关于死亡的文章，但他们很少或根本没有写过关于受孕的文章。然而，至少我们可以说，对我们来说，受孕就像死亡一样重要——它是我们作为个体开始存在的手段——而且在每一方面都与死亡一样神秘。因此，叔本华认为，作为人类的普遍特征，对性的巨大兴趣是相当利害攸关的。

现在让我们转向我们三位思想家中的第三位。也许你可以通过谈论叔本华对维特根斯坦的影响来结束我们这次的讨论，从而将我们带回到我们自己的时代。

科普尔斯顿：维特根斯坦对叔本华思想的借鉴从包含《逻辑哲学论》准备材料的笔记中可以清楚地看出来，而且事实上，从《逻辑哲学论》本身也可以看出来，即使在某种程度上不太明显。例如，在这部著作中，我们发现了主体与客体之间、作为认识论主体的"我"与其世界之间的相关性观念。这个"我"，认识论的主体，可以说是我的世界的边界，而不是其中的一个对象。我当然可以思考我自己，在某种程度上将我自己变成一个客体，但是仍然存在着试图思考自己的"我"，主体的我。这个观点直接来源于叔本华，尽管维特根斯坦也有可能从其他哲学家——例如费希特——那里推论出来。《逻辑哲学论》中有句名言："即使所有可能的科学问题都得到了解答，人生的问题仍然完全没有被触及。"这个观点似乎也源自叔本华。还有值得注意的一点是，维特根斯坦在《逻辑哲学论》中区分了作为道德承载者的元现象意志（metaphenomenal Will）和作为一种现象的意志（will as a phenomenon），对于前者，我们被告知它是不可言说的，而后者则据说是心理学而不是哲学主题的一部分。元现象意志或物自体意志与现象意志之间的区别也可以追溯到叔本华。当然应该补充的是，随着时间的推移，维特根斯坦变得越来越没有那么叔本华主义。一方面，他明显反对形成任何体系，而正如你之前所说，叔本华是一位著名的体系构建者。《逻辑哲学论》中有一种胚胎体系，但在维特根斯坦后来的著作中并没有出现。不管怎样，维特根斯坦在其思想的早期阶段无疑受到了叔本华的强烈影响。事实上，叔本华是过去唯一一位对维特根斯坦产生强烈影响的重要哲学家，他与维特根斯坦并非同时代人，但维特根斯坦真正阅读、研究并部分消化了他的思想。换句话说，叔本华的影响并没有随着他的时代而结束，而是被我们这个世纪和时代的最著名的一位哲学家感受到了。

11

N i e t z s c h e

尼采

对话 J. P. 斯特恩

J. P. 斯特恩
（J. P. Stern，1920—1991）

引 言

麦基：任何在哲学之外具有最广泛影响力的 19 世纪哲学家候选名单，都必然包括黑格尔、马克思、叔本华和尼采，仅此而已。在欧洲大陆，尼采对哲学家的影响也是巨大的，尽管直到最近他都经常不得不忍受英语世界哲学家的敌意、怀疑或忽视。然而现在，对他著作的兴趣有一种确定无疑的增长趋势，事实上，在分析哲学家中，这是第一次。他确实对原创性作家产生了巨大的影响，其中包括一些最杰出的英语作家——萧伯纳（George Bernard Shaw）、威廉·巴特勒·叶芝（William Butler Yeats）和 D. H. 劳伦斯（D. H. Lawrence）就是跃入脑海的例子。他自己的文章质量是令人炫目、首屈一指的。

弗里德里希·尼采（Friedrich Nietzsche）于 1844 年出生于普鲁士萨克森州（Saxony）。作为一名古典学者，他有着极其辉煌的学术生涯，并在 20 多岁时成为一名正教授，这几乎是闻所未闻的事情。但后来他放弃了大学工作，离群索居，成为一名哲学家。他倾注 16 年的时间著述了大量著作，大部分是小书、散文集和警句集，包括《悲剧的诞生》（*The Birth of Tragedy*）、《人性的，太人性的》（*Human, All Too Human*）、《快乐的科学》（*The*

Gay Science)、《善恶的彼岸》(*Beyond Good and Evil*)、《论道德的谱系》(*On the Genealogy of Morals*) 和其中最著名的《查拉图斯特拉如是说》(*Thus Spoke Zarathustra*)。起初，他深受叔本华和瓦格纳思想的影响，但他后来背离了二人并发表了一些著名的反对瓦格纳的论辩文章。

直到他创作生涯的最后四年，他都没有尝试过建立任何类型的体系。但后来他开始考虑将所有主题集中到一本综合性著作中，这本书最初被称为《权力意志》(*The Will to Power*)，后来被称为《重估一切价值》(*The Revaluation of All Values*)。但是它未曾完成。由于健康状况不佳，尼采于 1889 年 1 月患精神疾病，几乎可以肯定，这种疾病是由三期梅毒引起的。从那时起直到他于 1900 年去世，他都陷入了无可救药的疯狂状态。

与我一起讨论尼采作品的，是伦敦大学 (University of London) 德国文学研究教授 J. P. 斯特恩 (J.P. Stern)，他也是有关尼采一部最著名著作的作者。

讨 论

麦基：尼采是第一位完全正视西方人对宗教或此世之外的任何世界的存在失去信心的哲学家。如果没有上帝，没有先验之域，那么道德、价值、真理、理性、各种标准都不是从人自身之外赋予的，而是人为了满足自己的需要而创造的。我们选择我们的价值——或者至少我们共同创造我们的价值。这是一个极具挑战性和深刻破坏性的观点，尼采也充分认识到了这一点。我们可以从这里开始吗？

　　斯特恩：好的，我认为这是一个非常好的开始方式。除了你所说的关于他的生活，我想有人可能会提到他是牧师之子——他的父亲是路德教会的牧师，在尼采不到五岁时就去世了。他的母亲希望他成为一名牧师，他就读于德国最著名的新教寄宿制学校舒尔普福塔（Schulpforta），神学是他进入波恩大学（University of Bonn）时学习的科目。他对基督教的攻击根本不是中立、冷漠、和平的，而是暴力和戏剧化的——在很多方面是夸张的。这是对基督教而不是基督的攻击，我认为你提出的观点是，他设想19世纪的人必须在没有任何信仰或教条支持的情况下自力更生，这是核心，也是开始思考他哲学的一个良好开端。我们需要把他视为不只是简单地宣称一种平庸的无神论，而是亲自和密切地参与否认神圣正义、神圣怜悯和宗教超越的存在。

　　麦基：他的方法最终发展成为一个彻底质疑西方思想所有基础的计划。尼采说，我们是习俗的奴隶——我们的整个生活都建立在态度和观念的基础上，我们会拒绝这些态度和观念的前提，如果我们抽出时间去实际检验它们。这使得我们的生活方式变得不真实、死气沉沉。我们必须根据我们真实的信念和感受重新评估我们的价值。

　　斯特恩：说得对。他所相信的，他试图证明的，是基督教价值和理想主义的整个大厦——他把它们看作从这些价值中推论出来的——是错误的，必须被扔掉，并用其他东西代替。用什么来代替的问题并不是一个非常简单的问题。但这是他开始的基本前提。这构成了尼采的人物、风格和整个现象的戏剧，实际上是非凡的传奇剧。在我看来，他与《浮士德》（*Faust*）和《培尔·金特》（*Peer Gynt*）这两部现代戏剧典范的共同点，比你这个系列中的任何其他哲学家的共同点都要多。我认为，这并不意味着他不应该被认真当作哲学家看待，而是相反，哲学家的概念中应该包含哪些内容的观点需要更开阔。

麦基：当然，他对所有价值的重估是一项艰巨的任务。如果我们把他的思想分成几个部分来考虑，会让我们的讨论更加清晰。尼采攻击的西方文明的四种主要传统是：基督教道德的传统、由道德哲学家的著作构成的世俗道德的传统、非知识人的普通民众的日常道德（他称之为"牲畜价值"）以及至少是从古希腊特别是苏格拉底那里流传下来的一些传统。让我们轮流考察这些传统中的每一个。你可以就他对基督教价值的基本批评说点什么吗？

斯特恩：好，我想，首先，他对基督教体系的攻击是非常简单和直截了当的。基督教的所有积极价值都受到了他的批评和拒绝：转过另一边脸，像爱自己一样爱你的邻居，同情那些受苦的人，同情那些在某种程度上被剥夺的人和我们称之为"弱势群体"的人——尼采会厌恶这些用语。所有这些都被拒绝。但是这并不是绝对的，因为，正如我们稍后将看到的那样——我想非常清楚地阐明这一点——尼采经常为特殊的人制定特殊的规则，并且非常反对以康德处理定言命令的方式简单地普遍化规则的概念。那么，他首先是对基督教而不是基督的攻击，因为基督教在事实上是要帮助那些弱者，那些无法自立、需要同情、需要怜悯、不合理地要求来自自身之外的同情的人。

麦基：为什么尼采反对同情？他为何如此鄙视它？

斯特恩：他并不反对同情，当它来自强者时，他也并不鄙视它。他所鄙视的是来自自身之外对弱者的支持，无论这个外部来源可能是什么——无论是另一个人及其同情，还是规章制度，还是法律或其他什么。

麦基：他反对的理由是什么？

斯特恩：反对它的理由在于他对真实性、自我性、生命冲力（élan vital）以及人生完满的根本诉求。正是这个应该过完满生活的人，对怜悯和同情的需要使他蒙羞，被同情所贬低。

麦基：那么，他对世俗道德的主要反对是什么？他对康德（或者在尼采自己时代的功效主义者）所代表的道德哲学伟大传统的主要反对是什么？这并不是一种特定的基督教道德，但尼采同样反对它。为什么？

斯特恩：我认为主要原因是这样的：一切体系，或者说世俗道德，都是建立在对个例的抽象基础上的。它们基于对普遍性的诉求。对于尼采来说，"普遍"(general)这个词与"普通"(common)相同，他用"普通"指的是这个词的令人恶心的含义。他相信，人类的伟大——人的最高价值——是罕见的，随之而来的是这个信念，即对人类共同点的诉求必然是对最低级或最不杰出的诉求。从某种意义上说，所有的规章制度——几乎可以说所有的法律——对他来说都是普通大众的问题，仅此而已。现在我们讨论的是尼采所攻击的第三种道德，即大众道德。很明显，他不是一位民主哲学家，他是伟大者和高贵者的哲学家，因此对他来说，民主意识形态的价值和吸引力非常低下。

麦基：他相信伟人、英雄应该成为自己的法则，不应该因为考虑到较弱的凡人而受到束缚，更不应该被琐碎的规章制度束缚，难道不是吗？

斯特恩：正是如此。这是我们可以使用的最好的一句话："每个伟人都是他自己的法则。"这不是他自己的话，但这正是他的意思。

麦基：我们来看四个传统中的最后一个传统，古希腊的传统又怎么样？在这种背景下，值得回顾的是尼采作为古典学者所取得的辉煌成就。他对古希腊有着深入的了解，而且他对源自苏格拉底的整个传统产生了顽固的敌意，难道不是吗？

斯特恩：是的。但他的经典著作《悲剧的诞生》——我认为这是有史以来关于悲剧问题的最杰出的著作之一——关注的是前苏格拉底时期的悲剧和前苏格拉底时期的希腊，这对他来说是一个黄金时代。当欧里庇得斯（Euripides）、阿里斯托芬（Aristophanes）和苏格拉底登场时，整个事情就开始变得平淡。力量和善良意志、温暖和美丽，以及对人类悲剧存在的充分把握，都被理性取代，被尼采所认为的将一切合理化的琐碎实践取代，用苏格拉底式的争论取代了对悲剧存在的那些古老洞见。他永远不会原谅柏拉图塑造了一个这样的英雄，其主要品质就是将其他人说得精疲力尽。

麦基：他对文化起源的关切——以如此丰富的方式表现出来——与他的观念密切相关，即我们创造自己的价值。重点是，如果人类的价值是我们创造的，而不是上帝或者任何在我们之外的权威赋予我们的，那么我们如何获得它们的问题就变得至关重要。我们还可以补充一点，这也是 19 世纪特有的关切，这种对起源的关切——我们只需要引用《物种起源》（*The Origin of Species*）……尼采是不是被达尔文所影响的？

斯特恩：是的，但他是反达尔文主义的，我认为他并没有真正清楚地理解整个物种起源理论的含义；或者更公正地说，他不欣赏达尔文为支持他的理论而提出的证据。自始至终，他都对科学家提出证据而忽视其伦理意义的做法充满了敌意。像许多 19 世纪的人物一样，尼采总是想要研究生理学、化学和物理学，但从来没有抽出时间去研究。所以我认为关于他对达尔文主义的态度没有太多可说的。但关于起源的要点是——又一次像一些哲学家（例如马克思）一样——他相信，你可以通过其起源的本质和性质来确定一个产品（特别是心灵产品）的性质。毕竟，这正是弗洛伊德所做的事情；并且我怀疑弗洛伊德在很大程度上是从尼采那里继承的，尽管他（弗洛伊德）还没有准备好承认他对尼采的亏欠。这实际上意味着道德的背景，例如道德的谱系——这是你提到的尼采其中一部书的标题——事实上表明了道德的性质。让我说，我不相信这是真的。但这在很大程度上是 19 世纪重复了一次又一次的观点，即你可以通过精神产品背后的起源来确定它的性质。

麦基：事物在某种程度上是其起源的观点是一个错误，对此有一个公认的术语即"遗传谬误"（genetic fallacy）。

斯特恩：没错。它是一个尼采只偶尔意识到和提出批评的谬误。

麦基：你提到弗洛伊德就提出了另一个问题。尼采坚持认为我们创造了我们的价值以便满足我们的需要，这导致他对个体和社会的（或许最重要的是个体的）需求进行了本质上的心理分析，难道不是吗？

斯特恩：是的。完全正确。

麦基：因此，他的方法首先是一种心理方法。

斯特恩：这是一种对许多现象进行心理学分析的方法，事实上，他在很多方面都是一位非常出色的心理学家；然而他并没有创造出一个体系，无论是在心理学还是在其他方面，从这个意义上说，他与弗洛伊德是不同的。但他与弗洛伊德非常相似，事实上甚至是弗洛伊德的先驱，因为他非常强调无意识。例如，尼采对德国观念论的批评依赖于他的如下观点，即德国观念论没有考虑到决定我们行为的无意识驱动力，德国观念论只是从基督教那里继承了对我们这些无意识驱动力的完全消极的态度，并将文明建立在对它们的压制的基础上——你再次可以看到这与弗洛伊德的《文明及其不满》（*Civilisation and its Discontents*）有多么接近。有一个神话，大意是弗洛伊德发现了无意识。这与事实相去甚远。无意识自 18 世纪末以来就已存在，尼采是使用该术语并对其给予极大重视的人之一。但他没有像弗洛伊德那样有一个自我层次理论。他没有那么体系性。他不信任体系。他认为试图将一个人或一个人类心灵封装在一个体系性的描述中是不正派的。

麦基：这种态度的后果之一是，他认为不同的道德标准适合不同的人。没有什么比这更直接地违背哲学家的标准观念——它最直接地源自康德——即一种道德如果要得到认真辩护就必须是可普遍化的。

斯特恩：是的。他相信每个人都有权采取个人行为并且有权获得个人决定的知识。这是最令人震惊的事情；而且我认为，这在很多方面是一种非常有预见性的洞见。他相信知识不是绝对的，对知识的获取和追求也不是绝对的，而是一个特定的文明对它可以拥有并有效使用来达到积极目标的知识有自己的特殊权利。你看，重点在于"它可以拥有"。他确实设想了知识会摧毁认识者的情况，我想强调他在这一点上很有预见性。因为事实上，我们面临着这样的情况，即知识（我们努力争取和获得的知识）往往远远超出了我们所能利用的和我们可以使用的，我们可以积极使用而非破坏性使用的，难道不是吗？

麦基：你想到的大概是我们的核物理知识，它已经成为对我们的致命威胁。这是尼采非常理解的事实。

斯特恩：是的。事实上，他确实警告过我们——当然我指的不是核物理而是一般知识。你看，除了我们自己的知识理论，我们实际上只有一种另外的知识理论。我们自己的知识理论认为，所有知识无论如何都值得追求。另一种知识理论是马克思主义的观念，它创建了一个体系，在这个体系中，知识要么对社会有用因而值得追求，要么对社会无用因而不值得追求，需要受到压制。尼采的观点与此有些相似。他确实相信特定的文明可以毁灭自己，而在他看来，这种破坏性态度得以维持的基础是——我们现在回到苏格拉底——苏格拉底式的对知识的渴望，这是推动我们前进的无尽动力。

麦基：但正如他相信一个文明有权获得其所能拥有的尽可能多的知识一样，他也相信个人也有权获得他所能拥有的尽可能多的知识。弗洛伊德多次谈到尼采时说，他比任何人曾经做过或可能做的更了解自己。在弗洛伊德之前，尼采就进行了类似于弗洛伊德式的自我分析，难道不是吗？

弗里德里希·尼采
（Friedrich Nietzsche, 1844—1900）

斯特恩：是的，我认为这是真的，尽管我认为人们不想夸大这一点，因为他也看到了自我分析的破坏性方面，而弗洛伊德没有看到这一点。毕竟，这里说的是一个这样的人，他不断地代表行动、代表不同于人类的相处方式而大声疾呼，他没有采取任何行为来进一步推进内省和自我启示的古老的德国观念。他深受歌德的影响。歌德是他的圣徒传中最伟大的人物之一。而且歌德非常清楚，过度的内省不会有任何结果。

麦基：让我来回顾一下迄今为止我们在讨论中所达成的立场。到目前为止，我们几乎完全讨论了尼采的批判事业。我们讨论了他的基本观点，即我们继承的道德、价值和标准最初是基于对上帝或众神的信仰，上帝或众神将它们赋予我们，并根据我们履行这些道德、价值和标准的成功或失败来评判我们。但是，尼采说，我们已经失去了对所有这些神以及一般宗教的信仰，这意味着我们已经失去了对我们价值体系的基础的信仰。然而，到目前为止，我们还没有正视这个事实。相反，我们继续尝试将我们的生活与一个价值体系联系起来，这个体系的基础，我们已经不再信仰。这让我们的生活变得不真实，事实上，它让我们变得不真实。如果我们要拥有一个真实的价值体系，我们就必须对我们的价值进行彻底的重估。你和我讨论了所有这些，在此过程中，我们触及了这种进路导致尼采陷入的一些个人批评。但现在我想继续讨论下一个阶段，这看起来很自然。在如此巨大的规模上扫除一切之后，尼采主张用什么来取而代之呢？在这一切之后，他所得出的积极价值是什么？

斯特恩：好，这个问题的答案既非常简单，同时又非常复杂。简单的答案是：做你自己，处于你的存在的最高级别，到达极点，完满地过你的生活，有冒险精神地生活——以及所有后来被归入"生命冲力"标题下（我的意思是在人的领域中）的其他事。做你自己，是你所是，是他开始的主要前提，也是道德和伦理应该指向的目标。当然现在你可能会问，如果每个人都是他自己，而且只是他自己，那么在更广泛的范围内会产生什么后果？它如何与政治制度兼容？等等。对于尼采来说，这个问题的答案恐怕非常不令人满意。他对社会问题的整体态度从来没有走得太远。我也说过，这个问题的答案非常复杂，其原因是这样的：尼采的建议使得以某种和谐的方式生活在一起变得极其困难，特别是如果你加上他的这个观点，即法律的存在是为了让事情对于弱者变得容易。从表面上看，这是一个简单的体系，但基本上我认为任何把这个当作社会生活指南的人都会面临很大的困难。从某种意义上说，我们这个时代的一些更令人发指的政治学说，20 世纪初的一些法西斯政治，在某种程度上——至少在知识分子中——是基于这样一种观点，即你必须创造你自己的价值并按照它们生活，而不考虑后果。正如你所看到的，它并没有让我们走得太远。

麦基：但尼采完全意识到了这个事实，即它会造成冲突。问题是他并不介意。正相反，他欢迎冲突——我同意你的观点，他对冲突的社会影响持有完全不现实的态度。他认为人类是由精英领导的乌合之众，他认为精英的自私、排挤弱者和无能者、攫取他们想要的一切利益的做法是完全正确的。在此基础上，精英阶层的个体成员如何能够和平共处，正如你所说，他从未考虑过。但有一件事，他肯定是正确的：所有这一切都与任何公认的道德观念完全相反。

斯特恩：是的，是这样。但你只提到了其中一半。另一部分是——没有被法西斯主义者和国家社会主义者接受的部分——你还必须征服你内心中所有舒适的、懦弱的、缺乏冒险精神的一切。

如果你这样做了——例如，这就是他在《查拉图斯特拉如是说》中提出的观点——如果你这样做了，那么你就不会真的想攻击别人。你会对他们的弱点有一定的理解；尽管这种理解——对弱点的积极和宽容的理解——并不是尼采的强项。

麦基：这并不是他最著名之处。

斯特恩：不是。

麦基：人们一直对尼采感到非常震惊，并认为他所提倡的东西违背了所有已知的道德标准，这是正确的。但真正的重点是，尼采同意他们的观点。他很高兴令人震惊。正如你所说，他希望人们是完满（the full）、全力（full out）和无限的，他希望没有任何东西阻碍这条路——没有理性、真理、公平或其他任何概念。相反，他认为所有其他标准都应该被选择来服务于存在者的要求。但他认为所有实际存在的道德都与这种进路背道而驰，因此实际上是反生命的。他所说的核心是，生命是唯一的价值，也是价值的唯一来源，因此我们必须从生命中获得我们所有的价值。我们必须肯定生命，在最充分的意义上对生命说"是"，这意味着我们不仅应该肆无忌惮地放纵我们所有的自然本能，而且我们应该从同一个来源获得我们所有的标准，甚至是理性和真理本身的标准。

斯特恩：或者来源于伟人。来源于伟人——在他心目中的

伟人中，正如我已经提到的，歌德就是其中之一。拿破仑一世
（Napoleon I）可能是另一个人，有时是路德（Luther），有时甚
至是一些伟大的博尔贾（Borgia）教皇——有时甚至是苏格拉底，
因为他有足够的精神的力量来完成自己的计划。

麦基：并且真理本身必须被征服。

斯特恩：绝对是这样。

麦基：也就是说，如果有　些真理会损害我们，或者会损害
我们的生活，我们肯定不想知道它们。更确切地说，远不止于此，
真理的标准，那些被算作真的东西，一定是为生命服务的。不服
务生命的东西应该被拒绝为假。

斯特恩：是的。我们又回到了真理的所有权问题，即他曾经
所谓的"知识卫生学"（the hygiene of knowledge）。应该有某种
卫生学来告诉我们，我们可能会面对什么样的知识以及我们应该
拒绝什么样的知识。你说得很对，真理本身就服从于一种禁令和
制裁。

麦基：如果尼采要为自己的哲学辩护，以应对对其哲学的各
种强烈抗议，我想他的辩护可以是这样的。整个进化过程是由强
者消灭弱者，有能者消灭无能者，聪明人消灭蠢笨人，有进取心
的人消灭无进取心的人，等等构成的；正是因为这些过程不间断

地进行了数百万年，人类才得以发展，文明才得以发展。这些确实是创造我们所拥有的一切价值的过程。然而，随着古希腊人和犹太人的出现，也出现了所谓的道德家，他们教导说，这些过程是不道德的，实际上是邪恶的。他们教导说，强者应该谦卑，保护弱者和温顺者，并且应该服从法律的统治；聪明人应该帮助蠢笨人；有能者应该承担无能者的工作，等等。但尼采说，如果我们一直这样做，我们就永远不会摆脱前人类的状态。他说，我们应该做的当然是继续——回到——创造了人类和文明的价值和标准，而不是颠倒这些标准。

斯特恩：是的。我认为这正是他在许多场合和不同背景下所说的话，他对未来的担忧正是这种肯定和自我肯定不再继续——民主精神、平民精神、乌合之众的精神将接管并消灭所有这些价值。

麦基：由此扭转了从野蛮中创造文明的整个过程。

斯特恩：是的。但除此之外，我们还必须记住，他的历史观与你为他辩护所依据的观点确实相当不同。他认为历史在不断重演。这意味着什么，我们稍后会讨论，但在我们目前的背景下，这意味着任何历史情境都可以创造、吸收和利用人类能够创造的最高水平。不存在任何特权情况，也不存在特权时代，因此任何自认为能够充分理解、充分创造这些价值的时代都应该被允许这样做。问题在于，在他看来，19 世纪末和 20 世纪初很可能是他

所说的颓废时代，在这个时代，这种力量无法得到充分发挥。从
某些方面来说，他是一位杰出的先知，但是这种新的野蛮主义、
即将到来的野蛮主义并没有让他感到足够的恐惧。

麦基：你对尼采无限循环学说的提及促使我提出一个建议。
当我们开始思考尼采的后期著作时（我认为我们现在必须这样
做），我们发现其中有四个非常大的主题。其中之一可以用"权
力意志"（the will to power）一词来概括，这是一个实际上因
他流行的词；另一个是"Übermensch"学说，通常翻译为"超
人"（the Superman），这又是一个尼采发明的术语，它已经进入
了语言；第三个主题是你刚刚提到的时间的永恒轮回（eternal
recurrence）学说；第四个是尼采关于对生命的审美理解的观念。
现在，为了清楚起见，我建议我们依次处理这些问题。让我们从
权力意志开始。他一度想用这个词作为他一生著作集的标题。他
用这个词指的到底是什么？

斯特恩：好，他当然是从对你来说有特殊意义的哲学家叔本
华那里获得了意志的概念，并且他颠倒了叔本华对意志的评价。
叔本华将意志视为世界上一切罪恶的根源和人类不幸的根源，而
尼采则将意志视为人类力量的源泉和根源。培养自由意志去制定
它能制定的法律是健康文化的一部分。现在的困难在于，这会让
你与其他人发生冲突，因此在这个阶段，权力意志变成了一种自
我肯定的意志，一种篡夺他人的意志。但这并不是意志的全部。
我认为应该强调——不是像一些批评家那样过分强调，而是强

调——权力意志也将自身转向内部，也就是说，它摧毁了自我内部的所有软弱、所有舒适的一切。这一切只不过是人类自我放纵的一部分。

麦基：掐住自己的脖子，使自己奋力达到目标。

斯特恩：达到一个人自己为自己创造的目标。这就是困难之处——一个人自己为自己创造了这个目标。我们回到了他对这一点和所有其他价值的自我创造的坚持。

麦基：当叔本华谈到形而上学的意志时，他指的是某个在驱动力中现象地显示自身的东西，不仅在人类或一般生物中，而且在一切事物中。叔本华认为，使月球绕着地球转、地球绕着太阳转的力是他所谓的"意志"的体现。整个宇宙是由运动的物质组成的，它是在叔本华意义上的"意志"的体现。这与普通意义上的"意志"无关。但尼采也以与叔本华同样的方式使用了这个概念，难道不是吗？

斯特恩：是的，恐怕他是这样。我说"恐怕"是因为我认为他的哲学思考中最薄弱的部分，是他试图追求某种体系的那些部分，在其中，他谈论了自然中的权力意志、宇宙中的权力意志。我真的从来没有从中受到任何益处。我不认为它是有趣的，是因为他的主要准则——即你无法体系化伟大的思想——对他来说是尤其尖锐的。这对他来说确实是非常有效的。

麦基：好的，现在让我们开始讨论尼采后期著作四个主题中的下一个——超人。每个人都知道这个词（"Superman"），人们发现，它最初在英语中被创造出来就是为了翻译尼采的术语"Übermensch"。这是一个被很多人误解的概念。人们将其与希特勒的纯种雅利安人神话和反纳粹漫画中的金发野兽联系在一起。但这当然与尼采的意思完全不同。

斯特恩：是的，我认为他根本不是这个意思。我认为，超人可以是任何文明的产物。请记住，我说过，任何时代都有能力让人发挥人类所能发挥的最大价值。超人是这样一个人，他能够实现权力意志为他所保障的一切，完备地实现它，并且能够无限重复他自己的意志。但现在我们已经得出了这个学说——他所写的所有内容中最具争议性以及他的观点中最奇怪的——即永恒轮回学说。

麦基：不过，我们还没有到那一步。我想更多地阐释"超人"这个概念，它在过去一百年的思想中发挥了如此重要的作用。[它被纳粹误用和滥用只是其中一个例子。它对作家和剧作家都产生了广泛的影响——例如萧伯纳，他把他的一部最好的戏剧称为《凡人与超人》（*Man and Superman*）。]尼采试图表达的是一个不受压抑的人的概念，将压抑的概念理解为我们现在所认为的弗洛伊德意义上的压抑，难道这不是真的吗？超人是一个这样的人，他的自然本能没有被压抑——他没有像尼采所说的那样"无私"——因此他以一种不受约束、无拘无束、自由奔放的方式达到了自己才能的极限。他没有按照错误的价值过自己的生活——他重估了自己的价值。如果我们没有被关于我们自己和我们的生活的错误观念束缚，他就是我们每一个人的理想状态。这不就是超人的真正概念吗？

斯特恩：是的，我想是这样，但是一个人如果不限制自己，就会自然地、本能地、无意识地避免做任何尼采认为是邪恶的事情。例如，他明确反对的一个范畴是怨恨，他称之为愤恨（ressentiment）——怨恨地承认其他人的温暖和伟大，怨恨地承认成功，诸如此类。超人自然不会感受到任何这些情感。

麦基：除了其他品质，他还是一个完全慷慨的人。

斯特恩：是的——你看，再一次，基督教慷慨精神的整个概念并没有远离尼采的视线。

麦基：现在让我们继续讨论四个主题中的第三个主题，即永恒轮回的概念。在尼采的所有学说中，这是最难的一个学说，不只是因为它难以被人们理解，而且是因为它难以被认真对待。他似乎是在说，整个历史都通过循环（巨大的循环）运转，所以一切都会一次又一次地循环，事实上永恒循环。你和我实际上之前已经无数次坐在同一个演播室里进行同样的对话，并且还会无数次地进行同样的对话。现在人们很难相信他真的是这样说的。

斯特恩：是的，他确实是这么说的，他正在试验，如果你认真对待这个观点，什么可能会发生。我认为我们应该说——总而言之，与我们的整个讨论有关——他的大部分思考都是这种试验性的思考。我并不是说它是不严肃的，或者不负责任的；我也不是说它是琐碎的；但我确实说的是，这是一个面对整个人类思想并一次又一次试验不同观点的人。他说过这样一句话——我认为是一句非常悲剧性的话——在一封信中，他写道："我感觉自己就像一支笔，一支新笔（大概是一支鹅毛笔），正在被某种超强力量在一张纸上试用。"对一个提倡权力意志和超人的人而言，有这种感觉是一件奇怪的事情，但我认为他真实地感受到这种感觉。现在他以同样的方式试验这个永恒轮回的思想；在我看来，与其说它是一种存在理论，不如说它是一种宇宙理论——在我看来，它首先是一种道德理论。也就是说，我们的行动、我们的意志、我们的意图、我们的思想应该具有如此的慷慨和宏伟，以至我们应该能够并且愿意一遍又一遍地无限重复它们。

麦基：无论如何，这肯定会让人想起康德的一个命令，即所有道德行为都应该是可普遍化的。但我认为，在尼采的情况下，这更类似于他的这个学说，即我们应该无条件地拥抱生活。如果你真的在任何特定的瞬间对生活说"是"，你就会愿意一遍又一遍地做你在那一刻正在做的事情，而且永远如此。

斯特恩：无论有什么样的后果。是的。尼采还曾经更进一步试图创造几何或数学的方程，以证明这种永恒轮回概念的可能性或不可能性，这种尝试在我看来似乎是不明智的。

　　麦基：这一整件事真的就是一个巨大的隐喻，难道不是吗？

　　斯特恩：这是一个巨大的隐喻，并且当然，关于尼采对隐喻的使用还有很多话要说。

　　麦基：现在请说一说。

　　斯特恩：我认为我们习惯于从字面上理解事物，但就尼采的许多命题而言，这种方式是没有意义的。你之前谈到了他的风格，我认为那是一种异常强大、有效的风格。如果我问自己这种风格从何而来，我认为它源自尼采似乎做出的一项奇怪的发明或发现，即如何将他的话语置于隐喻和字面意义之间。在他之前很少有人（尤其是德语作家）做到这一点。在思考方面，他完全是独立的——你已经提到过这一点，我们也看到了他如何攻击西方的每一种传统。他在自己的风格中找到了先驱：米歇尔·德·蒙田（Michel de Montaigne）、帕斯卡（Pascal）和弗朗索瓦·德·拉罗什富科（François de La Rochefoucauld）都是他最喜欢的作家，他的整个格言风格很大程度上源自他们。并且这样说的不只有我一人，他自己也这么说。这种介于隐喻和字面陈述之间的风格是相当非凡的。我认为，除非我们了解其本质，否则我们就会误读他。我想起了一段引言，它说明了我的意思。当他谈到19世纪的人们通过他所谓的可怕的"上帝之死"所经历的可怕的匮乏时，他写道："人们不会去应对他们难以忍受的孤独状况，而是会继续寻找他们破碎的上帝，为了他的缘故，他们会爱住在他的废墟中的那些毒蛇。"现在你看到了一方面概念性思维和另一方面穿过破碎的上帝废墟中的毒蛇闪闪发光的混合。"孤独"和"状况"是属于概念性思维的抽象术语，整个论证是历史概括的一部分。好，这一点以及拒绝超越这一点——拒绝写出隐喻背后的理论——基本构成了他的目的。

麦基：但它确实给读者带来了一个严重的问题。一方面，诗歌和隐喻与理性概念的融合意味着你永远不知道他在何处。你无法让他的著作在严格的理性论证方面站得住脚，因为那样的话它们就会在接缝处分崩离析，这些接缝就是图像。但如果你把一切都视为诗意的话语，那么他所说的是什么往往是不清楚且极具争议的。但这也许可以将我们引向四个主题中的第四个。我们已经非常简短地讨论了权力意志、超人和永恒轮回的学说，第四个主题是尼采的这个观点，即生命应该审美地理解。我想这里的要点是，如果这个世界之外是虚无——没有上帝，也没有任何种类的先验之域——那么生命就不可能在其自身之外有任何目的。无论它具有什么意义或合理性，都必须来自其自身：它必须纯粹为了自身而存在，并且仅以其自身的条件而具有重要性。这一切使它更像是一件巨大的艺术品。

斯特恩：好，这当然是接近他所追求的目标的好方法。在他的第一本书《悲剧的诞生》中，他用了这句话三次："只有作

为一种审美现象，人类和世界的存在才是永远可以证成的。"这
是一个复杂的句子，我不想详细讨论它的所有细节。但他所说的
意思基本是这样的：早期希腊人、前苏格拉底者的伟大之处在于
他们的悲剧。他们的悲剧是面对人类生活中最糟糕方面的一种方
式，这些方面包括它的短暂、无常、腐朽和它对比我们更强大的
力量的依赖；他们的最高成就是他们将这些事情变成一个重要神
话、一个故事、一个美妙悲剧的天赋。他将这一点在最大可能的
宇宙的意义上做了应用。他在问，正如威廉·莎士比亚（William
Shakespeare）偶尔所做的那样：整个世界真的值得认真对待吗？
或者难道它不是一场伟大的游戏、一场伟大的戏剧、一场我们不
知道是谁在上演的戏剧，为我们不知道的人进行的一场表演？如
果有一个证成——请注意，"证成"（justification）是他使用的词，
在这个背景下使用这个词是非常冒险的（它是一个法律词汇，不
是吗？）——如果对于人类的存在和它的本质有一个证成，那么
可能它仅仅是这个巨大的宇宙戏剧的一部分。尼采的大量思想，
他的一些最有趣和最伟大的思想，都涉及详细复述并试图弄懂这
种对人的审美证成。

　　麦基：因此，在不止一个层面上，审美的考虑融入了尼采的
思想实质。我毫不怀疑，这就是它对创造性艺术家产生如此巨大
影响的原因之一。由于你的专业领域是比较文学，如果你能用一
两句话来结束我们的讨论，谈谈尼采如何影响创造性作家，那将
会特别有趣。

斯特恩：嗯，就以你自己提到的三个名字叶芝、萧伯纳和 D. H. 劳伦斯来说。叶芝第一次阅读尼采是通过一本由约翰·康芒（John Common）翻译并选摘的小书，作为尼采的译者，这是最不恰当的一个名字。*从 1902 年开始阅读尼采的作品，叶芝诗歌的总体基调和态度就发生了明显的变化。颓废的（*fin de siècle*）叶芝的那一点点闷热、一点点感性、黄玫瑰式的诗歌发生了变化，而这种伟大的诗歌，这种（叶芝自称为）血与泥沼的诗歌，强烈地受到他对尼采阅读的影响，事实上，是受到他为了掌握我们之前讨论的一些问题进行的尝试的影响。对于萧伯纳来说，尼采的影响是不同的。这种影响在很大程度上是在生物领域，我之前提到的生命冲力领域——无情的生命的领域，自我证成的生命的领域。另一方面，对于 D.H. 劳伦斯而言，尼采的影响是在真实性（authenticity）问题上。劳伦斯所设想的真实性与尼采心目中的真实性截然不同：它是社会的和性的，当然这两者在尼采看来都是次要因素。劳伦斯通过妻子弗里达·劳伦斯（Frieda Lawrence）对尼采有了一定的了解，并深受尼采的影响。劳伦斯的一个晚期的、我认为相当可怕的基督故事《死去的人》（*The Man Who Died*）在我看来直接源自尼采对基督形象的心理分析。但现在，如果我们放眼欧洲大陆，路伊吉·皮兰德娄（Luigi Pirandello）、托马斯·曼、安德烈·马尔罗（André Malraux）和许多其他作家都深受尼采的影响，并且承认这种影响。奥古斯特·斯特林堡（August Strindberg）与尼采有过通信，其中大

---

* 指的是"common"，因尼采反对"普通"。——译者注

部分是通过一位共同的朋友进行的。1900 年尼采去世后，尼采神话也产生了巨大的影响。但我们也必须记住，格言风格、隐喻的巨大吸引力以及思想的简洁性——文学界人士不喜欢读厚重的书，他们喜欢读格言——所有这些都对尼采很有利。

麦基：还有最后一个问题，我认为如果不提出这个问题，我们就无法结束我们的讨论，它涉及人们心目中尼采与纳粹主义（Nazism）之间的联系。纳粹挪用了——或者我宁愿说错误地挪用了——尼采作为他们的家庭哲学家，就像他们挪用瓦格纳作为他们的家庭作曲家一样。从那时起，这件事就玷污了这两位天才在许多人心目中的声誉。将尼采与法西斯主义联系起来是公平还是不公平的？

斯特恩：我认为他一定在某种程度上与法西斯主义有关，而不是与国家社会主义有关。墨索里尼（Mussolini）广泛阅读了他的作品，并于 1938 年在布伦纳山口（Brenner Pass）收到了希特勒赠送的一套《尼采全集》（*Collected Works*）。希特勒本人可能只知道一些词语——我的意思是，他当然知道诸如"权力意志"之类的词语——但可能没读过尼采的任何著作。我认为从某些方面来说，与法西斯主义有关的指控是一个正当的指控。我会说，就这些政党依赖于他们的知识分子，而知识分子依赖于某种病态的观念论而言，尼采是其中的一部分。但与此同时——需要非常强烈地强调的一点是——他身上有很多东西，更重要的东西，对于那些人、那些帮派分子而言绝对是诅咒（让我们直白点说）。

我们所描述的自我控制、自我内心的斗争、价值（例如慷慨和伟大）的实现，与第三帝国和早期意大利人中产生的杀人的意识形态毫无关系。

麦基：从你在自己一生中投入如此多的时间来研究和写作尼采的事实来看，没有什么比尽管他有缺点但你仍然相信这样做是一项非常有价值的事业更明显的了。

斯特恩：是的。我当然认为这是一项非常有价值的事业，只要我们不抱有获得灵丹妙药的期望，而是着眼于发现人类能做什么，人类的可能性是什么，人类有能力仅从自身内部理解和创造什么。

12

Phenomenology and Existentialism

胡塞尔、海德格尔与现代存在主义

对话休伯特·德雷福斯

休伯特 · 德雷福斯
（Hubert Dreyfus，1929—2017）

引 言

麦基：一位活跃于 20 世纪早期的哲学家，其地位远比他在这个学科外获得的声誉所暗示的要重要得多，这个人就是德国人埃德蒙德 胡塞尔（Edmund Husserl）。他出生于 1859 年，逝世于 1938 年。他公认的杰作是一部名为《逻辑研究》（*Logical Investigations*）的著作，其两卷本出版于 1900 年和 1901 年。在他的其他著作中，1913 年出版的《大观念》（*Ideas*）也值得特别提及。胡塞尔的基本进路是这样的。对于我们每个人来说，有一件事是不容置疑地确定的，那就是我们自己的意识。因此，如果我们想将我们对现实的知识建立在坚实的基础上，那么这就是开始的地方。到目前为止，显然，胡塞尔与笛卡尔的观点是一致的。然而，一旦分析了我们的意识，我们就会发现，它始终是而且只能是对某物的意识。意识必须是对某物的意识，它不能作为一种无对象的心灵状态单独存在。此外，我们在实践中发现，我们永远无法在经验中区分意识状态（states of consciousness）和意识对象（objects of consciousness）——在概念上我们可以区分，但是在我们的实际经验中，无论我们多么细心都无法区分它们。在这一点上，胡塞尔发现他自己与休谟的观点是一致的。但现在他迈出了原创性的一步。多年来，怀疑论者认为，我们永远无法知道我们意识的对象是否独立于我们而存在，独立于我们对它们的经验而存在。关于这个问题的争论已经持续了数百年甚至数千年。胡塞尔指出，毫无疑问，我们的意识对象确实作为我们的意识对象而存在，无论它们是否具有其他存在状态，因此我们可以对它们本身进行研究，而不必做出关于它们独立存在的任何假设，无论是积极的还是消极的。更重要的是，相比其他任何东西，我们对它们有最直接、最即时的接触，因此相比其他任何东西，我们应该能够更多地了解它们。这项调查可以完全独立于有关其对象的独立存在的无法解答的问题而进行。这些问题可以被简单地放在一边（可以说放在括号中），其结果是哲学家应该能够取得快速和有价值的进步，而不是永远陷入同样的僵局。

因此，胡塞尔创立了一个全新的哲学流派，它致力于对意识及其对象的系统分析。这个哲学流派被称为现象学（phenomenology）——直到今天，"现象学"这个术语的一种用法仍然是指对任何经验事物的分析，无论事物是否像我们经验它们那样是客观存在的。当然，直接经验不仅包括物质对象，还包括许多不同种类的抽象实体；不仅包括我们自己的思想、痛苦、情感、记忆等，还包括音乐、数学以及许多其他事物。对于所有这些内容，它们独立存在的地位问题都被放在括号里——它们被专门作为意识的内容来研究，毫无疑问，它们确实是意识的内容。

胡塞尔的一个追随者马丁·海德格尔（Martin Heidegger）写了一部名为《存在与时间》（*Being and Time*）的书，该书于1927 年出版，是一部献给胡塞尔的书。《存在与时间》成为 20

世纪存在主义（existentialism）的源泉，尽管事实上，海德格尔从来不喜欢被贴上"存在主义者"的标签。在他漫长的一生中，海德格尔继续创作了更多的哲学著作——他于 1976 年去世，享年 86 岁——其中的很多著作都产生了很大的影响力，但《存在与时间》仍然是他最著名的作品。其他存在主义思想家，尤其是让-保罗·萨特（Jean-Paul Sartre），已经为公众熟知，并将存在主义思想传播到学院哲学范围外，但海德格尔始终是他们的大师。甚至萨特的主要哲学著作的标题《存在与虚无》（*Being and Nothingness*）（出版于 1943 年）也是对海德格尔《存在与时间》的影射和致敬。

因此，在此，我们有一条清晰的哲学发展路线，从胡塞尔到海德格尔，再从海德格尔到萨特。也许我们可以提到另一个人物，莫里斯·梅洛-庞蒂（Maurice Merleau-Ponty），他于 1945 年出版了一部重要的书，名为《知觉现象学》（*Phenomenology of Perception*）。梅洛-庞蒂和萨特是好友，他们共同创办并编辑了颇具影响力的杂志《现代杂志》（*Les Temps Modernes*）。但梅洛-庞蒂很早就去世了。他逝于 1961 年，年仅 53 岁。

我邀请来与我讨论现代哲学中这一主要传统的是加利福尼亚大学伯克利分校哲学教授休伯特·德雷福斯（Hubert Dreyfus）。

讨 论

麦基：首先我承认，胡塞尔在学院哲学之外并不为人所知。你能否通过解释为什么一个鲜为人知的人在哲学界如此重要来开启我们的讨论？

　　德雷福斯：在一种保守的意义上，胡塞尔是重要的，也就是说，他是整个哲学传统——即笛卡尔传统，根据主体对客体的认知来思考人与世界的关系——的集大成者。事实上，胡塞尔认为他是柏拉图以来整个哲学传统的集大成者，因为他发现了一个无可置疑的基础，人们可以以此为基础，为一切事物的可理解性奠基。克尔凯郭尔以存在性思维的名义与黑格尔抗衡，这种思维发展成了存在主义，而马克思以辩证唯物主义的名义与黑格尔抗衡。与之相似，胡塞尔自称至少是笛卡尔主义的集大成者——他的最后一部著作名为《笛卡尔式的沉思》（*Cartesian Meditations*）——正是因为他，海德格尔和梅洛-庞蒂等思想家才开始看到这一传统的局限并与之抗争。只有参考胡塞尔的哲学，20 世纪的欧洲大陆哲学才是可理解的。

　　麦基：由于时间限制，在我的开场白中，我只能提供一张关于胡塞尔理路的草图，但我认为我们现在需要一些更实质性的探讨，以便让我们对胡塞尔有一个深入的了解。你能多补充一些我所说的内容吗？

　　德雷福斯：胡塞尔的基本思想是，心灵指向物体的各个方面，因此，比如说我感知到那个对象是一张从上面看到的桌子。我还可以记住它，对它有信念，有关于它的欲望等。几乎我所有的精神内容都是有指向的（头痛和情绪除外），并且胡塞尔指出，指向性（directedness）是心灵独有的特征。他认为，除了心灵，宇宙中任何其他事物都没有对自身之外的事物的指向性。

麦基：这里有一个谜团。如果我思考一些有关天文学的问题，我大脑内发生的事情如何可能与遥远的星系有任何有意义的关系呢？

德雷福斯：胡塞尔认为，这是一种奇妙的现象，并且毕生致力于理解这一现象。

心理内容的关涉（aboutness）在传统哲学中被称为"意向性"（intentionality）。不是因为它与我们的意图有关，而是因为它与指向性有关。胡塞尔认为，心灵中一定存在某种内容来解释这种关涉或指向性。心灵中的这种东西，他称之为"意向内容"（intentional content），就像对现实的描述。正是凭借这种描述，我才能感知、渴望、记住某个方面的某个对象等。正是胡塞尔使意向性自此之后成了哲学的主要话题之一。

麦基：他对精神指向性的解释有何用处？

德雷福斯：他用它建造了一座极其复杂和完备的哲学大厦，它如此令人印象深刻和包罗万象，以至人们自然会想要反对它。他认为，并且相当正确地认为，无论外面是否存在一张桌子，对于他对意向性的解释都无关紧要。他可以把这张桌子用括号括起来。事实上，他可以把整个世界用括号括起来。他需要研究

的只是这样一个事实：他认
为，外面的对象世界中存
在一张桌子。因此，他进
行了他所谓的"现象学还
原"（the phenomenological
reduction）。他反思了自己
的意向内容，这给了他一个
不容置疑的基础作为起点。
这不仅仅是因为他拥有某种
日常经验证据，证明他认为
外面的对象世界中存在一张
桌子。正如他所说，他有不
容置疑的证据证明他产生了
他自己。当他认为那里存在

埃德蒙德·胡塞尔
（Edmund Husserl, 1859—1938）

一张桌子时，他知道他认为那里存在一张桌子。不然还有什么其
他方式做到这一点吗？没有什么比这更明显的了。他对此不可能
犯错。其次，他可以用自明的意向内容作为其他一切的绝对依据。
没有人能够经验一切——音乐、其他人、桌子、星系，正如你提
到的——除非凭借指向的心理内容。所以胡塞尔觉得自己有理由
声称，他已经发现了所有理解的无可置疑的基础。像康德一样，
他声称，他已经发现了任何人能够遇到任何事的可能性条件；像
笛卡尔一样，他声称自己有直接的证据，而不仅仅是先验的论证。
他通过描述自足的、有意识的主体指向客体的方式发现了这一切。

麦基：正如你所说，通过这样做，他成了整个笛卡尔—休谟—康德哲学传统的集大成者，该传统将人类的基本处境视为对象世界中的主体的处境。但海德格尔所反对的正是这个非常基本的概念，难道不是吗？

德雷福斯：没错。笛卡尔传统在胡塞尔那里变得如此清晰和强大，以至海德格尔不得不问主客体关系是否真的能够充分描述我们与事物的关系。我们遇见事物和人的基本方式是否需要主观经验？胡塞尔一直说，我们要做现象学，也就是说，让事物按照其本来面目展现出来，当海德格尔真正看向人与事物的关系时，他发现这种关系通常并不是主体（subject）与客体（object）的关系。意识根本没有扮演一个必要的角色。这在现在看起来很奇怪。怎么会这样？好，海德格尔擅长寻找简单的举例。在这种情况下，他举了锤击的例子。当一个专业的木匠正在锤击时——如果锤子运行良好，并且木匠掌握了他所做的事情——那么锤子对他来说就变得透明了。他不是一个指向客体（锤子）的主体。他根本不需要考虑这个问题。他可能会注意钉子，但如果他真的很优秀并且钉子也插得很好，他也不必注意它们。他可能想到午餐，或者他可能与一些木匠同事交谈，他的锤击只是以一个"透明应对"的模式在简单地进行。海德格尔将这种日常的巧妙应对称为"原始理解"（primordial understanding），因此遇见的实体是"上手的"（ready-to-hand）。当我们审视我们与事物的上手方式时，我们根本没有发现有意识的主体指向独立的客体。

麦基：这与传统的哲学理路形成了如此深刻的对比，我认为就算只是为了确保我们能够清楚地理解这一点，也值得对它进行重述。从笛卡尔开始的哲学家认为人类是对象世界中的主体，因此，核心的哲学问题被看成是与感知和知识有关的问题。我们作为主体如何获得关于构成世界的客体的知识？……这样的知识可能是确定的吗？……这种确定性的依据是什么？……现在海德格尔说这些问题从根本上就是错误的。或者更准确地说，他承认这些问题可能在某个次要关注级别合理地出现，但他认为将它们视为最重要的问题是一种深刻的误解。首先，在我们最具特色的存在模式中，我们人类不是主体、旁观者、观察者，与我们所处的对象世界被一扇看不见的平板玻璃窗隔开。我们并没有脱离"外面"的某种外部现实，试图获得关于它的知识，某种与我们自己完全不同的事物的知识，并试图与之建立联系。相反，我们是这一切的重要组成部分，从一开始我们就处于这一切之中，存在于其中，并与之应对。因此，我们在任何基本意义上都不是"观察主体"或"认知存在者"——传统哲学家看待我们的方式。从本质上来说，我们是应对的存在者——或者甚至，人们可能会忍不住说，我们是存在的（being）存在者。我们是存在世界中的存在者，与存在世界密不可分，存在于现有世界中，并且正是从那里我们开始存在。

德雷福斯：没错。吉尔伯特·赖尔（Gilbert Ryle）在评论《存在与时间》时说得很好。他回顾了《存在与时间》和胡塞尔的《逻辑研究》。他认为它们都很重要，但他认为海德格尔研究的一些东西特别有趣。赖尔将"知道什么"（knowing-that）与"知道如何"
（knowing-how）区分开来，前者是传统哲学一直感兴趣的内容，
后者则是他认为海德格尔所描述的内容。海德格尔不仅主张实践
活动的首要地位，实用主义者也这么主张。海德格尔对日常精湛
的实践知识进行了现象学分析，完全消除了对诸如欲望、相信、
遵循规则等心理状态的需要，从而也消除了它们的意向内容。

当然，胡塞尔试图将锤击吸收到他的精神活动的主客体模式
中。胡塞尔说，在我能把某样东西当作锤子使用之前，我首先必
须认为它是锤了。但海德格尔观察到拿起锤子也可以是透明的，
并用为一个简单的例子来反驳。他实际上对他的学生说："当你
走进教室时，你必须转动门把手，但你没有感知到门把手，认为
它是门把手，相信你必须转动门把手才能进门，试图转动它等。
我们观察到的只是，你在教室里，而且如果你不转动门把手你就
不可能到达这里。你不记得这样做过，因为整个活动是如此透明，
以至它不需要通过意识。"我们可以补充的一点是，驾驶员也有
从一档换到二档的相同经验。他在离合器上做了很多巧妙的脚步
动作，但同时他也可能沉浸在深刻的哲学对话中。他的应对不需
要进入意识。

麦基：尽管这些例子看似平凡，但它们说明的内容却至关重
要。它们表明，即使不是最典型的人类活动，也有很大一部分不
是由有意识的选择引导的，也并不伴随着有意识的心理状态。这
具有重要意义，因为除了其他的之外，它不再为一些最被牢固接
受的人类行为分析提供支撑。

德雷福斯：没错。海德格尔不想否认沉思和有意识的指向行为有一个位置，但首先也是最重要的是，我们是已经卷入这个世界的应对的存在者。但是，如果出现问题，例如在锤子的例子中，如果锤子太重，那么我会注意到这个方面。我将成为传统喜欢的那种问题解决主体。我会成为一个理性的动物。我将把我的心灵指向这个问题，弄明白对于这项任务，锤子太重了，并得出另一把锤子可能会更好用的结论。这种亚里士多德式的实践逻辑有其用武之地。同样，如果门把手卡住了，我必须尝试转动门把手。但做出我一直在努力转动门把手的假设则是一种内省的错觉。海德格尔将出现问题时事物呈现给我们的方式称为"未上手的"（unready-to-hand），他认为这就是胡塞尔开始研究现象学的水平——在一个关键的阶段迟到了。

当我们这样做时，还有另一种遇见事物的方式，海德格尔称之为"现成在手的"（present-at-hand）。这也很重要。我们可以采取只盯着一个对象的姿势。例如，如果锤头从锤子上飞下来，或者钉子不见了，或者如果我们只是感觉在沉思，我们可以将锤子视为其末端有一个铁块的木柄。然后我们看到一种具有属性的实体。这就是哲学家研究的水平。语法的主语及其谓语有一个完整的逻辑，在所谓的谓词演算（predicate calculus）中计算出来。海德格尔会说，这种计算有它的位置，但与日常应对相比，它排在了第三位。它忽略了事物运作和可能发生故障的实际情况。对于这第三种——客观的——遇见方式，锤子甚至不是一把坏了的锤子。它只是一块末端有金属的木头。海德格尔会说，这也很重要，因为像"这个物体重一公斤"这样与上下文无关的陈述可以通过科学和理论中的法则联系起来，而海德格尔并不反对科学和理论。他在《存在与时间》中对科学的地位及其客体谓词和法则在人类其他实践中的地位提出了他所谓的存在主义解释。对他来说，重要的是，为了获得科学的谓词和法则，你必须忽略世界上实际应对的水平。因此，你不应该期望科学理论——它能够很好地解释与上下文无关的因果关系——能够解释海德格尔所描述的日常有意义的世界。当然，胡塞尔的精神内容概念也无法解释这个日常的世界。

麦基：你实际上说的是，在我们日常生活中的大多数情况下，只有当出现问题、出现一个特定的问题时，我们才会将全部意识指向事物。但大多数时候情况并非如此，因此也不是我们特有的心灵状态。大多数时候，我们生活在一种生命媒介中，我们认为它是理所当然的，我们没有意识到它，也并未把我们的注意力指向它。对于海德格尔来说，它的一个后果是，与许多传统哲学家不同，他并不认为世界的存在需要被推断得出，其进一步后果是这种推断需要验证。我们习惯于传统表达的问题，即我只能直接了解我的心灵内容，然后必须从这些内容推断出我自己之外的世界的存在——然后我发现这个推论是不牢靠的。海德格尔说，但是不，这实际上并不是问题所在。对我来说，世界永远不可能是某种我推断的东西，更不可能是我需要推断的东西。我从它开始，在它之中，并属于它。

德雷福斯：又对了。自笛卡尔以来的哲学家一直试图证明外部世界的存在。康德说，丢脸的是没有人成功地做到了这一点。海德格尔在《存在与时间》中反驳道，丢脸的是哲学家们不断地试图证明外部世界的存在，就好像我们被某种内部世界困住了无法走出来一样。相反，哲学家应该看到，在我们日常的透明应对中，我们不需要精神内容，正如他所说，我们"总是已经存在于世界中"。我想我应该进一步解释一下。

锤子的任何特定使用都发生在技能、实践和设备的整个背景之下，海德格尔称之为世界（the world）。锤子的意义在于钉子、木头和房子——用具的整体，海德格尔称之为"意义"（significance）——我锤打的技术只有在其他技术的背景下才是可能的，比如站立、移动、穿衣服以及谈话等。因此，只有在世界和我能够存在于那个世界之中或真正是那个世界的存在的背景下，才可能遇见任何事物。那么，使我与客体的关系成为可能的，并不是胡塞尔所认为的我心灵之中的某个东西，而是我心灵之外的某个东西——共同事物和共同实践的世界。海德格尔将我们共同实践中的共同意义称为我们对存在的理解。而且，由于这种理解根本不需要而且可能根本不能反映在心灵中，他认为，哲学家应该停止以一种全面的、怀疑的方式问他们的精神内容是否与外部存在相对应。这并不是说我们不能偶尔思考和谈论与独立现实相对应的事物——物理学家这样做，路人也这样做——但我们的精神内容只能与技能和实践背景下的外部存在相对应，而技能和实践本身并不是精神内容，因此所有关于它是否对应于或不对应于其他事物的谈论都是不恰当的。

麦基：这些考虑使海德格尔形成了一种不仅关于人类处境，而且关于人类本身和人类本质的观点。这个观点与传统哲学家的观点截然不同。你能给我们介绍一下这个观点是什么吗？

德雷福斯：好，他当然不能以主体或人、心灵、意识作为开端。他需要一种新的方式来指代我们在我们对存在的共同理解的背景下正在进行的活动。他巧妙地选择使用"此在"（Dasein）这个词。在德语中，"Dasein"一词的意思就是"存在"（existence），比如在人的日常存在中。但如果你把它拆开，它也意味着"在此"（being-there）。这表明，人类的这种活动是一种应对能够继续、事物能够被遇见的情境活动。

麦基：我怎么可能是一种情境？

德雷福斯：当我开车时——如果我们考虑的是这个方面的我，即应对的我而不是我的身体——在此就是积极地融入到这个情境中，在其中，我的指向活动正在进行。我的技能完全适合这个情境。海德格尔神秘地说："此在就是它存在的世界。"这是对人类本质的全新理解。此外，此在像"人类"一样，可以用来指代一种普遍的存在方式，也可以用来指代一个单个的人——那个活动的一个例子。海德格尔以两种方式使用"此在"，这使他能够谈论，有时我们完全专注于共同的情境，有时我们作为一个个体站在后面思考正在发生的事情——当然，总是在共同的背景下。

麦基：最后，他对我们存在方式的分析从本质上将存在与时间联系起来，难道不是吗？这就是他最著名的那部书的标题。你能为我们解释一下这种关系是什么吗？

德雷福斯：好的，我们最好把它说清楚。海德格尔使用的另一个词是"空地"（clearing），作为人类在某种情境下对事物的敞开（openness）。我们就是敞开一片共同的空地的活动，在其中实体可以被遇见。当然，与胡塞尔相反，海德格尔认为，正是在共同的、公共的空地中对存在的理解使得个体的空地活动得以可能。这个活动有三重结构。首先，海德格尔说，此在具有他所谓的协调性（attunement），最好的例子就是情绪。由于此在的这一基本特征，事物显得很重要——它是有威胁性、吸引力、顽固或有用的等。海德格尔认为，传统哲学通常忽视了这种意义，因为它不容易陷入认识或欲望——沉思或兴趣——而是被预设为两者的背景。因为我们有这种称为协调的基本存在方式，所以我们的处境在某种程度上总是对我们很重要。此外，情绪在本质上并不是私人的心理状态。人群有情绪，公司有文化，各个年龄段都有情感。个人的情绪是从社会所提供的东西中汲取的。当然，我们不能落后于我们的情绪——不能从没有情绪开始，然后进入情绪。

此在（Daseining）的第二个结构组成部分——请记住，重要的是要把此在听作一个动词——海德格尔称之为"话语"（discourse）。这个术语有点误导，因为根据海德格尔的说法，话语比语言更基础，但他对这个术语的选择可以解释为一个有启发

性的双关语。世界总是已经被澄清的（articulated）。也就是说，
一切总是被布置为功能关系的背景。如果我要能够使用任何特定
的用具，那么各种用具必须相互关联。一直以来，人类已经澄清
了这个世界——也就是说，将世界从关节处分解——当我们使用
一件用具时，我们就接管了这种澄清。从海德格尔所说的"意义
的指涉整体性"（the referential totality of significance）中，如
果我拿起一把锤子，我可以通过锤打来阐明其作为锤子的意义，
或者我可以通过拉动钉子来阐明它作为拔钉器的意义。当然，我
也可以谈论我在做什么，我可以说钉子很容易钉，也很容易拔。
然后找将进一步澄清我已经阐述过的内容。所有这些布置事物的
方式都称为话语。话语是对我们当前所处处境的澄清。

　　此在的第三个方面已经隐含在我们所说的内容中，那就是此
在总是在不断地探索新的可能性。如果我正在敲钉子，那么其目
的比如是修理房子，它是我作为木匠或家庭主妇的工作。此在总
是使用用具来追求哲学家所认为的目标。海德格尔将我们的活动
指向的对象称为"何所用"（towards-which）。由于我的行动是
为了实现某种人生计划，海德格尔将这个最终的目标称为"为何
之故"（for-the-sake-of）。现在，重要的是，海德格尔不谈论目
标和人生计划。他有趣的语言是必要的，因为目标就是你心中的
目标，就像人生计划一样，而海德格尔想指出，在日常透明的、
熟练的应对中，此在只是面向未来，现在做某事是为了以后能够
做其他事情，而所有这一切在面向某事时都是有意义的，这件事，
这个人最终会去做，但不需要并且大概不可能在心里。此外，在
任何一个时刻做什么事情有意义取决于文化中共同的为何之故的

背景。当我们拥有此在时,我们已经被社会化为某组"为何之故"。这就是有机体拥有此在的部分含义。因此,此在总是已经处于文化所提供的可能性空间中,并且它通常会向前推进到其中一种可能性,而不会退后一步选择要做什么。海德格尔将这一切称为"理解"(understanding)。

这种三重结构——已经处于一种事情很重要的情绪中,使用事物来澄清它们的能力,并推动新的可能性——是此在本身的结构。在《存在与时间》的第二部分中,处于某个情境的三重结构被证明相当于时间本身的过去、现在和未来的维度。

麦基:事实上,在我看来,海德格尔最终说存在就是时间。他实际上是在说,我们是时间的体现。

德雷福斯:用海德格尔的语言来说,此在就是关心(care),而关心的结构就是时间性(temporality)。这是理解存在与时间之间基本关系的第一步。

麦基:到目前为止,我们一直在谈论个体的人类,即单数的此在。到目前为止,你所说的一切都适用于这个概念。但是,当然,世界上不止一个人,没有一个不是疯子的人认为自己是唯一的人。到目前为止,你给我们的分析如何兼容其他人?数以百万计的其他此在从何而来?

德雷福斯:嗯,他们从一开始就参与进来非常重要。像胡塞尔这样的笛卡尔主义者，他们从一个自主和孤立的主体开始，所以他们对其他心灵的现实性持与他们对外部世界相同的怀疑。海德格尔以一种完全不同的方式开始，这种方式更接近现象，这使他摆脱了这个问题。只有当我们社会化并拥有共同的应对技能、情绪和可能性等，我们才成为此在，或者让此在存在于我们之中。此在总是已经存在。此外，由于这些技能是社会性的，此在通常做社会中任何人所做的事情。我用锤子捶打，因为在我们的文化中，人们用锤子捶打。我按照人们吃东西的方式吃东西。我按照我们国家的发音方式发音……

麦基：你应该这样做是必要的，因为否则你就不会被理解……

德雷福斯：没错。海德格尔说，人们无法忍受与规范保持距离。例如，人们微妙地引导其他人纠正他们的发音。任何人都不必被迫按照某人的方式去做某事。人们渴望不偏离规范。这是哲学家们没有注意到的关于人类的基本事实。海德格尔从未谈论过人是如何发展的，但我们可以这样澄清他的观点，我们可以说，只有当婴儿开始做一个人所做的事情并说一个人所说的话时，婴儿才具有此在。因此，遵守公共规范是此在的组成部分。当然，这并不一定意味着做大众做的事。海德格尔曾说过，我们逃离人群就像一个人逃离人群一样。甚至当我们逃离人群时，我们也会按照一个人这样做的方式这样做。所以最后海德格尔谈到此在时说："一个人是一个人所做的事情，或者此在的自我是一个人的自我。"

麦基：如果我们将你提出的一些不同观点并列起来，最终的结果可能会非常令人不安。早些时候，你说过海德格尔反对这个观点，即我们的大部分活动是由心理意识的反思或有意识的选择或决定引导的。现在你在说的是，我们只是做一个人做的事情，几乎没有真正的自由。难道这些学说加在一起，不会把人类主体还原为某种僵尸，其存在方式只是以一种不加反思的方式回应来自外部的压力？

德雷福斯：说得很对——这个自我只是以一种不加反思的方式做着一个人通常所做的事情，这听起来很像僵尸。但海德格尔试图通过相反的方式解释事物来避免笛卡尔式／胡塞尔式的问题，这些问题是从孤立和个体的自我开始产生的。他从顺从的公共自我开始，然后试图展示自主的个体如何从这个相当无定形的公共自我中成形。这是《存在与时间》第二部分的主题——真实性的问题。这是海德格尔被存在主义者接受的那一部分。在第二部分中，海德格尔谈到了最喜欢的存在主义主题，例如内疚、死亡、沉沦（falling）和平坦化（levelling），我没有时间在这里详细讨论。无论如何，内疚和死亡都是焦虑的表现形式，所以我们最好谈谈焦虑。根据海德格尔的说法，此在，任何此在，总是隐隐约约地意识到世界的存在方式是没有根据的。我的意思是，没有理由一个人必须按照一个人做事情的方式做事情。神没有命令我们这样做，人的本质也没有要求我们这样做。海德格尔通过说此在的本质就是它的存在来表达这种存在主义观点。这意味着不存在人的本质，我们就是我们所认为的自己——我们在实践中如何解释自己。但这是相当令人不安的。"unheimlich"——无家的——是他对此的精确用词。焦虑是我们对在此的本质上令人不安的特征的反应，那么问题是"我们该怎么办？"好，我们要么可以逃避焦虑，在这种情况下，我们就可以回到每个人被要求的那种顺从状态，如果我们想要被理解的话。我们做一个人做的事情，说一个人说的话，但我们利用这些规范来逃避不安。我们成了顺从主义者。我们可以拼命地尝试塑造规范，以正确的方式发音，以正确的方式着装等。这就是人们逃入不真实的方式。这实际上等于否认此在的本质。或者我们可以承认此在的本质。对于海德格尔来说，承认意味着坚持焦虑而不是逃避它。如果你选择这样做——而且，在焦虑中，你平常不加反思追求可能性的行为已经崩溃了，所以你必须做出反思的选择——你将陷入一种完全不同的人的存在方式。你所做的不需要改变，并且也不会改变太多，因为你只能做一个人所做的事情，否则你就会变得古怪和疯狂。所以你可能会继续做同样的事情，但你做事的方式却发生了根本性的变化。你不再期望从生活中获得任何深刻的、最终的意义，或者为任何事情找到任何合理的基础。因此，你不会怀着这样的信念接受计划，即现在它终于会让你的生活变得有意义，你也不会因为它无法提供你正在寻找的最终意义而放弃计划。正如我的一位学生曾经说过的："你能够坚持做某些事，而不会被它们困住。"

　　海德格尔说，在这种真实的活动中，你不再对他所说的普遍处境做出反应。你对独特的处境做出反应。他没有举任何例子，但我认为是这样的。就拿海德格尔谈到的木匠来说。当他在午餐时放下锤子，他可以吃香肠和酸菜，但如果外面有美丽的花朵盛开，而且他是真实的，他就不必按照一个受人尊敬的木匠通常做的来做事。他可以不吃午饭，出去在花丛中漫步。但重要的是，要记住，他只能做一个人做的事情。他不能脱掉所有那些衣服在花丛里打滚。一个人不这样做。但仍然有空间留给真实性，即以一种允许对独特处境做出反应的方式做某事，而不关心它是否体面和循规蹈矩。那种不追求绝对意义、回应当下处境的生活，会让你成为一个个体，不再像僵尸一样。海德格尔说，它让你变得灵活、充满活力和快乐。这就是他关于一个人应该如何生活的观点。

麦基：与前面相反，你现在使海德格尔的哲学听起来像是一种关于个人解放的哲学。

德雷福斯：但它是一种存在主义的解放哲学，这使得它成为最后的也是最奇怪的解放哲学。例如，我们不解放性欲或被压迫的阶级。这种解放来自认识到个体主体中没有诸如弗洛伊德的深刻的真理或诸如马克思的历史主体可以解放——此在根本没有意义。相反，勇敢地接受此在令人不安的无所归依才是解放。

麦基：在整个讨论中，你使用了一些非常奇怪的术语——不仅是"此在"，还包括"未上手的"和"协调"等。你谈到了一个人是一种处境，并把"何所用"称为"为何之故"。你说过"此在就是它存在的世界"之类的话。对于早期海德格尔的大多数读者来说——到目前为止我们讨论的所有内容都来自《存在与时间》——这些词汇确实变得非常难以应对。事实上，我不得不说，《存在与时间》是我读过的最难读和最难理解的书之一。它是如此晦涩，以至很多人认为它根本没有任何严肃的内容。正如你已经说得很清楚的那样，情况远非如此。这就是我现在的观点。与海德格尔不同的是，你成功地阐明了其中所涉

马丁·海德格尔
（Martin Heidegger, 1889—1976）

及的思想。是什么阻止海德格尔这样做？他为何要如此晦涩？

　　德雷福斯：好，答案就隐含在我一直在做的事情中。如果海德格尔能够写一段对话，在对话中，他可以使用误导性的日常或哲学术语来表达他的大概想法，然后退一步再使用正确的词来适应这种现象，那可能是最好的事情。比如说，我谈论了目标，然后说，但是当然目标是精神上的，很多时候我们心里并没有目标。人生计划也是如此，但这些并不是真正的计划。然后我介绍了海德格尔独特的语言——"何所用"和"为何之故"，来指代非精神的目标和计划。同样，我们必须有一个像"此在"这样的艺术

术语来指出我们始终是一种共同的、社会的和情境性的存在方式，并且只有偶尔才是一个指向对象的有意识的主体。海德格尔会说，总的来说，这一整个哲学传统已经传遍了世界和我们参与应对世界的通常的方式，不仅因为如果一切顺利，你不会注意到这一点，而且因为我们没有语言来表达这一点。我们需要语言来指出世界上的事物，提醒人们注意卡住的门把手，并在我们使用的锤子太重时要求使用更轻的锤子。当一切都进展顺利时，我们通常不需要语言来描述我们存在的类型，更不用说描述我们日常实践中理所当然的、共同的背景理解了。所以海德格尔会说，他必须为此创造一组全新的词汇。一旦你深入其中，你会发现他的词汇似乎是恰当而简约的，而且他很严谨地使用它们。一旦他引入了"上手的"、"现成在手的"或"在世界之中存在"（being-in-the world）等新术语，他就会坚持使用它们。

麦基：让我们从《存在与时间》转向海德格尔的后期哲学。当《存在与时间》首次出版时，它是作为原本应是两卷本著作的第一卷。但第二卷从未问世。人们常说，这是因为海德格尔以一种方式改变了他的观点，这种方式导致他无法完成他的计划。这种观点的改变在海德格尔文献中经常被提及，甚至有一个名字——它被称为"die Kehre"，即转向。当人们谈论"后期海德格尔"时，他们指的是他在转向之后所做的工作，当然"早期海德格尔"是指他在转向之前所做的工作。到目前为止，你和我一直在讨论的是早期海德格尔，这仍然是他作品中最具影响力的部分——尽管，谁知道后期著作是不是有一天会取代它？早期海德格尔和后期海德格尔之间差异的真正根据是什么？

　　德雷福斯：对于海德格尔的"转向"有许多不同的解释。对于海德格尔研究学者来说，这并不是一个已经解决的问题。有人说，他从主张坚决、主动地把握事物，到提出一种被动的开放。其他人则说，他的关注点从个人转向了文化。我认为这都是事实，但我不认为这是转向的本质。在某一时刻，他明确表示，他已经从先验解释（诠释学）转变为历史性思考。历史思维是新的东西。你可以看到他以前没有这样做过。到目前为止，我所解释的一切都应该是关于所有人类的结构的，不管在任何地点和任何时间。甚至焦虑也被认为是人类普遍的不安体验，每种文化中的每个人在每一个时间都要么逃避，要么面对。

　　后期海德格尔看到西方对存在的理解是有历史的，他一直在谈论的只是现代，而没有意识到这一点。他开始尝试描述柏拉图之前的时代，当时希腊人仍然感到是有根的——尚未感到不安和焦虑。人类和自然创造的事物向他们显现，他们怀着感激之情接受它们。后来的基督教的实践体现了这种万物都是被造物的理解，因此他们可以从世界中解读上帝的计划。而我们，根据我们对存在的现代理解，表现为拥有要被对象满足的欲望的主体，这些对象要被控制和使用。甚至海德格尔说，我们开始将一切，甚至我们自己，理解为需要增强和有效利用的资源。这些都是对什么是物、什么是人、什么是制度的不同理解。海德格尔会说，它们是对"存在"的不同理解，当对存在的理解发生变化时，就会出现不同类型的人和事物。对于荷马时代及之前的希腊人来说，英雄和令人惊叹的事物出现了。对于基督徒、圣人和罪人来说，奖赏和诱惑出现了。在古希腊不可能有圣人。他们只是让每个人踩在他们身上走过的弱者。同样，中世纪也不可能出现希腊式的英雄。他们是自傲的罪人，是通过否认对上帝的依赖扰乱了社会的人。因此，在我们文化的不同时代，会出现不同类型的人和事物，后期海德格尔认为，他应该呼唤人们关注对存在的这种潜在变化的理解。

你可以从他的哲学中看到这种变化的一种方式是，后期海德格尔不再将焦虑视为一种普遍结构。早期希腊人在面对无意义时并没有感到焦虑。基督徒也没有。后期海德格尔认为，我们现代的焦虑体验源于他所认为的我们对存在的无根的、虚无主义的、技术性的理解。

后期海德格尔赋予在《存在与时间》中讨论过的人类的每一个方面以历史意义，甚至包括用具的存在。通过这种方式，他变得更不像康德，而更像黑格尔了。但与黑格尔不同的是，他认为西方的历史是在稳步衰落，我们逐渐失去了对独立于我们控制的存在的认识——前苏格拉底时期的希腊人更理解这一点。我们也没有意识到，对存在本身的理解是被给予（given）人类的。用海德格尔的语言来说，它是由存在本身发出的，我认为这意味着它出现在我们的实践中。我们不产生它。它造就了我们这个类型的人。海德格尔认为，在他之前，没有一位哲学家理解这一点，但至少前苏格拉底时期的哲学家没有像从笛卡尔到尼采的哲学家那样否认这一点。海德格尔认为，这场在我们的实践中朝向忘记对存在理解的运动，伟大的哲学家反思和贡献的运动，并不必要。

它是许多历史偶然事件的结果，但每一个阶段在下一个阶段可能发生之前都是必要的。

麦基：这种焦点的转变，从海德格尔至少在当时所认为的人类经验中永恒的和普遍的东西转向他自己所认为的当代的和时事的东西，肯定是从永久到短暂的转变吧？在几百年的时间里，当我们的社会肯定会经历从现在开始的根本性变化时，我怀疑后来的哲学将比早期的哲学更过时，而且事实上，它的关注点可能看起来相当短暂和肤浅。

德雷福斯：正如你所说的，如果这是任何旧文化，或者甚至是我们文化的任何旧阶段，海德格尔都会同意，他所做的事情很快就会过时；但他认为这是一种独特的文化，我们正处于这种非常特殊文化的一个非常特殊的阶段。我们是唯一具有历史性的文化。当然，在任何文化中，事件都是一个接一个发生的。但只有在我们这里，对存在的理解才发生变化——从希腊人到基督徒，到近代人再到我们。用海德格尔的话说，这就是历史性（historicity），而我们恰好处于存在的历史中的一个特殊位置。两千年前，柏拉图开始将存在误解为所有存在的普遍特征，而不是一片空地。海德格尔说，从那时起，存在经历了许多哲学和实践的转变，现在已经"完成"（finished）了。这意味着所有的哲学举措都已被尝试、实施和完善，现在已经完成了。海德格尔从尼采那里得到了这个观念，尼采认为哲学和神学的上帝已死的主张使他相信，我们最近对存在的理解是虚无主义的。我们已经达到了为了控制本身而控制的阶段。尼采认为，我们现在正在接管整个地球，并且我们最终将不得不克服对上帝或哲学的慰藉和指导的需要。海德格尔补充说，我们对存在的理解正在消除对存在的所有其他理解，而这种对存在的技术性理解已经达到了不再为行动提供指导的地步。海德格尔把这称为虚无主义（nihilism）。

麦基：人们经常听到存在主义者谈论"人类的困境"，我认为这在本质上就是他们所指的东西。海德格尔是否指出了任何可能的出路？

德雷福斯：嗯，首先，重要的是要明白他所说的虚无主义是什么意思。他所说的虚无主义意味着对我们来说不再存在任何有意义的差异。他没有使用这个表达，但他谈到了希腊神庙——我将称之为一个文化范式——让希腊人知道什么是重要的，所以才会有英雄和恶棍、胜利和耻辱、灾难和祝福等。人们——其实践通过神庙展示和被关注——拥有过美好生活的指南。同样，中世纪大教堂——另一个文化范式——向人们展示了救赎和诅咒的维度，人们知道自己站在什么地方，必须做什么事情。但随着我们文化的发展，我们越来越倾向于把一切都当作一个对象，把一切都扁平化到一个维度。海德格尔会说，自柏拉图以来，哲学家一直在寻找一种可以理解一切的东西，并试图阐明关于这一点的真理。这一哲学目标既是我们当前对存在的理解的反映，也是其原因，其中一切都在一个维度上进行测量。我们甚至不再寻求真理，而只是追求效率。对我们来说，一切都应尽可能灵活，以便尽可能有效地使用。如果我这里有一个泡沫塑料杯，那将是一个很好的例子。考虑到我们对存在的理解，聚苯乙烯泡沫塑料杯是一种完美的对象，即它可以让热的东西一直是热的、冷的东西一直是冷的，并且当你用完它后，你可以将其丢弃。它高效和灵活地满足了我们的欲望。它与比如日本茶杯完全不同，后者精致、传统并适合社交。它不能让茶保持很长时间的热度，并且可能不能满足任何人的欲望，但这并不重要。大约一个世纪前，我们经历了这样一个阶段：真实或重要的事物必须能够满足我们的欲望。那是主客体的阶段。但现在我们自己正在成为控制论社会中的资源，在这个社会中，真实就是尽可能有效地利用。我们希望融入这个系统，以便充分发挥我们的潜力。这就是我们对存在的理解。我记得在电影《2001 太空漫游》（*2001: A Space Odyssey*）中，斯坦利·库布里克（Stanley Kubrick）拥有机器人哈尔（HAL），当被问到他对这次任务是否满意时，他说："我正在最大限度地使用我所有的能力。一个理性的实体还能想要什么呢？"这是对任何一个接触我们对存在的理解的人都会说的精彩表达。因此，我们成为一个系统的一部分，这个系统没有人指导，但却朝着所有人（包括我们）的全面动员的方向发展，以谋求自身的福利。

海德格尔会说，问题是不再存在指南。没有目标。为什么我们关心如何更有效地利用我们的时间？为了什么目的？只是为了有时间更有效地安排我们的生活吗？海德格尔认为，很快就不会有任何有意义的差异、内容上的差异，比如英雄和恶棍的差异，甚至是地方和国际之类的差异，有的只是在任何地方对一切事物越来越有效的排序，仅仅为了越来越高的效率。这就是他所说的虚无主义的含义。

麦基：你说的话让我更加紧迫地重复我的问题：没有办法摆脱这种困境吗？

德雷福斯：海德格尔不是一个乐观主义者。他认为我们可能会陷入他所说的人类历史上最黑暗的夜晚。但他也不悲观，因为他认为，缺乏地域性的关注和有意义的差异可能会让我们欣赏无效的实践——他称之为微末之事的拯救力量。我想他脑子里想的是友谊、在荒野中背包旅行、跑步等。他提到与朋友一起喝当地的葡萄酒，并沉浸于艺术品。所有这些实践都是边缘性的，正是因为它们是无效率的。当然，我们可以为了健康和提高效率而参加这些实践。这就是黑夜的可能性。但这些拯救实践可以在一种新的文化范式中结合起来，为我们提供一种新的做事方式，使这些实践成为中心，而效率被边缘化。20 世纪 70 年代的摇滚乐被一些人认为为这种其他范式带来了希望。这样一种新的理解，如果它是拯救性的，就必须让我们再次认识到人类的实践是特殊的，因为它们接受了一种不断变化的、对存在的历史性理解。这是海德格尔自始至终都承认的关于人类的唯一的非历史性真理。这种理解可能与我们仍在使用我们的技术设备相一致——海德格尔不想回到前苏格拉底时期的希腊——就像日本人将录像机和电脑与他们的家庭神明和传统茶杯放在一起一样。对海德格尔来说，克服虚无主义是一种可能性，因为这意味着克服我们对存在的技术性理解，而不是我们的技术。

麦基：在我们考虑海德格尔之后的存在主义思想家之前，后期海德格尔一个我们没有触及但应该触及的方面，是他对语言的关注。后期海德格尔不只是关心语言，他几乎对语言着迷。为什么？

德雷福斯：我们已经准备好理解这一点。由于人类世界不可能在自身之中，因此语言不需要——事实上也不可能——简单地与现实相对应。但我们也不能随意编造任何旧词汇。相反，语言在反映和关注任何时代的当前实践方面发挥着至关重要的作用。它的作用与文化范式相同。对于海德格尔来说，词汇或人们使用的隐喻可以将事物命名为存在并改变一个时代的感性能力。当有人在加利福尼亚州说人们是"悠闲的"，人们已经泡在了热水浴缸里，放轻松并吸上了毒品。由于这种新的语言的使用，他们发现这些实践是吻合的。越来越多的人参与，越来越多的此类实践得到了发展。语言是通过聚焦实践来保存和扩展它们的一种非常强大的方式。对海德格尔来说，接受并使用新语言并促进新的存在方式和使其稳定的是诗人和思想家，而不是牧师或科学家。它们本身就为一些新的、非个人主义的、非意愿性的世界带来了希望。

麦基：你对海德格尔作品极具启发性的介绍让我确信，我们在这场讨论中花了大部分时间在它上面是对的。在我看来，毫无疑问，海德格尔是20世纪最重要的存在主义哲学家。但我在引言中确实承诺了我们也会谈到其他人，我认为我们现在必须开始

这样做了。我特别提到过
的哲学家是萨特和梅洛－
庞蒂，所以让我们开始讨
论这两人的思想，并以这
个顺序来讨论，因为他们
实际上是按时间顺序排列
的。你如何评价萨特的哲
学家生涯？

德雷福斯：萨特最初
是一名胡塞尔主义者，作
为一名现象学者，他写了
一部 很 好 的 小 说，名 为
《恶心》（*Nausea*），这是

让－保罗·萨特
（Jean-Paul Sartre，1905—1980）

一个以第一人称描述的故事，讲的是一个人世界的崩溃。然后
他读了海德格尔，并转变为他认为的海德格尔存在主义。但作
为一个胡塞尔主义者和一个法国人，他觉得他必须完善海德格
尔的思想，让他更加笛卡尔主义。因此，他从个体意识主体开
始，但写了死亡、焦虑、不真实、存在与虚无——所有海德格
尔谈论过的事情。结果，《存在与虚无》是对《存在与时间》的
绝妙误解。如果我们一直在讲述的故事是正确的，那么海德格
尔正是在试图将我们从笛卡尔的假设中解放出来。当我去拜访
海德格尔时，他的桌子上放着德文版的《存在与虚无》。我问：
"所以你在读萨特？"他回答说："我怎么会读这种垃圾呢？"

[他用的词是 "Dreck"（污物）。] 这是相当强烈的轻视，但我认为这是准确的，因为如果你认为海德格尔在谈论主体，那么你就会把他变回胡塞尔。萨特写的是有启发性的存在主义版本的胡塞尔。萨特的 "自为"（for-itself，即意识）就像胡塞尔的 "先验自我"——一个个体主体，通过其意向性赋予一切意义。因为意识赋予了一切意义，所以任何事物都可以具有任何意义。用海德格尔的话来说，没有任何约束、任何事实性（facticity）或被抛（thrownness）。由此可见，我们可以赋予我们选择的任何价值观意义。以萨特的例子来说，如果我这一刻决定不做赌徒，下一刻我就可以赋予这个决定新的意义，说这是一个愚蠢的决定，然后继续赌博。用萨特的话来说，我是纯粹的自发性、纯粹的轻松、纯粹的自由和纯粹的虚无——荒谬的自由。萨特认为意识是 "超越自由的"，人是试图发现某个稳定的生命意义的荒谬和注定失败的尝试。

麦基：我发现很难相信萨特可以作为一名哲学家活下去，尽管很容易相信他可以作为剧作家或小说家活下去……

大体上说，你认为梅洛–庞蒂怎么样？

德雷福斯：我对梅洛–庞蒂的印象要深刻得多。我认为他是一位伟大的哲学家，并且可以作为哲学家活下去。他的贡献是让身体成为我们存在于世界的方式。为了强调我们的非精神导向性，梅洛–庞蒂有时将身体称为意向组织（intentional tissue）。

《存在与时间》中有两个巨大的鸿沟。其中之一是海德格尔

从不谈论身体，甚至不谈论技能或实践。我把所有这些都放进去
解释他的抽象概念，比如上手的、未上手的和对存在的理解。所
以，因为梅洛－庞蒂确实谈论了身体以及身体如何获得技能，他
有利于我们理解和解释海德格尔。他也为萨特提供了一个答案。
他说我们并不完全是自由的。我们每个人都受限于一个拥有特定
尺寸和移动能力等的身体——与其他人所拥有的普遍的身体类型
相同。我们可以形成稳定的意义，无论是共同的还是个人的，因
为我们所做的事情变成了我们体内的技能和习惯，我们不能立即
和随意地改变它们。梅洛－庞蒂一心要回答像胡塞尔一样的萨特，
却重新发明了一个版本的海德格尔并修订了《存在与时间》，这
是对欧陆哲学史的讽刺。

《存在与时间》中的另一个鸿沟是知觉（perception）。海德
格尔谈论知觉好像它只是对事物的凝视，这是不幸的，因为看起
来我们不仅花了很多时间使用事物，而且还花了很多时间看事物。
梅洛－庞蒂将知觉分析为一种嵌入活动，在这种活动中，我们对
世界上的事物获得最佳的把握，这使得它更像上手的，从而完成
了海德格尔的实践图景。

麦基：我尤其对这两点感到震惊：当萨特认为自己像海德格
尔时，他实际上却像胡塞尔；而梅洛－庞蒂对萨特的回应又复制
了海德格尔对胡塞尔的回应。

我们一直在讨论的这四位哲学家现在都已经去世了。你认为
他们在 20 世纪哲学中所代表的这个惊人传统是一个已经得出了
自然结论的传统，还是仍然是一项充满活力且持续不断的事业？

德雷福斯：我认为它非常有活力。甚至胡塞尔的现象学——海德格尔试图扼杀它——也是非常有活力的。胡塞尔在两种方式上是有活力的：一种是，如果你想描述经验——听音乐、有性欲等任何现象是什么感觉——胡塞尔为你提供了尝试它的许可证，以及这样做的方法。

麦基：我打断一下，我只想说，在今天的英国，我们有年轻聪明的哲学家正在以这种方式写作这些主题。

德雷福斯：在美国也是如此。胡塞尔的另一面其实更具影响力。他对意向内容的结构感兴趣，这种结构使我们的心灵能够导向事物。现在有一门叫作认知科学的新学科，正如他们所说，它实际上是在试图研究心理表征的结构。胡塞尔制定了任何进行此类研究的人都必须遵循的普遍指南。或者，如果你试图建造一个心灵，就像人们在人工智能中用计算机做的那样，胡塞尔也提供了指导方针。他的许多想法，例如心灵按照严格规则的等级制度运作，现在都在计算机程序中得到了体现。所以胡塞尔做得很好。

海德格尔也做得很好。《存在与时间》也许没有得到应有的研究。它在语言、真理、指称（reference）和科学等方面都有重要的观点，这些观点对当代哲学家来说会很有价值。例如，如果你真的回到我们所参与的日常活动的现象，你可以批评那些要么相信他们的直觉，要么相信我们的语言范畴的语言分析师。海德格尔会说——而且我认为对技能的描述表明他是对的——如果你相信你的直觉，你就会理所当然地认为信仰、欲望等的排他性解释力可以解释人们的行为，而这并不是对当人们行动时通常发生了什么的充分描述。这只是对崩溃和其他我们没有透明地应对的时刻的描述。同样，我们的语言并不反映这类需要，那些为了解释我们日常应对的可理解性，引入我们背景的技能以及对它们所包含的存在的理解的需要。因此，海德格尔的现象学为我们批评当代英美哲学中一些不容置疑的假设提供了一个很好的起点。最后，在现代欧洲，特别是在法国，后期海德格尔是那些想要（用他的话说）解构传统的人的先驱。例如，米歇尔·福柯（Michel Foucault）和雅克·德里达（Jacques Derrida）正试图贯彻海德格尔的计划，准确定义西方对存在的理解，以帮助我们克服它。

因此，我想说，如今几乎没有哪一个这些思想家关心的理智活动领域不让人感兴趣的。

13

美国实用主义者

对话西德尼·摩根贝瑟

西德尼·摩根贝瑟
（Sidney Morgenbesser, 1921—2004）

引 言

麦基：在哲学方面，正如在许多其他方面一样，现在美国而不是英国才是英语世界的主要活动中心。但现在美国哲学的国际重要性已经持续了一百年。事实上，伯特兰·罗素在他的自传中将哈佛哲学学派描述为 19 世纪末 20 世纪初世界上最好的哲学学派。那个时期的美国哲学主要以三位后来获得经典地位的人物为代表：C. S. 皮尔士（C. S. Peirce）、威廉·詹姆斯（William James）和约翰·杜威（John Dewey）。他们有时被贴上一个群体标签——"美国实用主义者"（The American Pragmatists）——但他们之间的差异比表面上所暗示的要大。

C. S. 皮尔士出生于 1839 年，是哈佛大学数学教授的儿子。他从一开始就接受了数学家和科学家的训练，从事的是天文学家和物理学家的工作。哲学是他在业余时间做的事情，直到他 48 岁退休后，他才全身心投入到哲学中。恐怕这是导致他在 1914 年 74 岁去世时陷入贫困和债务的原因。他从未写过一本书，他的大部分作品都是在他去世后才出版的，当时他所谓的《论文集》（*Collected Papers*）共出版了八卷。事实上，即使出版日期已经这么晚了，他还有更多的作品待出版。

与皮尔士几乎同时代的人是威廉·詹姆斯,他出生于 1842 年,
也曾在哈佛大学接受教育,并毕业于哈佛大学医学院。詹姆斯首
先成为哈佛大学解剖学和生理学的讲师,接着相继是哲学教授和
心理学教授。他最著名的著作包括 1890 年出版的《心理学原理》
(*The Principles of Psychology*),1902 年出版的《宗教经验之种
种》(*The Varieties of Religious Experience*)和 1907 年出版的《实
用主义》(*Pragmatism*)。他于 1910 年去世。与皮尔士不同,他
在生前就获得了国际认可。与此相关的一个有趣的事件是,小说
家亨利·詹姆斯(Henry James)是他的一个兄弟,并且亨利在
他的一部分(如果不是大部分)人生里,一直感觉自己处于世界
闻名的大哥威廉的阴影之下。

三位经典美国哲学家中的第三位,也是最晚近的一位,是约
翰·杜威,他出生于 1859 年并且一直活到了 1952 年。他的整
个职业生涯都是作为大学教师度过的,他先后在密歇根大学、芝
加哥大学和哥伦比亚大学任教。任何时期的哲学家都很少像杜威
一样能够对实际和公共事务产生如此大的影响。仅他的教育哲学
就可以说具有世界性的影响力,当然他在其他领域也有影响力。
从如此丰富的著述中挑选出几本著作是困难的,但也许我可以提
到 1916 年出版的《民主与教育》(*Democracy and Education*),
1922 年出版的《人性与行为》(*Human Nature and Conduct*),
1922 年出版的《经验与自然》(*Experience and Nature*),以及
1929 年出版的《确定性的寻求》(*The Quest for Certainty*)。

与我一起讨论这三位哲学家工作的,是哥伦比亚大学哲学教
授西德尼·摩根贝瑟(Sidney Morgenbesser)。

讨　论

　　麦基：让我们首先消除对"实用主义"（pragmatism）一词的误解。许多人似乎认为它指的是一种有点粗糙的哲学，即任何有用或"有效"的理论或观念组合实际上都可以被视为"真的"。但它实际上比这复杂得多，不是吗？

　　摩根贝瑟：虽然詹姆斯的有些段落暗示这种表达（正如你所暗指的）具有误导性。它甚全暗示所有实用主义者都同意詹姆斯的真理进路。但他们没有。皮尔士严重反对詹姆斯的真理理论。所以我们不能一概而论，任何单一的表达都将是误导性的。"实用主义"一词已被应用于各种论文和纲领，存在先天的实用主义理论、正当性的实用主义理论、公共政策的实用主义进路。我认为，其中许多论文在概念上是相互独立的。所以我建议我们以经典实用主义者皮尔士、詹姆斯和杜威为榜样。一些哲学家发现以下模式很有帮助。皮尔士向我们展示了一种实用主义的意义理论，一种澄清某些概念的实用主义理论；詹姆斯向我们展示了一种实用主义的真理理论。皮尔士发展了一种探究理论；杜威吸收了皮尔士理论的某些方面，并将其普遍化使其适用于社会和政治哲学。皮尔士的意义理论或进路与他的信念理论有关。对于许多人来说，重要的一点是将信念、意义、行动和探究联系起来。

　　麦基：你提到了三个人和三个主题：关于意义的问题、关于真理的问题和关于探究的问题（探究在很大程度上被视为行动的一个形式——我们稍后会谈到）。如果我们将人物和主题分开，我们的讨论就会更加清晰。让我们从皮尔士开始，让我们从意义开始。这样做的要点在于，皮尔士在哲学意义上创造了"实用主义"一词，他这样做是为了指称一种特定的意义理论。你能从这里展开这个故事吗？

摩根贝瑟：皮尔士提出了他的实用主义准则："考虑一下我们设想一个概念的对象具有什么效果——这些效果可能具有实际意义，那么我们对这些效果的概念就是我们对该对象的整个概念。"我希望下面的例子会对你有所帮助。如果我问你，当你说糖可溶于水的时候，你的意思是什么，你可能会说，如果我或任何人把糖放入水中，它就会溶解；你将（让我们称之为）一种习惯归于糖，如果某些行为被实施，那么这种习惯就会明显地显现出来。让我们考虑"这是坚硬的"这个句子——一个陈述句。皮尔士告诉我们，用我们理解"糖可溶于水"的方式来解释这个句子。如果我们清楚"这把锤子是坚硬的"，那么我们就可以指定一个条件句，一个合适的条件句，将可观察到的习惯归于这个锤子，它可以被我们的行动激活。皮尔士关心的是条件句的地位，或者大致地说，当我们说任何对象将表现出某些行为时，我们正在将具体属性归之于该对象。请注意，我们在此有一个程序规则，如果理性行为者想弄明白自己的观点，他就将遵守它。

麦基：这个观点的要点实际上在于，意义（meaning）必须

始终与发生或可能发生的事情相关或可相关——通常与我们自己
做或可以做的事情相关或可相关——因此有了"实用主义"这个
术语，它源自希腊语，表示行为或行动。相同观点的消极表达是，
如果没有可想象的事件或事件组合可以为我们提供一种方法来区
分一个术语和另一个术语的恰当使用，那么这两个术语就具有相
同的含义。如果没有任何可想象的事件或事件组合可以为我们提
供一种方法来区分一个术语的正确和不正确使用，那么该术语就
没有任何意义。一个术语要有意义，其恰当使用必须指定某物的
一些具体差异，即使只是在假定意义上。

但现在皮尔士并不以一种学术方式孤立地关心意义，不是
吗？他对意义的关切处在一个更广泛的关切框架中。你能跟我们
讲一讲吗？

摩根贝瑟：皮尔士关心信念（belief）的本质。让我们试着
将我们对意义的讨论和对术语的澄清与他对信念的进路联系起
来。皮尔士认为，一种信念，至少作为第一近似值，可以被认为
是一种行动倾向，一种特定种类的习惯。现在，如果一种信念
（作为第一个近似值）是一种行动习惯——或者，也可以说是一
种将行为与经验联系起来的法则——那么我们就可以从信念走向
意义，走向语言意义。因为一个意图超越经验的句子将被认为没
有意义，因为它不能用来代表一种信念。正如我一直坚持的那样，
所有这一切都是第一近似值，因为我们不仅仅根据信念行事，而
且还根据我们的欲望、价值或偏好行事。

皮尔士被称为意义证实理论（verifiability theory of meaning）

之父。意义证实理论还有许多其他进路。试图考虑所有这些，甚至其中一些更重要的进路都是徒劳的，只要说所有这些理论都很复杂并且能够进行多种发展就足够了。即便如此，我们可以从我到目前为止所说的得出结论，即皮尔士提出了意义的必要条件，以及澄清某些术语的充分条件。

C.S. 皮尔士
（C. S. Peirce，1839—1914）

麦基：皮尔士通过信念和意义提出了一种学说，也就是说，提出了一些建议，这些建议从更广泛的背景中获得了意义。正如他想要我们弄清楚我们的意义的主要原因是，他想要我们澄清我们的信念，他想要我们澄清我们的信念的主要原因是——好，它实际上有双重目的：一个是强化我们知识的基础；另一个是强化我们行动的基础。

让我们先来看第一个。皮尔士的意义和信念理论在探究理论中占有一席之地——他所说的探究（inquiry）是指我们为了解世界和获取知识所做的所有尝试，无论是何种类型。你能给我们说明一些他的探究理论吗？

　　摩根贝瑟：我认为，在此我们必须区分作为普通信念理论家的皮尔士和作为科学探究理论家的皮尔士。当他讨论普通信念时，他提出了以下图景。当我们处于怀疑的状态时，我们的信念就已经被证明是不可靠的。有些事必须得完成。我们需要一些方法来应对怀疑。皮尔士考虑了多种方法——韧性、诉诸权威——并试图表明探究的方法，通过探究来修正我们的信念的方法，比它们更优越。

　　当我们探究时，当我们检验假设时，我们会让某些信念保持不变。我们不能从头开始。但在一个背景中保持不变的信念可能会在另一个背景中受到检验。所以所有的信念都是可修正的（revisable）、可谬的（fallible）。一些哲学家发现这种进路很有启发性。但这个进路背后的哲学要点需要明确。皮尔士正在挑战知识的另一个进路：真正的知识以确定性为基础；在我们真正声称知道之前，我们必须证明我们声称知道的句子在某种恰当的意义上得到了具有确定性的句子的支持。他还挑战了这样一种观点，即关于当下心理状态的第一人称信念是不可错的，并且是支持我们的知识判断的基础。皮尔士提出了一系列反对这种进路的论点（许多人将这种进路称为笛卡尔式进路）。许多（尽管不是所有）哲学家都认为皮尔士很有说服力。总而言之，用杜威的话说，他的贡献在于挑战了对确定性的追求，并提供了一种有益的证成和知识进路。我应该补充的一点是，一些实用主义哲学家会说，在皮尔士那里没有排除这样一种观点，即当我们声称知道时，我们是能够确定的。事实上，这个思路对于解释皮尔士的这个论点是必要的，即我们确实认为我们的一些信念是固定的，即使只是暂时的。但我们必须小心我们对"确定"的用法。有的确定性的含义允许可修正性（revisability）——我们也可以谈论确定性的程度。因此，接下来的是另一个补充：即使是那些同意我们到现在为止所提出的关于皮尔士的证成观的人也会认为，某些信念——也许是感知信念——必须具有一定的初始可信度，即使它们是可修正的。我认为皮尔士会同意这一点。

皮尔士的科学进路是不同的。我们有一个男人或女人进入科学共同体的图景。他或她进行探究也许是为探究自身之故，并不一定是为了根据假设行动才接受假设。皮尔士在此精彩地描绘了探究的各个阶段：溯因、演绎和归纳。在溯因阶段，理论被提出以供考虑。在演绎阶段，它们准备接受检验。在归纳阶段，检验的结果接受评估。因为他关于其中每个观点所述的内容，皮尔士可以被认为是我们这个时代的欧内斯特·内格尔（Ernest Nagel）和卡尔·波普尔等人物的先驱。

麦基：你刚才引入了"可谬的"这个术语，这是非常重要的一个术语。在皮尔士的时代，几乎每个人都认为科学知识是完全确定和绝对可靠的，因此是不可谬的和不可修正的。他是最早看到并说出事实并非如此的人之一。他不是第一人，也没有自称是第一人——他有一两位有趣的先驱，他知道并认可他们——但他是其中一个先驱，并且在他之前没有人能像他一样走得那么远。他非常清楚地看到，我们在科学领域实际上所做的就是使用现有的最好的理论，只要它有效，然后当我们开始遇到麻烦时，我们会尝试找到更好的理论。他创造了"可谬论"（fallibilism）这个术语，以应用于科学的基础。在 20 世纪后期，这一观点的某种或其他发展正在成为正统的观念，但在皮尔士的时代以及之后很长一段时间内，人们对它知之甚少。事实上，皮尔士可以说对科学持有一系列惊人的"现代"观点，难道不是吗？

摩根贝瑟：是的。皮尔士反对这种观点，即理论可以被简单地视为对经验的总结以及科学家们接受假设当且仅当它们被证实并且没有被证伪。他强调在评价理论时各种背景因素发挥的作用。他强调统计假设的作用。他挑战决定论。

麦基：对皮尔士影响最大的哲学家是康德。这就提出了以下问题：皮尔士是否相信我们的探究给我们带来关于独立存在的物质世界的信念和知识，正如当今实在论者所相信的，或者他是否采取了一种更康德主义的观点，即我们自己在某种程度上构建了我们经验的世界？

摩根贝瑟：你的问题既是困难的，又是重要的。我将来处理你提出的其中一些问题。

有一些哲学家——让我们称他们为极端实在论者——他们认为，或者似乎认为，我们可能永远不知道事物的真实面貌。毕竟，我们的理论取决于我们自己——事物的真实面貌却并不取决于我们。我认为皮尔士会把这种进路或论点称为毫无意义的，而且不仅仅是毫无意义的，他不会支持不可知论。所以，在此，他似乎比康德走得更远，至少根据对康德的一种解释是如此。皮尔士确实谈到了实在，探究是由实在引导的，但为了获得有关实在的任何知识，我们都必须诉诸我们的理论及其检验——可以说，让我们的信念相互检验。

当然，皮尔士从这里继续说下去。他的探究进路是社会性的。理论由研究人员共同体进行检验。这捕捉到了关于实在的一种直觉：它独立于任何单个行为者。它是可公开获取的。皮尔士在他后来的著作中为我们提供了一种关于知觉的描述，这种描述符合这样的观点，即在知觉中，我们与实在进行了某种形式的接触。但是，如果我们想知道实在是什么，我们就必须关注我们的理论，而关注它们，我们似乎就必须得出这样的结论，即实在，用一位哲学家的话来说，可能是无定形的。

请注意，虽然皮尔士声称探究是由实在引导的，但他也说我们关于实在所说的任何话都必须可以在我们的理论中表达。记住，皮尔士强调了我们理论的可修正性，他还想解释这个常识观点，即一些信念是真信念。一个句子可能既是真的，又是可修正的。我们仍然必须允许我们关于真理的论述。

麦基：但可以肯定的是，我们关于实在所说的任何话都必须可以用我们的理论来表达，这意味着为了将观念与区分于观念的独立现实进行比较，我们永远无法走出我们的观念框架？

摩根贝瑟：皮尔士认为，我们可以用符合他关于探究论点的方式来谈论信念的真理性。说某种信念或观点是真的，就是说如果探究继续进行，那么它注定会被接受。当然，我们现在可能持有一个真信念，它经得起考验，并且仍然是一个注定会被接受的观点。但现在又出现了另一个问题。我们如何知道探究会继续进行？我们希望它会继续进行，但是这个希望可能并不会实现。部分是为了解决这个问题，皮尔士转向了他的客观唯心论理论。在恰当的意义上，世界是精神的，它随着时间的推移演变为规律性的法则。正是这种世界观使我们有理由相信世界的发展与我们理论的演变之间存在某种形式的和谐。因此，皮尔士试图将他的研究理论与他的宇宙论联系起来。后期实用主义者则不会。

皮尔士和后期实用主义者之间还有另一个有趣的区别。皮尔士试图指定他认为他可以证明适用于我们的经验或任何可能经验的基本范畴。他还试图表明这些范畴在感知中表现出来。皮尔士对这些问题的看法受到了后期实用主义者的批评。

麦基：既然我们现在已经提到了对皮尔士观点的参考，那么让我们将威廉·詹姆斯明确地纳入这个图景中。尽管"实用主义"这个哲学术语是皮尔士提出的，但詹姆斯通过1907年出版的《实用主义》一书让整个知识共同体都知道了这个术语。这本书的主题是什么？

摩根贝瑟：这本书的内容非常丰富。它首先对各种传统哲学进行了批判，理由是它们与澄清詹姆斯这一代人所面临的问题无关，与帮助处理这些问题无关——尤其是调和科学与宗教的问题。他还从实用主义的角度批评了其中一些哲学：它们中的一些似乎是相互矛盾的，但事实上却并非如此。它们与相同的数据一致，并且对行为具有相同的后果。所以他关心的是在理论之间进行选择的问题。他还考虑用实用主义的进路来改变概念和追求真理。许多哲学家认为，重要的是要认识到他总是从行为者（agent）的角度考虑这些问题。

请允许我进行详细的说明。詹姆斯的进路至少有三个明显的方面。他经常告诉我们，行为者不仅仅是世界舞台的旁观者，而是像戏剧演员一样身处世界之中。他阐述并讨论了变化的现实和偶然的现实，而他自己理论之外的其他理论则排除了这些现实，或者似乎排除了这些现实。显然，他认为他的理论与事实相符，但他认为，他的承诺不能仅靠事实来证明。可以说，他对以某种方式解释事实存在偏见，并认为其他人应该承认他们的偏见。对于詹姆斯来说，没有现成的世界。我们谈论世界的方式是由我们的认知和理论活动决定的。更进一步，我们可能会说，关于世界上的对象的事实不能剥夺它们的概念塑造。

詹姆斯还谈到了理性选择，并将他对理性的解释与相信的意愿联系起来。这是我们的第三个主题，我将简要概述一下。有一些哲学家坚持认为，理性行为者应该使其信念的程度与证据的程度相一致：证据越少，信念程度越低；证据越多，信念程度越高。让我称这样的哲学家为简单的认知主义者。詹姆斯似乎经常反对简单的认知主义者，因为他，简单的认知主义者，并不清楚理性是什么。在我们考虑行为者的目标、愿望和偏好之前，我们无法讨论行为者的理性。詹姆斯进一步认为，即使行为者不按照简单的认知主义者建议的方式行事，他也可能被认为是理性的。他要求我们考虑一个必须在相信 H 或非 H 之间做出决定的行为者。他有相信一个或另一个的意愿，并且证据同样支持两者。这个行为者为什么推迟决定？为什么他应该保持不可知论？在这些情况下，詹姆斯认为，行为者有权相信 H 或非 H，甚至可能通过诉诸各种非认知因素来做到这一点。我所指的是一个主题，无法详细说明，但我注意到，在詹姆斯考虑的例子中，他谈论的是决定去做，而不是决定去相信，当然行动的理性必须考虑信念和效

威廉·詹姆斯
（William James，1842—1910）

用（utility）。许多实用主义者会继续反对简单的认知主义者，认为即使是科学家也不会只关心证据。如果他必须决定某个理论是否值得检验，他会考虑该理论是否能够满足某些目标，例如它是否比其竞争对手具有更多潜在的解释价值或内容；当他决定是否接受该理论时，他也会考虑这些认知目标。

　　麦基：因此，我们有理由相信任何相信它对我们有利的信念，这个观点被它的一些批评者粗暴地当作信条（doctrine），但事实上它比这要复杂得多。首先并且最重要的是，詹姆斯认为我们的信念必须与证据相符，如果一种理论的证据比与之对立的证

据更强，我们就别无选择只能选该理论。只有当两种理论之间的证据平衡相等时，考虑证据以外的标准才被允许。在这些情况下，詹姆斯认为，理性的做法是让我们接受具有更丰富后果的理论。

詹姆斯认为自己发展了皮尔士的观点——也发展了其他人的，但当然发展了皮尔士的。但皮尔士本人实际上在多大程度上同意詹姆斯的理论呢？

摩根贝瑟：《实用主义》问世后，皮尔士写了一封信给詹姆斯，向他表示祝贺，并给予了高度赞扬。但他确实与詹姆斯有不同的见解，并在后期讲座中强调了这些不同见解。他甚至把自己称为"实效主义者"（pragmaticist），以区别于"实用主义者"（pragmatist）詹姆斯。他认为詹姆斯过于唯名论和现象主义。对于皮尔士来说，法则类陈述并不只是关于事件或经验的总结句："A1 发生，伴随着 B1；A2 发生，伴随着 B2；A3 发生，伴随着 B3。"它们是关于将要（would）发生的事件的句子：他认为条件陈述不能还原为事实陈述。对于某些人来说，皮尔士最好被理解为不仅谈论事实，而且谈论可能，谈论未实现的可能性。

麦基：第一次阅读皮尔士和詹姆斯的作品时，我的直接（也许过于简单的）反应是，皮尔士正提出将实用主义作为意义的标准，这是一种极具启发性和想象力的进路，而詹姆斯则试图将其发展为一种真理理论，而这并不能带来说服力。

摩根贝瑟：在他的一些著作中，詹姆斯问道，除了对事实的基本判断"如此这般"之外，"事实是如此这般是真的"是否真的有任何意义。也许我们可以将詹姆斯的问题改为 H 和"H 是真的"之间是否存在实用主义的差异。实用主义的差异是什么？他似乎找到了一个差异：他说，"是真的"是一个评价谓词（evaluative predicate），"是真的"就是相信它是好的。他似乎在说，我们可以将真理与证实等同起来：相信已经证实的东西是好的。（在其他著作中，他将真理等同于欲望的满足。）无论动机或推理是什么，詹姆斯似乎经常对真理采取证实主义的进路，并将真理与证实等同起来，并说行为者可以通过根据假设行动来完全证实一个假设。但他受到了多方面的批评。真理不能以这种方式被消除。而且行为者也无法完全证实一个假设。然而，在其他情况下，他不仅引入了证实而且引入了欲望的满足。因为，可以说，如果一个假设满足了欲望，那么相信它就是好的。但詹姆斯的这一部分理论也受到了后来许多实用主义者的批评，例如杜威。

麦基：现在我想把杜威引入我们讨论的中心舞台。但在把詹姆斯放到一边之前，我实际上必须对他进行一些我们尚未提及的赞美，那就是他作品的文学艺术性。他是哲学史上一个最有吸引力的声音。他的写作充满了推力（thrust）和兴奋感，充满了一个原创性作家令人无法预料的隐喻和纯粹的惊喜。一些爱开玩笑的人曾说，当你真的翻开他们的书时，你会发现威廉·詹姆斯是天生的小说家，而亨利·詹姆斯是天生的哲学家。如果我们的讨论能让任何人去亲自阅读威廉·詹姆斯的作品，那么这个人将会获得极大的乐趣。

摩根贝瑟：在此我可以补充一下吗？在我看来，我们正在谈论的这三个人在某种意义上都是非凡和特别值得尊重的。皮尔士是一位了不起的人物：他处理的问题规模庞大并且种类多样——逻辑、探究、特定种类的形而上学……他被称为美国的莱布尼茨。

麦基：当我在最新版的《大英百科全书》（*Encyclopaedia Britannica*）中查看他的记录时，我看到上面说他"现在被认为是美国迄今为止产生的最具原创性和最多才多艺的知识分子"。

摩根贝瑟：还有杜威当然是一个说到做到的人。他不仅宣扬哲学家应该参与公共生活，而且他事实上也做到了。他的涉猎范围非常广泛。他是一个自由主义者，也是一个善良的人。当伯特兰·罗素撰写《西方哲学史》时，他说他非常尊重和钦佩杜威，以至他为他不得不反对杜威的观点而感到抱歉。

麦基：在罗素撰写并出版《西方哲学史》时，唯一一位仍然在世并在其中占有一章的哲学家就是杜威。现在让我们把他完全带入我们讨论所描绘的图景中。到目前为止，我们主要关注皮尔士和詹姆斯，以及他们试图改进人类获取新知识和理解人类环境的方法，无论是在日常生活的背景下，还是通过科学以一种更有组织的方式。我们已经讨论过这如何让他们参与澄清意义的概念和真理的概念，以及发现这些概念的恰当功能是在一个整体的探究概念之中的——不仅是在日常生活中，而且也在科学活动中。现在，对于杜威而言，就像对皮尔士一样，正是对科学的考虑开启了他最有趣的工作。令杜威感到触动的是这个事实，即在过去的三四百年里，人类取得最大成功的领域是科学技术领域。正是在这里，我们获得了最多和最可靠的知识，以及最多和最可靠的对自然的掌握。杜威感动地问道：科学活动为何取得如此惊人的成功、如此美妙的成果？它是否可以适应并应用于人类活动的其他领域并取得类似的成功？

摩根贝瑟：对于这个问题，杜威没有给我们提供一个完整的答案，但他确实给了我们部分答案。科研机构已经得到了社会支持，因为在其他成就之外，它们使人在这个世界上更自在。科学因其方法而统一，并因为这个事实而保持稳定。彼此意见不一致的科学家可以诉诸一种共同的方法来解决他们的分歧。当然，有些科学家可能不遵守科学规范，但如果他们不遵守科学规范，他人可能会通过诉诸这些规范而对他们进行批评。毫无疑问，关于科学方法还有很多话要说，杜威在他的著作《逻辑：探究的理论》（*Logic:The Theory of Inquiry*）和《确定性的寻求》中试图这样做。但总的来说，他对探究而不仅是科学探究感兴趣。当然，我们可以问科学是否会继续下去，但要提出这个问题，我们可能不得不提出关于归纳法证成性的问题，而杜威在很大程度上避免了这些问题（尽管他在《经验与自然》中确实进行了一些与此有关的讨论）。然而，如果我们接受归纳法，我们就可以依靠我们过去的历史来证成我们对科学的承诺：事实证明、与竞争者相比，它是更好的预测者、更好的知识制造者。

麦基：我认为，杜威的科学观的要点——对所有实用主义者来说也都是如此——在于它是动态的（dynamic）。他并不认为科学是一个可靠和不变的知识体系，新的确定性不断地加入其中。他将其视为一种活动（activity），一种发现事物的过程。因此，"探究"这个词一直被使用。与此相一致的是，他非常反对一些人所谓的"旁观者"（spectator）知识观。哲学家们经常谈论"观察主体"，就好像我们与对象世界分离，从外部观察它一样。就好像我们在这里，世界在那里，我们通过观察从中读出知识。杜威说，这是一个完全错误且具有误导性的模型。现实与此截然不同。我们是生活在这样一个环境中的有机体，我们最关心的是生存。我们拥有的最重要的一个生存机制——也许是最最重要的——是知识，因为它赋予我们对环境的理解，并由此获得对它的某种程度的掌握。因此，事实是，我们是我们试图理解、获取知识的世界的物质和实体的一部分，而我们对知识的获取对我们来说具有最高的实践重要性，有时甚至是生死攸关的问题。无论我们喜欢与否，我们始终都必须根据我们所能收集到的最可靠的信念采取行动，尽管其中许多信念可能不完美或不充分。正是在这种情况下，我们试图增加我们的理解和我们的知识。未来的认知者是为生存而奋斗的生物有机体——不是旁观者，而是行为者。

顺便说一句，这确实是一个非常重大的事件，在此值得指出的一点是，对笛卡尔传统的反抗似乎已经成为 20 世纪哲学的一个显著特征。它描述了美国实用主义者、弗雷格及其追随者、海德格尔及其追随者、后期维特根斯坦及其追随者，和（或许他们所有人中最激进的）波普尔及其追随者的特征。长期以来，传统和习俗的差异在大多数专业哲学家面前掩盖了这个事实，即尽管美国实用主义者、海德格尔和后期维特根斯坦的工作在很大程度上毫不相关，但他们正在处理一些相同的基本问题，更有甚者，他们说的是一些关于它们的相同的基本事情。直到现在，似乎还有很多人没有醒悟到这个事实。但这种认识正在蔓延。

但让我回到我关于实用主义者的最后一个观点。在实用主义哲学中，事物几乎总是被从主体的角度来看待。在我看来，这正是实用主义必须传达的最重要的一个见解：知识在本质上与活动密切相关，并且意义的标准和真理的标准需要与活动有某种关系。

摩根贝瑟：杜威反对知识理论，这种理论认为，知识独立于其在解决问题的探究中的作用。探究是由怀疑引发的，如果通过良好的探究得出了问题的解决方案，那么得出结论就是做出一个有保证的断言。当然，在得出结论时，探究者判断结论是真的，但这并不需要将真理定义为有正当理由的可断言性（assertability）。探究是由思想和观念引导的，但观念是行动的计划：思想和行动之间不存在概念上的鸿沟。

当谈到科学探究时，我们可能会有进一步的冲动，说科学之所以有效，是因为它是真的，而它之所以是真的，是因为它的陈述符合世界的本来面貌；但我们无法使我们自己摆脱当前的信念高高在上地看这个世界。我们诉诸科学来告诉我们世界是怎样的，因为我们其实无法独立地了解这个世界。如果不诉诸其他信念，就无法证成我们关于这个世界的信念。当然，我们可以说，人们之所以做他们所做的或相信他们所相信的，是因为他们参与在这个世界之中，杜威确实试图在他关于人与自然之间相互作用的各种讲座中具体说明这意味着什么。在这样做时，我们正在使用科学，也许是为了解释的目的，但我们不能说这是证成科学的一种方式。

约翰·杜威
（John Dewey，1859—1952）

麦基：杜威将获取知识视为一种社会活动这一事实的一个后果是，他由此对制度产生了特殊的兴趣。这一点也有其他的理由——例如，他认为科学如此成功的一个主要原因是它将批评制度化。你能谈谈杜威对制度的特殊态度吗？

摩根贝瑟：杜威的制度进路包含许多主题。首先，他告诉我们，可能无法列出这些特定需求或本能的清单，它们是特定社会制度需要满足的目的——其他社会制度也可能满足了这些需求或本能。通常，需求是根据制度安排来具体化的，例如，我们需要一份工作。当然，众所周知，需求是通过制度安排来改变的——

通常制度会创造需求。对食物的需求是基本的，但没有一个特定的制度可以被解释为是为了满足这种需求而出现的；再一次，其他制度安排也可以满足这种需求——显然，人们不仅需要食物，还想要或需要某种特定的食物并会拒绝其他食物。他们这样做的事实必须通过他们正在过的生活来解释。接下来还有第二个主题。在任何特定时间，我们都可以批评社会公认的机构，因为它们没有满足它声称要满足的社会公认的需求。杜威经常以此为由批评美国的制度，并要求建立新的社会制度来满足社会公认的需求。一些理论试图通过诉诸关于人的本质的理论来证明制度安排的合理性：这些制度必须持续，因为人的本质就是如此。特定的制度因为这一事实而是必要的。杜威经常对此反驳道，这些理论没有什么价值。人们的行为方式是由他们的文化和社会制度安排决定的，所有这些都可以改变。我们必须讨论人们有能力做什么。

　　杜威并不否认人类生活存在不变的特征，但他认为没有一种最好的办法来尝试处理这些特征。问题始终是一个具体的问题——如何处理当前的安排。关于这些问题的争论可以是理性与合理的。这引出了最后一点。杜威挑战了事实与价值之间的二元区分，他的论点是，事实问题可以理性讨论，而价值问题则不能，在开始对价值进行理性讨论或进行理性审议之前，我们必须对事物的内在价值做出判断，并让这个判断保持不变。杜威认为，我们不仅可以对目的进行慎思，而且在慎思（deliberation）的过程中，我们可能会改变我们对这些目的的信念。杜威一次又一次地试图在科学家慎思的方式与人们理性慎思并就有价值的问题做出理性决定的方式之间找到相似之处。他经常讨论个体慎思者的例子。他对理性慎思方法的分析也被许多哲学家讨论。

然后他试图概括和谈论为了指导社会变革对社会问题的明智慎思。他同意，对辩论中的具体问题进行理性慎思需要辩论者达成一致意见才能开始。但科学慎思也是如此：科学家必须有足够的共同背景信念和方法共识，才能检验有争议的假设。对于社会问题，谈论共同慎思是没有意义的，除非我们意识到，当且仅当那些受结果影响的人在其中有发言权时，对决定影响他们生活的制度安排有发言权时，慎思在道德上才是严肃的。因此，他一再呼吁人们不要被排除在此类辩论之外。

杜威受到了多方面的批评。有人声称他假设理性的人们在辩论后总是能达成一致，当然杜威没有证据证明情况确实如此。他同意他没有证据，但他认为没有先天理由相信这是不可能做到的。

麦基：他对制度做出的一个说明给我留下了特别的印象，那就是制度可能会产生真正重要的冲突，但这些冲突并不是任何个人的问题。

受杜威观念影响最大的机构是教育机构：在教育领域，他的影响力真的可以说是国际性的。你能跟我们讲一些相关情况吗？

摩根贝瑟：杜威的教育理论具有影响力有很多原因。它包含对各种学习概念及其效果的有趣分析，以及关于学习和实践之间相互联系的有趣论点。它根据多种理由批评了一些传统的教育理论，例如它们基于可疑的心理学理论，或者与解决工业化和民主社会所面临的问题无关。人们常说，杜威建议他这一代人先面对具体问题，然后再面对其他问题——只抓痒处。但他也是问题的煽动者。他认为，他这一代人，鉴于他们致力于民主，应该面对某些特定问题，并且应该重组他们的一些机构，尤其是他们的教育机构。

在教育领域，杜威全面强调科学探究与其他类型的探究之间的连续性。事实上，杜威的一些批评者认为，他的理论的一个缺陷是，他没有强调科学探究中所追求的特定认知目标。但请注意，对于杜威和所有实用主义者来说，探究是一种特殊的行为方式以及特殊的检验行为的方式。杜威试图将教育建立在这一进路的基础上。例如，他认为，学校最好被视为一个共同体，其成员通过学习和共同活动发展他们的潜力和能力，特别是养成思维习惯的能力，这可以在各行各业中得到体现。从一个角度来看，教育没有固定的目的。从另一个角度来看，重要的目的是成长，这也是他的民主理论的核心目标。正如他所说，一个由自由个体组成的社会，其中每个人都通过自己的工作为他人的解放和生活的丰富多彩做出了贡献，这是任何个体能够真正健康成长的唯一环境。正如西德尼·胡克（Sidney Hook）所说，这是一种夸张的说法，但这种过分强调本身应该表明，对杜威而言，民主作为一种道德理想有多么重要。

麦基：确实如此，我认为他是传统观念的所有早期反对者中最有力的一个，这种传统观念认为，教育是通过规训从外部强加给孩子的，反对孩子的天然抵抗力。他认为孩子生来精力充沛、好奇心强，并认为应该利用这些动力，使教育过程与孩子的能量一起流动，也就是从孩子的内心提供动力。但他的一大优点是，他并不用一个感性的态度看待孩子。他认为那些鼓吹孩子永远不应该被迫做任何事情，而应该自由决定自己要学什么的教育家是愚蠢的，因为他们完全没有认识到孩子的无知和情感上的不成熟。孩子需要指导和支持；如果他们要能够应对生活并自力更生，他们需要大量的指导。但如果这些事情以正确的方式进行，可以通过把孩子作为盟友而不是俘虏来完成。特别是，杜威建议利用孩子充沛的精力鼓励他们通过实践、活动和参与来学习。这基本上可以被视为一种解决问题的进路——总是关注正在做的事情的基本原理，并由此关注观念和理论，但也始终与实践和活动相结合。为了简要说明这一点，我必须用一般术语来表述它，但杜威的讨论通常非常具体，他特别关注将他的想法付诸实践所需的具体制度安排。他是教育理论中最早的一位伟大的现代主义者，并且或许是最好的一位。如果他所说的大部分内容现在被我们许多人认为是理所当然的，那么这在很大程度上表明了他的成功：在他写下这些的年代，世界各地的教育（包括美国在内）都与此完全不同。

14

Modern Logic

弗雷格、罗素与现代逻辑

对话 A.J. 艾耶尔

A. J. 艾耶尔
（A.J. Ayer，1910—1989）

引 言

麦基：当今英语世界中的许多哲学——甚至可能是大部分——都可以通过中间发展追溯到两个人的著作：戈特洛布·弗雷格（Gottlob Frege）和伯特兰·罗素。他们的大部分工作都是独立完成的，他们奠定了现代逻辑的基础。不仅如此，虽然他们一开始的工作主要涉及数学原理以及数学与逻辑之间的关系，但其含义如此广泛，以至随着时间的推移，它对整个哲学产生了深远的影响。同样的事情也发生在最明显、最直接地继承他们思想的哲学家维特根斯坦身上。维特根斯坦是罗素的学生，他在弗雷格的建议下跟随罗素学习。尽管他一开始是发展罗素和弗雷格在数理逻辑上的工作，但他最终对 20 世纪哲学产生了首屈一指的影响。在这次讨论中，在不试图深入探讨数学或逻辑的任何技术细节的情况下，我希望我们能够成功地说明弗雷格和罗素如何对20 世纪的思想产生巨大的影响，并且也讨论一些最近受到这种影响的个人和组织。

首先，让我来介绍一下这些主要人物：戈特洛布·弗雷格，德国人，出生于 1848 年，在耶拿大学（University of Jena）数学系度过了他相对默默无闻的整个职业生涯。直到他去世后，他

的名字才在哲学家中广为人知。他的第一部主要著作于 1879 年
出版，名为《概念文字》(*Begriffsschrift*)，这个标题被英译本
所保留，因为没有令人满意的英文可以与之对应。它的意思大概
是"将概念放入符号中"，我们稍后会看到它指的是什么。弗雷
格接下来的一部重要著作于 1884 年出版，英文名为《算术基础》
(*The Foundations of Arithmetic*)。他继续创作了一部重要的原创
性著作——1893 年和 1903 年出版的两卷著作，其英译本的标题
是《算术的基本规律》(*The Basic Laws of Arithmetic*)，但即使
在英语环境中，它也更经常地被称为 *Grundgesetze*。尽管弗雷格
的著述颇丰，但是他的著作都如此深奥难懂，以至在 1903 年伯
特兰·罗素使人们注意到它们之前，它们都相对不为人知。

罗素是与弗雷格完全不同的人。他是英国一位首相的孙
子——后来，继他哥哥之后，他继承了他祖父的伯爵爵位——他
在政治和社会领域以及哲学领域始终享有盛誉；事实上，人们可
以诚实地说，在他成年后的一生中，他几乎都是一位著名的公众
人物。他以专著和报刊评论文章的形式写了大量的通俗作品，而
且他还是一位广为人知的广播员。通过这些活动，他极大地影响
了一代英国人的社会态度。他对人们的社会和政治思想的广泛影
响掩盖了这样一个事实，即他作为哲学家的声誉的基础根本不在
于他的社会或政治理论，而在于对具有高度专业性和技术性特征
的数理逻辑的贡献。罗素出生于 1872 年，一直活到 1970 年。他
的大部分哲学著作是在 20 世纪 20 年代完成的，但他几乎一直活
跃在政治舞台上，直到他去世。

我邀请了当今最著名的一位哲学家 A.J. 艾耶尔（A.J. Ayer）

来讨论弗雷格和罗素的工作以及他们对当今时代的影响。艾耶尔认识罗素，并撰写了大量有关他著作的文章，包括对其著作的一个最好的、最受欢迎的简短导论。即便如此，我认为如果我们从作为早期人物的弗雷格开始将使我们的讨论更加清晰。

讨 论

麦基：一般来说，我们开始思考任何一个哲学家的最佳方式是问自己，他的问题情境是什么。弗雷格一开始试图完成的是什么？

艾耶尔：嗯，他正在试图弥补他认为在算术方面存在的缺陷。他认为，在他的时代，数学命题的表达不够精确，特别是，数学证明不够严格。因此，他开始尝试发明一种符号，在你提到的《概念文字》这本书中解决这个问题。这种符号的目的是表明数学命题所准确表述的内容，以及证明的内容。它应该清楚明白地表达证明中的一个步骤如何连接另一个步骤。在这方面，他那个时代的数学存在一个缺陷，这个缺陷甚至适用于欧几里得数学，这就是，其中尚未明确的假设是证明有效的前提。

麦基：每个论证，包括数学证明，都必须有前提，而这些前提本身并不能被论证证明，否则该论证就是循环论证。这意味着任何论证的结论的真理性，无论多么严格，都依赖于未经证明的初始假设，或者更确切地说，其可证实在论证本身之外。这一事实是智力工作存在严重问题的最常见根源之一。现在弗雷格试图证明的不就是数学所依据的最初假设都可以从最基本的逻辑原理中推导出来吗？最后，这将证明数学是必然真理的体系，因为数学的所有定理都是从纯粹的逻辑前提演绎得出的。

艾耶尔：不是所有的数学。在弗雷格那里，是算术而不是几何。他和罗素以同样的方式进行研究。研究包括两个方面，首先是用纯逻辑术语定义算术概念，其次是表明算术可以从纯逻辑前提推导出来。实现第一部分相当简单。我认为，一个非常简单的例子就能说明它是如何完成的。以任何一个对子为例，比如说，汤姆（Tom）和杰瑞（Jerry）。你可以通过说它们不相等但都是一个集合的成员来将它们定义为一对，并且该集合的任何一个成员都与其中一个或另一个相同。然后你将数字 2 定义为一组这样的集合，即一组对子。显然，相同的程序可以应用于所有的数字。关于无穷，确实存在某种复杂性，但通过这种方式，你可以用纯粹的逻辑术语定义任何基数，这就是弗雷格所做的事情。他还对逻辑本身做出了很大的改进。从古代一直流行到 19 世纪的亚里士多德逻辑的一个缺陷是，它不完全具有普遍性。通过纠正这个问题，弗雷格能够陈述大多数的算术从中演绎的前提。后来的另一位逻辑学家，奥地利人库尔特·哥德尔（Kurt Gödel），证明事实上这是不可能完全实现的，也就是说，算术的形式推导是不可能完全实现的。

麦基：我们是不是可以说，在弗雷格之前，逻辑定律也被视为思维定律，也就是说与人类心理过程有关。弗雷格意识到事实并非如此：证明的有效性——关于从什么得出什么或不得出什么的真理——不能依赖于人类心理的偶然性。

艾耶尔：是的，这非常重要。这是弗雷格所做的最重要的事情之一。他的一本早期著作是对德国哲学家胡塞尔论算术的一本著作的攻击，在其中，逻辑被描述为判断理论。这就是德国观念论者看待逻辑的方式。弗雷格坚持认为逻辑是完全客观的，与心理过程毫无关系。在他看来，你将数字还原为的集合完全是客观实体，因此逻辑完全独立于心理学。逻辑命题是客观真理，心灵当然能够掌握它们，但它们的有效性并不依赖于思维的特征。

麦基：因此，就数学证明而言，这种研究变成了对从证明的每一步到下一步传达的任何内容的研究……

艾耶尔：没错。

麦基：无论这是什么，它都客观地证明了结论——

艾耶尔：完全正确。

麦基：——不管我们自己怎么想。

艾耶尔：这在某种程度上解释了弗雷格在纯粹数学工作之外

还对哲学感兴趣——因为他
还发展了一种意义理论，该
理论将表明数学如何能够是
客观有效的。他所做的不仅
是将数学命题的意义，而且
是将一般命题的意义与它们
的真值条件等同起来，也就
是说，与其中使它们为真或
为假的特征等同起来。

戈特洛布·弗雷格
（Gottlob Frege，1848—1925）

麦基：弗雷格提出的
最具历史影响力的一个区
别——也是他的意义理论
的核心——是涵义（sense）
和指称（reference）之间的区别。这一区别至今仍在使用。你能
解释一下吗？

艾耶尔：它是相当复杂的。这对应的两个德语词是"Sinn"
（通常译为"涵义"）和"Bedeutung"［实际上是德语中的"意
义"，但通常被哲学家译为"指称"（reference/ denotation）］。
一个名字的指称是它所命名的对象。所以"布莱恩·麦基"的指
称就是你，这个真实的人。而名字的涵义是它对意义的贡献。例
如，如果我只是说"汤姆"，你可能会问我："汤姆是谁？"然后
我可能会说，"汤姆是某某的兄弟""发明了某某的人"，或者"第

一个登上某座山的人"。这样，通过给他的名字赋予涵义，我就能让你认出他。现在，这种区别在某些背景下变得很重要。一般来说，对于名字，你关心的是这个名字代表什么。但在某些情况下，区分涵义和指称很重要。一个很好的例子就是同一性的陈述。弗雷格自己最喜欢的例子是暮星和晨星，正如你所知，它们实际上都是金星。如果有人说"暮星与晨星是同一颗星星"，并且将这两个词的涵义当作指称，那么他只是在说"金星就是金星"，这是一种同语反复，毫无意义，而晨星是暮星这一事实是一个重要的发现。因此，在这种用法中，词语的意思不是它们的指称，也不是对象，而是它们的涵义。

麦基：简而言之，弗雷格将意义的概念分为两个组成部分；这些组成部分不仅彼此不同，而且一个词语可能拥有其中一个部分而不拥有另一个部分：一个词语可能拥有涵义但不拥有指称。

艾耶尔：是的，这可以通过两种方式发生。有这样的名字或名词性词语，例如"现任法国国王"，它有涵义但没有指称，因为没有人对应它。此外，还有一种复杂的表达的例子，它们在句子中具有影响其真值条件的功能，使其能够为真或为假，但不指称任何东西，诸如"是好的""是坏的"等谓词，弗雷格称之为不完全表达，因为它们本身没有指称，但它们有助于为句子赋予涵义，并通过其涵义赋予一个指称。

麦基：这些区别，事实上，弗雷格的整个意义理论，都对哲学产生了巨大的影响，不是吗？

艾耶尔：近年来，它们已经变得非常时髦，在英国如此，某种程度上在美国也是如此。它们为哲学的主要问题提供了新的视角。自 17 世纪笛卡尔及其继承者以来的很长一段时间里，人们主要关心知识理论——我们能知道什么，我们如何知道它，以及我们如何有理由持有我们所相信的信念。近年来，这已经让位于有时被称为逻辑哲学（philosophy of logic）的东西，逻辑哲学非常关心意义问题。弗雷格从此变得非常有名气。例如，在我之后担任牛津大学逻辑学教授的迈克尔·达米特（Michael Dummett），他用了一部非常大篇幅的书来探讨弗雷格的区别对意义理论的影响。

麦基：迈克尔·达米特必须被看作弗雷格的主要评论者，对他极为称赞。根据达米特的说法，弗雷格开创了哲学的新时代。弗雷格对哲学进行了去心理学化，因为——正如你刚才所解释的——他已经废除了知识理论在哲学上的主导地位并用逻辑取代了它的位置，这使得 300 年来的哲学发展改变了方向。你同意这个评价吗？

艾耶尔：我认为强调的重点是不同的，但我也认为达米特在两个方面夸大其词了。首先，从苏格拉底开始，哲学家就一直关心意义，苏格拉底到处在问"什么是知识？""什么是善？"等问题，这种提问方式就是希腊人在探讨这些术语的意义。其次，我不认为对知识理论的兴趣已经完全消失了。仍然有人关心知识理论。即使在达米特自己的著作中，意义理论也与真假问题密切相关。这些并没有让我们完全脱离知识理论，因为毕竟知识理论关心的是你有什么理由假设某个陈述或命题为真或为假。所以我认为重点发生了转变，但并没有达到达米特所认为的巨大突破。

麦基：在我们转向弗雷格著作的最新应用之前，我想走到另一边，暂时先谈谈罗素。在介绍我们的讨论时，我强调了这样一个事实：弗雷格在他多产的　生中的大部分时间都在默默无闻的工作，当人们想到罗素时，这一事实就变得很重要：可怜的罗素在他作为逻辑学家的头几年里重新发明了弗雷格已经完成的工作。原因很简单，他不知道弗雷格的存在。但至少这应该让你现在更容易向我们解释罗素早期工作的意义！

艾耶尔：我不太明白你为什么说"可怜的罗素"，因为虽然罗素确实做了弗雷格在他之前已经做过的大量工作，但罗素也揭示了弗雷格系统中的一个致命缺陷。他表明弗雷格的逻辑系统实际上包含一个悖论……我不知道你是否希望我详细解释这个悖论——如果你希望的话我会的。

麦基：是的，请解释。

艾耶尔：这个悖论是这样的。正如我之前所说，弗雷格将数字还原为集合，这一举动现在甚至在学校算术中也变得相当常见。

并且他做出了一个相当自然的假设，即对于你可以陈述事物的任何条件，都有一组满足该条件的事物。此外，他需要这一假设来证明他的算术系统中的各种命题。现在，罗素想到了这个观点，即将集合分为是其自身成员与不是其自身成员的集合。大多数集合显然不是它们自身的成员，例如，人的集合本身并不是一个人；但有些集合似乎是自己的成员，例如，所有集合的集合。然后罗素说："那么，那些不是其自身成员的集合的集合呢？它是它自身的成员吗？如果它是，那么它就不是。如果它不是，那么它就是。"显然，这是一个矛盾，就像埃庇米尼得斯（Epimenides）那个著名的古老矛盾：一个克里特人说所有克里特人都是骗子。这属于自相矛盾的命题范畴。

麦基：虽然这个例子很琐碎，但其中的关键却一点都不琐碎，因为这个例子表明的是，我们现在或过去关于数学或逻辑的潜在假设存在错误。

艾耶尔：确实如此。它表明弗雷格的一个基本假设导致矛盾。当罗素在（我认为是）1903 年给弗雷格的一封信中提出了罗素悖论时，弗雷格的第一反应不是"哦，我错了"，而是做出了一个傲慢的回答："全部数学都被破坏了。"然后他认为这句话太过分了，并设法对罗素的反对意见做出了某种答复。但是就在弗雷格去世后不久，波兰逻辑学家莱斯涅夫斯基（Lesniewski）指出，弗雷格的回答也是站不住脚的，对于这一事实，弗雷格本人可能也有所怀疑，因为他从未从罗素的打击中恢复过来。正如你之前所说，两卷本《算术的基本规律》出版后，他再没有写过第三卷。

麦基：在他看来，肯定他毕生的工作都被毁掉了。

艾耶尔：是的，就奠定算术基础而言，他一生的工作都已经被毁掉了。所以事实上这是一个非常悲伤的故事，一个悲剧性故事。但罗素继续以自己的方式处理他的悖论，用一种被称为类型理论（Theory of Types）的复杂手段，这导致的一点是，说一个类别是或不是它自身的成员是不可能的——是毫无意义的。应该说，并不是所有人都对此感到满意。人们认为有不同的方法可以解决这个悖论。即便如此，在某种程度上，罗素还是战胜了弗雷格。

麦基：但是我必须强调这一点，事实是，年轻的罗素花费数年完成的大量工作已经由弗雷格完成了，而罗素并不知道这一点。

艾耶尔：是的，确实如此。

麦基：但是这一点同样是真的，即尽管弗雷格最先完成了大部分工作——而且至今一些专家也认为弗雷格在很多方面做得更好——但正是通过罗素，这些观点才在哲学中变得著名并具有影响力。

艾耶尔：确实如此。我不知道为什么弗雷格的工作如此被忽视。部分可能是因为这个荒谬的理由，即对逻辑发展的兴趣在很大程度上是英国人的事情——在弗雷格之前的 19 世纪，像乔治·布尔（George Boole）和奥古斯都·德·摩根（Augustus De Morgan）等就已经在这么做了。没有多少英国人——我很惭愧地说，连哲学家也没有——阅读德文，或者不读那些看似晦涩的德语文献。因此，弗雷格的著作在德国没有被接受，是因为在德国，关于逻辑的错误的心理学观点仍然在盛行；而它在英国没有被接受，仅仅是因为英国的狭隘性和在外语上的无能。因此它在当时仍然几乎是不为人知的。

麦基：直到罗素，我相信他小时候有过说德语的保姆或家庭教师，他懂德语。

艾耶尔：他确实懂德语，是这样的。但甚至罗素也是间接了解到这一点的。事情是这样的：1903 年，罗素和他的合作者怀特海去巴黎参加一次大会，遇到了一位名叫朱塞佩·皮亚诺（Giuseppe Peano）的意大利逻辑学家；正是通过皮亚诺——他的工作给他们留下了深刻的印象，并且他们工作的方向是相同的，尽管他的系统没有弗雷格那么有效率——他们才意识到弗雷格的工作有多么重要。

麦基：所有这一切的结果是，在从亚里士多德到 19 世纪的 2000 多年时间里，逻辑学的基本原理几乎没有发生什么变化，但它却突然进入了一个全新的发展时代。人们可以说，在历史上，如果不是在智识上，这主要是通过罗素实现的。

艾耶尔：主要是通过罗素和怀特海的《数学原理》实现的，他们花了大约10年的时间才完成这部著作。罗素于1903年出版了《数学原理》（*The Principles of Mathematics*），他在该书的序言和附录中确实向弗雷格表示了致谢。然后他与他在剑桥的前任导师怀特海一起继续写了一本名为《数学原理》（*Principia Mathematica*）的三卷本著作，在其中，他实际上试图完成从逻辑推导出数学的任务。它充满了公式，是一部了不起的著作——尽管，正如你正确地指出的，它并没有完全达到弗雷格之前所达到的逻辑严谨的标准。即便如此，正是这部著作真正普及了这个主题。各种各样的人都开始研究它，从此之后，数理逻辑开始了突飞猛进的发展。

麦基：结果是它现在成了整个西方世界智识活动的重要领域，例如在每一所主要的大学里。

艾耶尔：但还应提及的一个有趣的观点是，其影响之一并不是像弗雷格和罗素所希望的那样让数学从属于逻辑，而是让逻辑从属于数学。近年来，由于数理逻辑变得越来越数学化，它与一般哲学的关系越来越少。因此，即使诸如迈克尔·达米特这样的弗雷格后继者也更对弗雷格著作的语义方面（意义理论）更感兴趣，而不是纯粹的数学方面。

麦基：弗雷格本人从未明确地从数理逻辑迈入一般哲学的研究。但罗素这样做了。你能为我们说明一下，他所完成的所有这些数理逻辑如何影响他的哲学立场吗？

艾耶尔：很奇怪的是，这两者之间的联系如此之少。我认为它们之间的一个联系是罗素所谓的摹状词理论（Theory of Descriptions）。正如我已经解释过的，人们对包括诸如"现任法国国王"之类表达的命题的意义感到困惑，这些表达并不指称任何东西。如果你说，"现任法国国王是秃头"，因为法国没有国王，所以既然这个表达不指称任何东西，那么这就存在一个它怎么可能有意义的问题。曾经有一些哲学家，一个著名的例子是一位名叫亚历克修斯·冯·迈农（Alexius von Meinong）的德国哲学家，认为这些表达指称他所谓的"存在实体"（subsistent entity）；但罗素认为这是胡说八道，他展示了一种翻译此类表达的方式，表明它们实际上包含隐性的存在断言。在我们的例子中，这将大致产生以下假命题："现在有且仅有一种东西统治法国，无论统治法国的是什么，他都是秃头。"通过这种方式，罗素摆脱了表面上的悖论，因此他的逻辑著作具有了哲学含义。但总的来说，他只是采取了另一种策略。《哲学问题》——一本列入"家庭大学丛书"的书——于1912年出版，在我看来，它仍然是现存最好的哲学入门书，因为罗素是一位如此了不起的作家（尽管这本书有点老式）。在这本书中，他实际上根本没有谈到他的逻辑学著作，而只是延续了英国经验主义的传统：这本书直接继承了洛克、贝克莱和休谟的思想，以一种非常类似于贝克莱的感知理论作为开端。该理论认为，我们所感知的不是桌子和椅子之类的东西，而是洛克所说的简单观念，以及罗素——追随他的朋友摩尔（Moore）——所说的感觉材料（scnse data）。然后它处理了古老的传统哲学问题，即我们如何在呈现这些感官印象的基础上获得物理对象。在那之后，他从经验主义的立场处理各种传统哲学问题。

在《数学原理》之后，他或多或少地放弃了逻辑。他自己也说这让他疲惫不堪。他与怀特海合作写了那部著作，但怀特海当时在剑桥大学教数学，并主要专注于数学工作。1910 年至 1915 年，罗素在剑桥大学担任讲师，但在 20 世纪的第一个十年，在他写下《数学原理》的大部分内容时，他都靠自己的独立收入生活。因此他曾经做过写出几乎所有证明的工作，他说这事实上使他以后无法再做任何详细的工作。这在某种程度上是真的：他的后期著作都充满了他从未完全发展的绝妙观点——在他感到无聊的时候，他就说它"像这样继续……"而不费心去给"i"打上一点和给"t"画上一横。

麦基：是我弄错了，还是我在他后期著作中发现了一个重要的持续关切？在我看来，罗素总是关心用感觉材料来证明自然科学——也就是说，他总是想证明我们科学知识的整个语料库能够源自并且在实际上源自和只源自我们的观察，以及我们对我们的观察的反思？

艾耶尔：并不总是如此。我认为你在这里提出了一个非常重

要的观点，事实上，
我在刚才讲话时忽略
了这个观点，那就是
从一开始，罗素的哲
学进路就是对证成的
兴趣。有一个非常有
趣的故事，当他大约
12 岁时，他的哥哥
弗兰克·罗素（Frank
Russell）——他被送
到了学校，罗素自己
则接受的是家庭教
育——开始教他几
何学，而罗素拒绝接

伯特兰·罗素
（Bertrand Russell，1872—1970）

受这些公理。他想要证明它们；但他的哥哥说，除非他们接受这
些公理，否则他们就无法继续学习，所以罗素暂时同意了这些公
理。他总是想让一切得到证成。这对于他对逻辑和数学的进路以
及他对知识其他分支的进路都是常见的——正如你所说，这也是
他对科学的进路：他希望为我们对科学的信念奠定基础。但是他
在这里的观点有所不同。在我提到的《哲学问题》一书中，他实
际上想以感觉材料作为开端，但他并不认为所有科学命题——甚
至所有常识命题，比如"那是一张桌子"——都可以被还原为感
觉命题。他采用了一种因果理论，即你可以假设物理世界的存在
是对我们感觉经验的最佳解释。后来他改变了自己的看法，在他

1914 年出版的一本关于知识理论的重要著作《我们关于外间世界的知识》(*Our Knowledge of the External World*) 中，他实际上接受了你刚才提到的观点。他认为你不仅可以将每一个常识命题，而且可以将每一个科学命题还原为关于我们实际和假设的感觉经验的命题。这种观点在技术上被称为现象主义（如果你去掉贝克莱的上帝，这就是贝克莱的观点，这也是约翰·斯图尔特·密尔的观点——顺便说一句，他是罗素的教父，他的外行教父，因为他不信上帝），在《我们关于外间世界的知识》以及被罗素收录在一本名为《神秘主义与逻辑》(*Mysticism and Logic*) 一书的一些重要文章中得到了发展。《神秘主义与逻辑》面世于第一次世界大战期间，其中值得注意的一篇文章题为《感觉材料与物理学的关系》("The Relation of Sense-data to Physics")。他在 1921 年出版的另一本重要著作《心的分析》(*The Analysis of Mind*) 中延续了这一趋势。在那本书中，他采用了实用主义者威廉·詹姆斯在他之前提出的理论，即心灵和物质二者是由詹姆斯所谓的"中性材料"(neutral stuff) 构成的，这实际上是感觉材料和图像。心灵和物质之所以被认为是不同的，仅在于这些基本材料的不同安排。但后来罗素放弃了这个观点。1927 年，他出版了《物的分析》(*The Analysis of Matter*)，这本书里确实还残留着这种观点的痕迹，但他主要回到了他在 1912 年所持有的因果理论。当他在 20 世纪 40 年代重新燃起对哲学的兴趣，并出版了他的最后一部或者倒数第二部哲学著作《人类的知识：其范围与限度》(*Human Knowledge, Its Scope and Limits*)，他才完全回到了一种因果理论。他一直认为我们知识的基础在于感觉经验，但他改变了关于下一个步骤的观点。因此，只有在他著作的一个时期，他才认为全部事物可以被还原为感觉术语。更多时候，当然是在他职业生涯的末期，他非常强烈地坚持一种因果理论，这种理论使物质世界超出了我们的观察范围。事实上，他最终得出了一个非常奇怪的理论，即当我在看你时，我实际上只是在检查我自己的大脑。

麦基：当然，他这句话的意思是，你正在对占据你头脑的我的感觉材料做出反应。

艾耶尔：没错。是这样。

麦基：我认为我们最好不要追问那个特定的理论，尽管它很令人着迷。我们目前的讨论有更广泛的关切。我认为你会同意的一件事是，罗素始终如一地试图给哲学带来新的严谨性。我很想说不仅是逻辑种类上的严谨，而且是科学种类上的严谨。例如，他总是担心——这是他一再重申的一件事——我们的信念应该符合它们的证据。如果我们认真对待这个原则，可以扫除大量的传统思考，包括大量的传统哲学思考。

艾耶尔：是的，我认为这是真的。正如你已经提到的，罗素对维特根斯坦有影响，维特根斯坦实际上是罗素的学生。而且，正如你所知道的，维特根斯坦以及受他影响的维也纳学派（Vienna Circle）这个哲学家组织宣告，他们所谓的形而上学是无用的。

在他们看来，形而上学至少部分是由试图以非科学的术语描述这个世界的尝试组成的。他们认为自然世界是唯一存在的世界，而科学就是形成有关自然的理论，并通过观察来验证；任何关于存在一个高等世界、一个有神居住的世界或类似事物的假设都是荒谬的。罗素可能并不认为这是无稽之谈，但他至少认为这是错误的。他总是关心科学的证成，并且总是担心在他看来的如下事实，即对科学的证成是极有问题的。

麦基：直到最后仍然存在问题。

艾耶尔：是的，直到最后。他于 1959 年出版的最后一部哲学著作《我的哲学的发展》（*My Philosophical Development*）主要是一本回忆录；但在他于 1948 年出版的最后一部纯哲学著作《人类的知识：其范围与限度》中，他提出了他认为要证成对科学理论的信念所需要的假设。他非常明确地表示，他认为这些假设必须被相信。他试图解决我们所谓的归纳理论，但对它从未完全感到满意。他或多或少在说："我们实际上不能确定科学是真的，但它比其他可能作为其对手的东西更有可能是真的。"

麦基：所以直到最后，他都无法按照他想要的方式证明科学。

艾耶尔：是的，他无法以他想要的方式证明它。

麦基：让我们尝试以更有条理一点的方式谈论他的影响——

因为他和维特根斯坦肯定是 20 世纪至少在英语世界中最具影响力的两位哲学家。现在，我想第一批受罗素影响的重要人群是他的同时代人，甚至是比他年长的人，比如他年轻时在剑桥大学与他合作过的摩尔和怀特海？

艾耶尔：奇怪的是，这种影响却走向了相反的方向。让我们这样说吧。在罗素和怀特海合作的纯逻辑著作中，我认为想法更有趣的人是罗素。类型理论和摹状词理论都源自罗素。但是，当谈到尝试将这种技术应用于哲学时——罗素在《我们关于外间世界的知识》中稍微做了一点尝试，例如，他试图将点和瞬间等抽象概念还原为观察术语——领先的是怀特海，而罗素从怀特海那里获得了他的观念。事实上，他们为此争论不休，因为罗素没有给予怀特海足够的认可。你会发现，这个理论在第一次世界大战后出版的怀特海的两部著作《自然知识的原理》(*The Principles of Natural Knowledge*) 和《自然的概念》(*The Concept of Nature*) 中得到了发展。罗素早期也受到了 J. M. E. 麦克塔格特 (J. M. E. McTaggart) 的影响，他是黑格尔的弟子并使罗素和摩尔都成了唯心论者。最先反对这一点的是为了常识的摩尔。摩尔是常识的伟大捍卫者，他对罗素的影响致使罗素摆脱了对唯心论的任何信仰。所以这种影响走向了这个方向。在伦理学方面，罗素当时对此并没有太大兴趣，他像所有布鲁姆斯伯里人 (Bloomsbury) 一样，满足于接受摩尔的《伦理学原理》(*Principia Ethica*)。他认为"善"是一个非自然的、无法定义的概念，诸如此类。另一方面，罗素对后代（更多是我这一代的）

哲学家产生了很大的影响，因为他让我们相信，由于科学是在描述世界方面的主宰者，所以哲学所能做的只有阐明和分析；所以我认为他可以被视为分析之父。但在这里，他与维特根斯坦有很大不同——我不想太深入地谈论维特根斯坦……

麦基：我希望你不要这样做，因为接下来的整个讨论都将献给他。

艾耶尔：好，在你的下一场讨论中将会出现的一个话题是，维特根斯坦认为哲学在很大程度上是人们陷入困惑的问题，而像维特根斯坦这样的哲学家的工作就是，用他自己的名言来说，"给苍蝇指路让它飞出捕蝇瓶"，也就是使人们免于一切困惑。但是罗素持有完全不同的观点。他始终认为哲学问题有解决办法。这就是为什么他如此反对、如此敌视纯粹的语言哲学，例如，"二战"后在 J. L. 奥斯汀（J. L. Austin）的领导下在牛津大学蓬勃发展的这种哲学。罗素认为，仅仅为了语言本身而探索语言，研究英语用法的含义，是毫无价值的。事实上，他相信，存在应该由哲学家回答并且可以回答的关于我们信念的证成问题。他认为，如果你足够努力，就能找到答案。否则他认为哲学是不值得从事的工作。

麦基：我可以问你一个私人问题吗？你一生都承认你自己受到了罗素的影响，这意味着你可以切实说明"受到罗素的影响"是什么样的，他对你的影响体现在哪些方面？

艾耶尔：对我来说，首先，与和我同时代的大多数人不同，我仍然认为人们应该从罗素所说的感觉材料开始——我现在更喜欢"感受质"（sense qualia）这个术语，因为二者存在技术上的区别，即你是以特殊事物还是以某个更一般的事物开始，但就我们目前的目的而言，二者是一样的。所以总的来说，我同意他的感知理论的出发点。我也同意他的观点：知识理论具有首要的地位。我现在是而且一直都是一个彻底的经验主义者。我同意罗素从休谟那里推导出来的一个观点，即除了逻辑必然性之外，不存在任何必然性，因此不存在因果必然性这样的东西。因果性只是休谟最初认为的一个东西，即恒常连接，并且它是纯粹偶然的某个东西。我同意罗素的观点，拒绝任何形式的神学，或者任何超验的神学，并且拒绝形而上学。最重要的是，我也同意罗素的观点，即哲学是不值得从事的工作，除非它提出的问题我们可以找到答案。或许不是他，或许不是我，但比我更聪明的人最终会找到答案。

麦基：所有这些例子是否不仅表明你同意罗素的观点，而且表明他影响了你，而且是相当直接地影响了你？

艾耶尔：是这样，是的，非常直接，非常直接的影响。

麦基：你的写作方式——我是说你的文体风格——难道没有受到他的影响吗？

艾耶尔：我确实认为他是英语写作大师，虽然作为哲学家我与罗素不在同一级别，但我认为我的英语文章确实写得相当不错。

麦基：也部分受到了他的影响？

艾耶尔：也部分受到了他的影响。是的，我认为有一种从属关系，无论是观念上还是风格上，从休谟到密尔再到罗素，然后——下一级——再到我。

麦基：你不能再更明确地指出这一点了：罗素对当今哲学家的影响是无处不在的。完成这些之后，我们是否可以将弗雷格带回到人们的视野中，从第二次世界大战后人们对他的工作重新产生兴趣的时期谈起？这意味着在专业哲学领域，对弗雷格的兴趣和对罗素的兴趣第一次并存。这种情况一直持续到我们现在所处的时代。

艾耶尔：要解释历史事件是非常困难的，特别是从这么短期的角度来看，但战后罗素在英国的影响力确实下降了。不过我认为这并不是因为人们重新燃起了对弗雷格的兴趣，而是因为人们对维特根斯坦和摩尔的工作越来越重视。就摩尔而言，尽管我非常喜欢并认为他是一个值得尊敬的人，但我认为他在哲学上被高估了。我认为，对此负有责任的牛津学派哲学家与其说是吉尔伯特·赖尔，这个尊重罗素的人，不如说主要是奥斯汀及其弟子。奥斯汀是一位最狭义意义上的语言哲学家，他非常尊敬摩尔，认

为摩尔重视日常语言和常识，而常识却被罗素称为野蛮人的形而
上学。我的意思是，当时正是摩尔地位的上升导致了罗素地位的下
降，我很高兴地说，这种趋势现在已经被扭转了。

麦基：在我看来，你说罗素在"二战"后地位下降的说法太
过分了。如果一个人回想起战后的岁月，并问自己，在整个英语
世界中，谁是最受尊敬和最有影响力的在世的哲学家，那么即使
是最短的清单里也一定包括——除了罗素本人——维特根斯坦、
卡尔纳普（Carnap）、蒯因（Quine）、波普尔、赖尔和你自己：
你们所有人都公开承认受到了罗素的影响，他的印记在你们所有
人身上确实（以不同的方式）是显而易见的。

艾耶尔：是的。也许我错了。你应该比我更清楚，因为毕竟
你在 20 世纪 50 年代生活在牛津，而当时我已经离开去了伦敦。
但毫无疑问，我们在伦敦的印象是，罗素没有获得他应有的地位。

麦基：但这是以牛津为中心的观点来看的，这在哲学上始终
是一个错误。确实，当时牛津一些当地时髦的哲学家看不起罗素，
但他们自己的著作——以及他们自己的哲学观，包括他们对其他
哲学家的评价——并没有经受住时间的考验。

艾耶尔：我很高兴听到这一点。当然，罗素的声誉已经恢复
了。或许我是受到这个事实的影响，即他本人认为他的地位已经
下降了。我知道这一点是因为那时我经常见到他。我在伦敦组织

了一个小组，他也参加了，他当然觉得自己没有获得应有的地位。像所有哲学家一样，他有点虚荣，并因此感到痛苦。

麦基：但无论如何，我们都同意，他的声誉和影响力现在已经回归。如果可以的话，让我们转向战后人们对弗雷格兴趣的复兴。

艾耶尔：对弗雷格兴趣的复兴是我实在无法解释的事情。我甚至不知道它到底是怎么发生的。它可能始于美国，在一个名叫阿朗佐·丘奇（Alonzo Church）的人领导的一个逻辑学派那里得到了发展，丘奇坚持逻辑和数学的严格性，并在弗雷格而不是罗素和怀特海那里发现了这种严格性 [尽管当然，他们确实也在其他地方找到了这种严格性，例如，在大卫·希尔伯特（David Hilbert）那里，尽管他们出于其他原因与希尔伯特有不同意见]。在英国，我能找到的第一个证据是在威廉·涅尔（William Kneale）和玛莎·涅尔（Martha Kneale）夫妇出版的一部相当晚近的书里，我认为大约是在 1962 年出版的，这是一部令人印象非常深刻的逻辑史著作，其中对弗雷格给予了极大的重视。他被看作与亚里士多德齐名。这是两个伟大的名字。

麦基：但是你及时跳过了一部对弗雷格兴趣的复兴至关重要的书。它也出自牛津。

艾耶尔：我跳过了一件事：你突然提醒了我 20 世纪 50 年代初有一个译本。

麦基：就是在 1950 年。

艾耶尔：是 1950 年吗？由奥斯汀翻译的弗雷格的《算术基础》。两三年后，还有一个译本——由在美国生活和工作的英国人马克斯·布莱克（Max Black）和彼得·吉奇（Peter Geach）翻译的弗雷格两篇非常晦涩但重要的语义学文章，其中一篇名为《涵义与指称》（"Sense and Reference"），另一篇名为《功能与概念》（"Function and Concept"）。因此，在 20 世纪 50 年代初，人们突然对弗雷格产生了兴趣。但我不太确定是什么导致的，或者它实际上产生了什么后果。

麦基：但肯定有不少聪明的年轻人接受了它并受到它的影响？我不知道这种影响是否会持续下去，但在我看来，它至少一直持续到了我们这个时代。

艾耶尔：除了达米特的著作之外，我发现弗雷格对当前哲学著作的影响很小。也许现在正在做的最有趣的工作是在美国完成的，如果你看看蒯因、普特南（Putnam）、托马斯·内格尔（Thomas Nagel），特别是唐纳德·戴维森（Donald Davidson）等人的著作，你不会发现弗雷格的如此强烈的影响——也许戴维森除外，他间接地受到了影响，通过波兰逻辑学家阿尔弗雷德·塔斯基（Alfred Tarski）关于真理的工作（这在某个方面与弗雷格有关，因为弗雷格本人也把意义与真理联系起来）。

麦基：那么罗素的持续影响力又如何呢？你有信心这种影响会持续下去吗？

艾耶尔：是的。

麦基：为什么？

艾耶尔：主要是因为它支持了我对哲学的看法。我认为他提出的问题是重要的哲学问题。而且我认为他对这些问题的回答，无论正确还是错误，都总是需要被纳入考虑的。

麦基：如果我没弄错的话，你也认为他的哲学概念本身是正确的，即哲学是由对我们重要信念的澄清（因此是分析）和证成（因此是论证）组成的。

艾耶尔：是的——用简单易懂的文体写成。

15

Wittgenstein

维特根斯坦

对话约翰·塞尔

约翰·塞尔
（John Searle，1932— ）

引 言

麦基：在哲学领域，就像在人类活动的大多数其他领域一样，生者的优点比死者的优点更具争议性。如果今天你在世界范围内面向哲学教授进行一项关于"谁是当今最好的哲学家？"的民意调查，我很确定没有一位候选人会获得绝对多数的选票。因此，任何所谓"伟大的哲学家"的名单最好以最近去世的一位广受赞誉的哲学家结束——而今天，对我们来说，那个人就是维特根斯坦。

路德维希·维特根斯坦（Ludwig Wittgenstein）于 1889 年出生于维也纳。他的父亲是奥地利最富有的钢铁大亨，他本可以从他父亲那里继承一大笔财产。维特根斯坦从小就对机械着迷，他接受的教育的重点方向是数学、物理学和工程学。在柏林学习机械工程后，他在曼彻斯特大学（University of Manchester）攻读了三年航空学研究生。在此期间，他开始对他当时正在使用的数学的本质的基本问题感兴趣。伯特兰·罗素的《数学原理》一书促使他放弃了工程学，前往剑桥大学学习数学哲学，他在罗素的指导下学习，并很快就学会了罗素所教的所有内容。然后，他继续进行原创性的思考，于 1921 年出版了他的第一部书《逻

辑哲学论》（*Tractatus Logico-Philosophicus*）——通常简称为
Tractatus。

维特根斯坦真的相信在这部书中他已经解决了哲学的基本问
题，因此他放弃了哲学而去做其他事情。与此同时，《逻辑哲学论》
获得了巨大的影响力，促进了剑桥大学逻辑学的进一步发展，同
时在欧洲大陆成为被称为"维也纳学派"这一著名逻辑实证主义
者组织中最受推崇的文本。但维特根斯坦本人后来觉得《逻辑哲
学论》从根本上来说是错误的，所以他最终又回到了哲学。1929
年，他回到了剑桥大学，并于 1939 年成为哲学教授。在他待在
剑桥的第二个时期，他发展了一个与他之前的进路完全不同的全
新进路。在他接下来的人生中，他后来的这种进路仅通过私下交
往扩散了其影响，因为除了一篇非常简短的文章外，他在 1951
年去世前没有发表过任何其他内容。但在他去世两年后，也就是
1953 年，他的著作《哲学研究》（*Philosophical Investigations*）
问世，并被证明是自第二次世界大战以来英语世界中最有影响力
的哲学著作。

所以，在这里，我们有一个奇特的现象，一位天才哲学家
在他生命的不同阶段产生了两种不相容的哲学，并且每一种哲学
都影响了整整一代人。这两种哲学虽然不相容，但确实具有某些
共同的基本特征。两者都关注语言在人类思维和人类生活中的作
用，并且都非常关心在有效和无效的语言使用之间划定界限——
或者，正如有人曾说的，二者都试图在意义结束和无意义开始之
处画出一条线。对我来说，维特根斯坦两部主要著作中较早的一
部《逻辑哲学论》仍然极具可读性，但必须承认的是，其后期著

作《哲学研究》才使他成为自他去世以来具有国际影响力的文化人物，而且现在仍在哲学以外的许多领域发挥着积极的影响。

我邀请了加利福尼亚大学伯克利分校哲学教授约翰·塞尔（John Searle）与我讨论维特根斯坦的著作。

讨 论

麦基：既然维特根斯坦否定了他自己的早期哲学，而且无论如何，现在更具影响力的是他的后期哲学，我认为我们不应该在他的早期著作上投入太多时间。关于他的早期著作，我们真正需要了解些什么？

塞尔：我认为理解《逻辑哲学论》的关键是意义图画论（picture theory of meaning）。维特根斯坦认为，如果语言要代表现实，如果句子要代表事态，那么句子和事态之间就必须有一些共同点。由于句子及其所代表的事态必须具有共同的结构，因此从这个意义上来说，句子就像是可能事实的图画。正如图画中的元素对应于世界中的对象，图画中元素的排列对应于现实中对象的可能排列，因此句子中包含的名称也对应于世界中的对象；并且句子中名称的排列对应于世界中对象的可能排列。

现在，句子实际上是图画的一种伪装形式这一观点赋予了他一根奇特的形而上学杠杆，使他能够从语言的结构中读出现实的结构。其理由是现实的结构必须决定语言的结构。除非语言以某种方式反映现实，否则句子就不可能有意义。

麦基：因此，这里关键的一点是我们能够谈论现实，不仅因为名称指称它，而且因为句子用图画描绘它。话语要反映世界，仅有代表事物的词语是不够的。为了能够说出事物是怎样的，我们还需要能够将词语置于一种特定的相互关系中，以描绘世界上事物彼此之间的关系。因此，一种结构对另一种结构的反映才是用语言表述关于世界的有意义话语的可能性的真正关键。但现在可以这么说，同样的事实可以从另一个方向来解读。因为我们知道，为了使有意义的话语成为可能，语言的结构必须反映世界的结构，而且因为我们知道有意义的话语是可能的，我们就处在通过分析语言的结构发现世界的结构的位置上。

塞尔：对。每一个有意义的句子都对应一个可能的事实；每一个真句子都对应一个真事实。因此，我们可以从句子中了解现实的结构，而不管句子是真是假，因为句子的意义本身就决定了它必须对应于世界上可能的事态。

但需要强调的是，维特根斯坦并不是在谈论日常语言中句子的表面特征。他并不是在谈论你我现在用来互相交谈的句子的可视或可听结构。他认为，日常语言句子的这些表面的、可视的或可听的特征实际上隐藏了句子底层的逻辑结构。如果我们拿起日常句子并对它们的意义方式进行逻辑分析，就可以深入了解底层句子，这些句子构成了日常句子隐藏的潜在有意义的结构。我们会深入研究他所谓的"原子命题"（the elementary sentences），在原子命题中，我们会发现句子结构与事实结构之间严格的图画关系。

他继承了弗雷格的观点，即意义的基本单位不是单词，而是句子。在句子的上下文中，单词仅具有功能，单词仅具有一个意义。而且，正如你前面提到的，这是因为句子中单词的串联本身就构成了一个事实，即该句子能够描绘世界上事实的结构。

麦基：我认为当事实存在时，人们会很容易地看出一个句子如何反映一个事实。但是当我肯定事实不存在时怎么办？如果我说"垫子上有一只猫"——好，人们会发现这句话可能用图画描绘了一种事物的状态（或可能的状态）。但如果我说"垫子上没有猫"怎么办？我们都知道这句话的意思，但它用图画描绘了什么样的事态——请注意，是用图画描绘——一张没有猫在垫子上的真实图画会是什么样子的？这和没有狗的图画有什么不同吗？

塞尔：维特根斯坦认为，"非"（not）、"与"（and）、"或"（or）、"如果"（if）等所谓的逻辑常项（logical constants），实际上并不是图画关系的一部分。他说："我的基本思想是逻辑常项没有表征。"他认为，这些逻辑词只是我们将图画串联在一起的方式，但它们本身并不是任何图画的一部分。如果你仔细想想，这并不是那么不现实。例如，我在伯克利的房子对面有一个小公园，公园里张贴着一张狗的图画，上面画着一条红线。现在请注意，我们毫不费力地以与理解狗的图画不同的方式理解红线。我们知道这张图画不是用来描绘身上涂有红色条纹的狗的。相反，这条线是一个否定符号。整个标志的意思是"禁止遛狗"（"No Dogs."）。所以公园里的标志实际上是维特根斯坦式的图画，至少在这个意义上，即"非"（not）符号用于对图画进行操作，但它本身并不是图画的一部分。

麦基：因此，我们可以扩展我们的第一个表述，我们可以说，在年轻的维特根斯坦看来，关于世界的有意义的话语可以被分析为描绘可能事态的基本命题，并且这些基本命题要么联系在一起，要么被假定在陈述可能性，或者被所谓的逻辑常项设立为相互对立的，表达一种替代项，或否定项，或任何它可能的一切。这些逻辑常项本身不是图画式的。

塞尔：是的。正确。

麦基：在我们这场讨论的引言中，我说过维特根斯坦在他整个职业生涯中都关心对有意义和无意义谈话的区分。在他的早期哲学中，他如何划定这条界限？

塞尔：在维特根斯坦的早期哲学著作《逻辑哲学论》中，他认为，唯一严格意义上有意义的语言是陈述事实的语言。但与逻辑实证主义者不同，他并不喜欢这个结论。他并不认为这是一个多么美妙的结果。相反，他认为这样做的后果是，生活中真正重要的事情是无法言说、无法陈述的。例如，他认为伦理学、宗教和美学都属于不可言说的领域。他曾经在谈到《逻辑哲学论》时说，这本书真正重要的部分是被遗漏的那个部分，是根本不存在的那个部分。但根据《逻辑哲学论》中对意义的解释，在有意义或陈述事实的语言与其他语言之间存在严格的界限，后者并不被用来陈述世界上真实或可能的事实，因此严格来说是毫无意义的。这些语言试图言说关于生活的一些重要问题，但它们失败了，因为它们试图表达的东西是不可说的。

麦基：这与那些并非哲学家的人普遍持有的日常观点是一致的，即虽然伦理学、宗教和艺术在生活中具有根本的重要性，语言却完全不足以言说它们传达了什么，或者是关于什么，或者甚至是什么。

塞尔：它们是基本的；但我们讨论它们的尝试是毫无意义的，至少就《逻辑哲学论》中的意义理论而言是这样。这不仅仅是因为我们不能公正地对待它们，而且是因为我们试图公正地对待它们本身是毫无意义的；我们根本无法言说任何关于它们的有意义的话语。

麦基：你曾说过，理解早期维特根斯坦的关键是意义图画论。后期维特根斯坦在哪方面背离了这一理论？

塞尔：虽然维特根斯坦的观点非常复杂，但这个问题实际上有一个相当简单的答案。在他的后期著作中，他放弃了意义图画论，转而支持意义的使用或工具概念。他敦促我们将单词视为工具，将句子视为手段。为了获得正确的语言概念，我们只需要看看它在现实生活中如何行使功能，我们只需要看看人们如何使用单词。他说："对于大量的例子——尽管不是所有的例子——在这些例子中我们使用'意义'这个词，它可以这样定义：一个词的意义就是它在语言中的使用。"

他早期的观点得出的结论是，现实世界的结构决定了语言的结构。但在他的后期著作中，从某种意义上说，情况恰恰相反。在《哲学研究》中，我们的语言结构决定了我们思考现实世界的方式。它决定了我们把什么算作一个对象、两个对象或者相同的对象；它决定了我们到底把什么算作对象。我们无法讨论世界，我们甚至无法思考这个世界，如果没有我们可用于那个目的的某个概念工具。当然，这个工具是由语言提供的。

现在，这让他对语言在我们生活中的作用有了完全不同的概念。在早期著作中，事实陈述的话语实际上是唯一有意义的话语。但在后期著作中，事实证明，事实陈述的话语只是众多其他类型的话语中的一种类型，严格地说，它只是伴随无数其他类型的语言游戏的一种类型的"语言游戏"（language game）。在他的后期著作中，由于强调语言的使用，维特根斯坦不断地提醒我们注意语言使用中的多重性和多样性。

麦基：异乎寻常的是，最重要的隐喻从语言作为图画转变为语言作为工具。现在，图画的本质是它用图画描绘了一种特定的事态，而工具的本质是它可以被用于许多不同的任务。这一方面的差异对维特根斯坦来说非常重要，不是吗？

塞尔：是的。在《哲学研究》中，维特根斯坦总是急于坚持认为语言是可无限延伸的，并且不存在任何单一的本质将语言的所有用途结合在一起。没有任何一个单一的特征贯穿于所有语言而构成语言的本质。事实上，对于特定的单词，甚至不需要有任何特定的本质来构成该单词的定义。他认为，许多单词的不同用法之间只有"家族相似性"（family resemblance）。他举了"游戏"这个词的例子。他问我们，所有游戏有什么共同点（如果有的话）？在此他一如既往地坚持，不要仅仅想当然地认为它们一定有某个共同点，而是找找看你能发现什么共同点。然后他说，如果你考虑各种各样的不同类型的游戏——棋盘游戏、奥林匹克游戏、纸牌游戏、球类游戏等——你会发现游戏并没有任何单一的本质，所有游戏并没有一个单一的共同点，而是存在一系列交叉和重叠的相似之处。他将这种现象称为"家族相似性"。

麦基："不要认为这是理所当然的，而是要思考"这一点对于维特根斯坦来说始终非常重要。用你的例子来说，人们的第一反应是说："哦，但很明显的是，所有游戏都是这样或那样的消遣。"但随后人们就会想到，球员们为了巨额金钱而忍受可怕伤痛的美式足球比赛并不是一种消遣。如果你说"它对观众来说是一种消遣"，那也是行不通的，因为世界上实际进行的大多数的各种各样的比赛可能从来都没有观众。没有观众的美式足球难道不是一场比赛吗？如果你说"所有游戏都是竞争性的"，那也是不对的，因为有些游戏是单人游戏，例如单人纸牌游戏。如果你说"所有游戏至少都是休闲活动，是工作之外的一种改变"，那也不是真的，因为有成千上万的专业人士以玩游戏为生。诸如此类——维特根斯坦的方法要求人们认真仔细地逐个考虑所有他们能想到的例子；虽然这项工作在本质上是详细的，但它也需要想象力，即思考不明显事物的能力。维特根斯坦本人在使用例子时表现出了如此的独创性，以至其中许多例子已经成为哲学通用的一部分。对游戏概念的扩展分析——我们尚没有时间在本场讨论中实际进行这种分析——将表明，或许令人惊讶的是，没有一个它们因之而成为游戏的共同点。它们与无数其他人类活动具有某些共同特征——例如，它们都典型地是从他人那里学到的，并且都典型地是由规则支配的——但当然这些特征不足以使某个东西成为游戏。并且这意味着"游戏"这个词并不代表任何单一事物的存在。

塞尔：对。现在看来，维特根斯坦只是在提醒我们一些明显的事情，即他所说的都是相当常识的东西。在某种程度上，这是对的。但同样重要的是，要记住，他正在反对一种非常强大的哲学传统。他正在反对一种可以追溯到柏拉图和亚里士多德的传统。首先，他在反对他早期的理论，即词语通过代表对象来获得其含义；其次，他在反对一个更古老的传统，即词语通过与心灵中的观念相关联来获得其含义；最后，他也在反对这样一种传统，根据这种传统，一个词要想有意义，就必须存在该词所表达的某种本质。根据这种观点，如果我们可以将很多不同的事物称为游戏，那只能是因为它们具有游戏的一些共同的基本特征。因此，他关于语言评论的兴趣源于他对哲学传统的激进攻击。

麦基：你刚才谈到维特根斯坦将"家族相似性"一词应用于游戏。由于这是一个他应用于所有概念的意义的术语，一个他用来解释意义的概念本身的术语，因此非常值得我们花一些时间来讨论它。通常，当我们说某个家庭的所有成员之间有明显的相似之处时，我们并不是指他们都有一个共同特征——相同的下巴或相同的鼻子（尽管当然，偶尔会有一些家庭出现这种情况）——我们更经常说的是，每个家庭似乎都从共同的池子中提取了不同的一些特征，因此存在各种各样的相似之处，这些相似之处，正如你刚刚所说，相互交叉和重叠。

现在维特根斯坦是在说，这对于词语的意义来说是真的。一个词的意义是其可能用途的总和——但不需要有任何一种事物与某个特定词专门相关，同时又对其所有可能的用途是通用的。这些词更有可能表现出一种家族相似性。

塞尔：是的，但还需要指出两点。首先，他并不是在说这些词含糊不清。他并不是在说"游戏"这个词有不同的含义，就像"bank"这个词可以指河边或金融机构一样。相反，"游戏"这个词的唯一含义，不是从存在一个单一的本质，而是从不同例子中的家族相似性那里获得它的力量。其次，他并不是说在每种语言中的所有单词都是这样。有些词有严格的定义。但他确实认为，对于哲学家来说，看到家族相似现象的普遍性至关重要，因为在哲学中困扰我们的许多词都是这种类型的词。例如，在伦理学和美学中，我们看到诸如"善"和"美"之类的词，我们倾向于认为一定存在这些词所标记的某种本质特征，一定存在某种善的本质或美的本质。相反，维特根斯坦坚持认为，如果我们观察这些词的实际用法，我们会在它们的用法中看到各种纵横交错的家族相似关系。

麦基：不仅是关于单个词的使用，而且是关于整个话语模式的使用，他也说过类似的话，不是吗？我们使用语言的目的多种多样，而且我们出于不同的目的而以不同的方式使用语言。如果你和我正在讨论哲学，我们使用语言的方式与我们争论政治时使用语言的方式不同，并且与我们讨论昨晚共同观看的电影时使用语言的方式也不同。除此之外，还有音乐谈话、科学谈话、宗教谈话和各种不同类型的其他谈话——在所有这些谈话中，语言往往以不同的方式被使用。因此，维特根斯坦再次说道："如果你真的想理解一个词的含义，不要去找词典定义，而是仔细看看它在所考虑的特定话语领域中的实际使用方式。"《哲学研究》这个标题主要指的是这种活动：对实际（actual）情况中实际单词或概念的实际使用进行始终特定的、始终具体的探究。

塞尔：正是如此。他最喜欢的口号之一是"不问意义，只问用途"（"Don't ask for the meaning, ask for the use"）。在这一点上，他在论证中引入了另一个隐喻，这是他为数不多的技术术语之一，即"语言游戏"的概念。他的想法是，我们应该把说一种语言、使用文字看作玩游戏的类比。这个类比的关键点在于，使用文字和玩游戏都是人类活动。它们是我们所做的事情。他认为，词语的使用和玩游戏的活动之间有几个共同特征，这些特征证成了语言游戏的隐喻。首先，两者都是体系性的，事实上，都受规则的支配（尽管对于维特根斯坦来说，规则的概念是有问题的——我们很快就会谈到这一点）。我们不能对语言的使用抱有蛋头先生（Humpty Dumpty）的态度，我们不能认为什么都行，就像我们不能认为在游戏中什么都行一样。但同时也存在很大的富余部分，存在解释的空间；并不是所有事情都是由规则决定的。

现在，一旦我们摆脱了这个观念，即意义完全是心灵中可内省的实体的问题，或者说意义是代表世界上事物的词语的问题——一旦我们看到词语的使用和象棋这样的游戏中棋子的使用之间的类比——那么我们就可以看到一个词的意义完全是由它的用法决定的。正如象棋中国王的"意义"完全取决于其在游戏中的角色一样，词语的意义——包括哲学上令人费解的词语，例如"善""真""美"和"正义"等——也完全取决于在用它们进行游戏的语言游戏中它们所扮演的角色。

这个类比的另一个方面令许多传统哲学家感到不安。维特根斯坦坚持认为，我们不应该寻找语言游戏的基础，就像我们不应该寻找足球或棒球等游戏的基础一样。所有这些都只是人类的活动。这些活动必须面向自己。我们玩伦理话语、审美话语和事实陈述话语的语言游戏，带有"原因"一词的语言游戏，以及识别时空关系的语言游戏。一个典型的哲学错误是认为每种语言游戏都必须有某种基础、某种先验的证成。但维特根斯坦急切地坚持，我们应该仅仅将这些活动视为人类行为的类型，并且将词语的使用视为随时随地与我们其他行为相关联的。如果我们认为我们目前的语言游戏是唯一可能的游戏，我们应该记住，如果我们不同，或者如果世界不同，我们可能会以不同的方式使用单词。但为我们当前的语言游戏找到一些基础或先验的证成并不是我们的任务。我们只能说："这个语言游戏在进行，而且这就是它进行的方式。"

麦基：我必须说，我认为他把"语言游戏"这个词固定下来是一场灾难。这使得他正在做的事情或者他正在谈论的事情听起来在某种程度上是可笑的。它助长了一种非常具体的反哲学偏见，这种偏见在这门学科之外非常普遍，即认为哲学只是玩弄文字游戏，它只是一个游戏，而哲学家只是表面上关心语言的人。我经常听到人们用"语言游戏"这个词来贬低哲学，这些人对这个词的含义得出了错误的结论。在大学里，至少在某个时期，这种情况并不少见。但维特根斯坦根本不是在表达任何此类观点：当我们说话时，我们只是在玩某种游戏。他所做的是在大多数游戏和大多数口头话语的某些结构性特征之间进行清醒和严肃的类比。

塞尔：是的，让我重新强调一下做出这个类比的理由。首先，玩游戏是一种人类的社交活动。它不是某种崇高的只存在于我们头脑中的东西，它不仅仅由一组抽象的逻辑关系组成。游戏典型地具有社会性，并且典型地受规则约束。我相信，这是他在使用文字和玩游戏之间进行类比时想要获得的两个特征。这个类比的力量在于，强调我们应该在行动中看语言，我们应该将说一门语言视为持续的、常规的、社会性的和受规则约束的行为的一部分。

我认为，到目前为止，这听起来似乎没什么争议，至少对我们来说是这样。但这还有一个更激进的方面，超出了与游戏的类比：维特根斯坦急切地坚持，除了语言游戏之外，没有任何视角可以让我们退后一步来评估语言与现实之间的关系。他不认为我们可以跳出语言之外，从侧面审视语言与现实之间的关系，看语言是否充分地再现了现实。没有任何非语言的阿基米德点可以让我们评估语言在表现、应对或处理现实世界方面的成功或失败。我们总是在某种语言游戏或其他游戏中运作。因此，不可能存在对语言游戏的充分性的任何先验评估，因为不存在评估它们的任何非语言的、先验的视角。

麦基：但这是否会导致我们与"现实世界"没有实际接触？如果确实如此，那就从根本上违背了维特根斯坦的早期哲学。在这一点上，毫无疑问存在一个独立存在的现实：我们生活在一个事实的世界中，而语言的功能就是描绘这些事实。因此，维特根斯坦早期哲学的核心是语言与现实之间的关系——语言如何描绘现实，以及什么可以被描绘，什么不能被描绘。但你似乎是在说，根据维特根斯坦的后期哲学，我们永远无法在语言和非语言的东西之间进行任何比较，因为我们永远无法占据任何一个不在语言之中的位置——可以说，不在语言内部的位置。我们所有的概念结构——我们对日常世界、科学、艺术、宗教等一切的概念——都是用我们永远无法摆脱的语言术语建立起来的。从这个现象来看，要么根本不存在外部现实，要么即使存在，也是我们永远无法独立认识或接触的东西。这真的是后期维特根斯坦所要说的吗？

塞尔：不是。事实上，我认为你表述该立场的方式正是维特根斯坦被误解的典型方式。很多人认为，"当然，这种观点会导致某种唯心论，也许是一种语言唯心论""它导致了这样一种观点，即唯一存在的东西就是文字"。但这根本不是维特根斯坦的立场。维特根斯坦并不否认存在我们谈论现实世界中真实对象的语言游戏。例如，我们可以谈论这张桌子或我们坐的这张沙发，或者氢原子轨道上的电子。维特根斯坦并不否认这些词实际上指的是对象。这确实是我们使用词语所做的事情之一——指称世界上的对象。但他在说的是，当我们指称世界上的对象时，我们是在语言游戏中运作，我们对"世界"的概念以及我们对世界的划分方式已经受到我们语言结构的限制。

现在，认为维特根斯坦说的是"一切都与语言游戏相关"或"真理是相对于语言游戏的"是对这最后一个观点的误解。这些言论的前提是我们可以完全脱离语言，从侧面审视语言与现实之间的关系，然后得出结论："啊哈！真理是与语言相关的。"这么说就犯了与说"啊哈！真理是绝对的"完全相同的错误。这两种观点都犯了这同一个的错误，即认为语言之外存在着一种视角，我们可以从这个视角审视语言与现实的关系，然后描述语言如何表现现实。在维特根斯坦看来，我们总是在语言内部工作，即使当我们描述语言的运作方式时也是如此。让我非常快速地表达这一点：维特根斯坦一刻都没有否认现实的存在，他没有否认现实世界的存在，或者我们可以对现实世界做出真陈述这一事实。但是他急切地坚持，如果我们的语言中有诸如"现实世界""现实""真理"之类的表达，那么它们在语言游戏中一定有与"椅子"和"桌子"或"狗"和"猫"等词同样谦卑、同样常见的用途。对于维特根斯坦来说，我们作为哲学家的任务不是坐下来思考现实和真理的崇高本质，而是忙起来描述我们实际上如何使用"现实的"和"真的"等表达。

麦基：让我把这个问题简化为一些简单而直接的表述，以确保我们能够清楚地理解。维特根斯坦正在说的内容的一部分是，要让我把它看作一只手，我必须已经拥有"手"这个概念；要让我把它看作一张桌子，我必须已经拥有"桌子"这个概念；因此，我把现实看作是由一个完整的概念结构构成的，我必须已经拥有这个概念结构，并且可以用语言阐明它？ 是这样吗——还是部分是这样？

塞尔：这是部分正确的，但我认为维特根斯坦的观点比这要更深刻。如果我们从历史的角度看待他的著作，我认为我们可以看到他是过去几百年里发生的一场更大运动的一部分。20 世纪精神生活的一个典型特征是，我们不再认为语言是理所当然的。语言对我们来说已经成为一个巨大的问题。它已经成为哲学的中心，维特根斯坦是这场运动的伟大领袖之一。在一个层面上，他肯定会同意你刚才所说的；也就是说，他会同意这样的观点：现实按照我们划分它的方式进行划分，并且我们只能从语言内部思考如何划分它。我们只能把这个想象成一只手，或者把那个想象成一张桌子，因为我们有相关的概念，那就是相关的词语。但他想要表达的观点比这更深刻。对于维特根斯坦来说，除了语言表达的使用之外，不可能存在思维这样的东西，甚至也不可能存在经验这样的东西，至少就我们认为经验是成年人的人类生活的

路德维希·维特根斯坦
（Ludwig Wittgenstein, 1889—1951）

一个特征而言。对他来说，思考只是用表达来操作；因此，语言渗透到所有的思维中，从而渗透到所有的人类经验中。

麦基：如果人们将你刚刚提出的观点与你之前提出或暗示的观点结合起来，即每个单独的语言游戏只能从内部理解，那么维特根斯坦所允许的那种独立现实也许就得到了澄清。老派的逻辑实证主义者深受他们对维特根斯坦早期哲学阅读的影响，对任何形式的宗教话语也极为不屑一顾。因为宗教话语的典型特征是其无法证实，所以他们认为它实际上毫无意义。但后期维特根斯坦则持完全不同的态度。他会说，宗教话语在每一种已知的社

会形式中都存在，而且一直存在，如果我们想理解它，我们就必须密切关注其具体事例在给定的生活形式中发挥作用的方式。每种话语模式都有其适当的逻辑，像评价科学话语那样评价宗教话语——这正是逻辑实证主义者一直在做的事情——根本没有什么好处。

塞尔：在我看来，我们必须非常小心地表达最后一个观点。维特根斯坦会说，评价宗教语言游戏的成功或失败不是我们作为哲学家的任务。我们所能做的只是描述它是如何进行的。对我们来说重要的是看到，它并不像科学语言游戏那样进行。他认为，如果我们认为宗教话语是某种二流的科学话语，就好像它们是我们没有充分证据支持的理论，这是荒谬的。他总是急切地坚持，我们应该审视不同类型的话语在人们生活中所扮演的角色。对他来说，这就是我们找到这些话语的意义的地方。他讨厌这样的观点，即我们应该对这些问题进行过度纯理性的探讨，并试图将一切都变成某种理论事业。他也不喜欢这样的观点，即我们应该像检查物理学判断一样检查关于上帝存在的判断，然后看它是否符合科学标准。这种事是维特根斯坦喜欢的。英国伟大的板球运动员 W. G. 格雷斯（W.G.Grace）在一次会议上跳到椅子上，大声喊道："上帝不需要一个头，任何老卷心菜都可以做一个头。上帝想要的是一颗心。"维特根斯坦喜欢这个，因为他认为这是对待宗教的正确态度。他认为这是语言游戏在行动中的一个例子。另一方面，他讨厌的是他的剑桥同事 A.C. 尤因（A.C.Ewing）所表达的那种态度，尤因在一次哲学会议上曾提到"有神论假设"。

维特根斯坦拒绝接受这一点，诸如三十年战争只是因为一些"假设"而发生的。

总结一下这个观点：维特根斯坦认为，如果你想理解一种类型的话语，比如宗教话语或任何其他类型的话语，就要看看它在人们生活中实际扮演的角色。对他来说，20世纪精神生活的典型错误是试图将所有知识上的努力视为它们正在试图变得像科学一样。他认为科学和其他任何事物一样都有其地位，但将显然不是科学和技术形式的学科视为实现科学和技术的二流尝试是错误的。

麦基：就这一点而言，我认为有必要补充一点，维特根斯坦确实非常强调不采取"什么都行"的态度。他不认为我们可以随心所欲地使用语言，然后声称我们的话语同其他人的话语一样具有意义或有效性。相反，他认为我们应该最严格地关注我们使用语言的方式。他之所以这么认为，是因为他认为哲学问题或难题最经常是由于词语的滥用而产生的。具体来说，当我们将一种表达模式视为在一个语言游戏中发挥作用而它的正确位置却在另一个语言游戏中时，它们就会出现。例如，如果你像对待科学陈述一样对待宗教陈述，它们就会出现。

塞尔：他是这样表达这个观点的。他说，当我们从语言游戏（语言在家的地方）中取出一个词，然后试图将其视为代表某种崇高的东西时，就会出现哲学问题。他说，当"语言去度假"时，即当一个词不再发挥其应有的作用，而我们正在赋予词语意义的真实语言游戏之外检查词语时，哲学问题就会出现；例如，当我们尝试研究知识、善、真或美的内在本质，而不是仅仅看这些词语和其他词语在语言游戏（它们获得其意义的地方）中如何实际使用时。

但在你刚才说的话里，有一些观点我不同意。人们可能会认为你在暗示一种特殊的哲学语言游戏的存在。我不认为维特根斯坦是这么想的。我认为他的观点是，哲学家应该只从事描述的语言游戏（language game of describing）：他们应该描述词语的实际使用方式；他们应该描述如何使用语言来使我们能够解决，或者更确切地说，消解反复出现的哲学问题；他们应该放弃这样一种观念，即除了描述，哲学还具有解释（explain）或证成（justify）的特殊任务。所以，从某种意义上说，哲学不是一种特殊的语言游戏，它没有一套特殊的规则或程序。相反，我们应该深入人们的实际实践，尤其是他们的语言实践，并描述他们所做之事。我们还可以描述我们现有实践的替代方案，以摆脱我们的实践是不可避免或必要的观念。我们出于特定的求知目的做出这些不同的描述。在他的概念里，我们"正在为了一个目的而收集提示"。这个目的始终是消除由于我们不可避免地误解语言特征的冲动而造成的知识混乱。例如，我们经常在不存在普遍理论的地方渴望某种普遍的理论，在不存在基础的地方渴望某种基础，在只有家族相似性的地方渴望本质。这些是他认为哲学家特有地——实际上不可避免地——会犯的典型错误的种类，而哲学描述的目的就是消除犯这些错误的冲动。

麦基：到目前为止，在我们所有关于维特根斯坦在游戏和语言使用之间进行类比的讨论中，我们还没有触及一个非常重要的点。它与著名的"私人语言"（private language）争论有关。维特根斯坦认为，要使语言具有任何意义，其使用就必须遵循一定的规则。但构成规则或遵守规则的某些标准不可避免地具有社会性。维特根斯坦由此得出结论——私人语言是不存在的。然而，并非所有哲学家都同意他的观点，此后，关于这个问题的争论一直很激烈。事实上，在专业哲学家中，这是维特根斯坦哲学的一个最具争议的方面。

塞尔：是的，它确实引起了争议。事实上，我有点不愿意卷入这个麻烦，因为关于私有语言论证的垃圾文章太多了。我宁愿不卷入这个关于解释的著名争论。但无论如何，我们谈到了这里。为了解释维特根斯坦关于私人语言的讨论，你必须谈一点他的规则概念和受规则约束的行为的概念。在我们一直以来的讨论中，我们说得好像对维特根斯坦来说，规则概念是没有问题的。但显然事实并非如此。他对规则的讨论是他对哲学最重要的贡献之一。他的第一个观察是，规则并不能解释所有可能发生的情况。语言并非处处都受到规则的约束。事实上，没有一个体系是处处受规则约束的。任何规则体系总会留下许多漏洞。他举了打网球发球时抛球的例子。没有规则规定你必须抛多高。我想如果有人能把球抛到 5 英里那么高，从而推迟网球比赛，那么权威机构就必须制定新的规则。但规则体系永远不会变得"完全"，因为总会存在现有规则无法解释的新的可能性。

他提出的第二个观点与第一个观点相关，那就是规则总是有不同的解释（interpretation）。你总能找到某种方式来解释规则，从而证明你的行为确实符合规则，尽管它在表面看起来似乎不符合规则。一个很好的历史案例是美国所得税法的发展，税务机关和那些试图通过重新解释规则来绕过规则使他们的行为看似符合规则的人之间存在着持续的斗争。在维特根斯坦看来，当我们考虑遵守规则的问题时，不可避免地会出现一种悖论。如果通过某种解释可以使一切都符合规则，那么如果给出其他一些巧妙的解释，也可以使一切与规则相冲突，那么你既不会得到符合，也不会得到冲突。看起来这条规则似乎会因为无关紧要而被淘汰，它在解释行为方面不会发挥任何作用。他对这个问题的解决方案是，他指出，遵守规则是一种社会实践，它是我们在社会中所做之事，也是我们在社会中习得之事。社会组织有办法让人们遵守规则并训练人们遵守规则，社会通过这种方式来决定什么才算是遵守规则。因此，在他看来，有一种方法可以只对规则做出回应，而不是"解释"。我们只是以我们受过训练的方式按照规则行事。

他对私人语言的讨论不同于对遵守规则问题的讨论，但它们之间的联系在于，他对遵守规则问题的解决方案也是他对私人语言问题的解决方案。私人语言的问题是这样的：是否存在一种语言，在这种语言中，我以一种其他人无法理解词语的方式用词语来命名我自己的私人感觉，因为这些词语是根据私人经验（只有我自己知道的经验）来明确定义的？这个问题之所以显得如此重要，是因为人们在洛克、贝克莱和休谟等人那里发现的那种传统认识论是以我们应该从内到外建立关于世界的知识这一个观念为基础的。我们从我们内心的私人感觉开始，然后根据我们的内心体验构建公共语言和公共知识。维特根斯坦在讨论私人语言问题时，首先认为，这并不是我们表达内在感觉的语言的真正运作方式。他指出，我们不会对我们的感觉词语给出私人的内在定义，相反，我们的感觉语言，我们描述内心体验的语言，在每一点上都与公共社会现象联系在一起。例如，仅仅因为疼痛在某些情况下出现并产生某些行为，我们才可以拥有谈论疼痛的词汇。我们的日常感觉语言并不是真正的私人语言，因为我们结合公共标准、与行为和情境有关的标准来学习和使用这种语言的术语。

其次，更具争议性的是，维特根斯坦声称我们实际上不可能有一种私人语言，我们不能给出一个私人实指定义，在这个定义中，我们只是向内指向私人经验，为该经验命名，然后用该名称来指称未来相同的经验。他用归谬（*reductio ad absurdum*）论证来反驳这一论证。如果我们试图以这种模型思考一种感觉语言，我们将无法区分真正正确地使用这个词和只是认为我们正确地使用了它。但如果在真正正确地使用这个词和只是认为我们正确地使用了它之间没有区别，那么我们根本就不能谈论正确。因此，我们可以拥有私人感觉语言的观点可归约为荒谬。他对我们如何使用词语来指称内心感觉这一难题的解决方案，与他对遵守规则的一般问题的解决方案相同。使用感觉词语的规则是公共的社会规则。它们是在社会环境中学习和应用的。这些外部标准都受到了社会认可和社会应用。正是因为我们是一个语言共同体的成员，所以我们才能拥有语言规则，因为我们对我们的内心体验有公共的社会标准，所以我们才能拥有一种指称我们内心体验的语言。他通过这句话来总结这一点："一个'内心的过程'需要外在的标准。"

麦基：为了引出维特根斯坦的论证，我比你更强烈地强调的一点是，我们从其他人那里学习所有词语的使用，包括表示内心感觉的词语的使用。味觉、嗅觉、颜色、疼痛、梦境以及其他各种"内心"体验的词语和表达早在我们出生之前就已经存在了，恰当使用它们的标准也是如此。当我们来到这个世界上时，我们所做的就是从其他人那里学习这些词语以及它们的恰当用法。当人们认真考虑这个观点的影响时，似乎现有的词语及其有意义的使用不可避免地成为一种社会现象，无论用它们来谈论的内容可能有多么"内心"和"私人"。正如你所说，这个观点对认识论的影响非常深远。因为这意味着我们不会也不可能通过从我们所独有的私人的元素开始并从这些元素向外构建直到我们到达"外在"世界和其他人来形成我们对世界的概念。这样说违背了哲学的一个传统，这个始于笛卡尔的传统。

对于后期维特根斯坦来说，所有意义的标准最终都是社会的，而不是个人的，更不是私人的。词语从它们被使用的语境获得其意义，而这些意义又取决于社会实践，最终取决于生活方式和生活形式。事实上，他在这种语境下确实大量使用了"生活形式"（forms of life）这个词。

塞尔：没错。强调这一点非常重要，即词语的使用概念本身就是一种社会概念。使用词语是我与社会其他成员一起做的事情。正是因为我们受过使用词语的训练，并受过普遍遵守规则的训练，我们才能避免怀疑主义的形式，根据这种怀疑主义，我所做的任何事情都可以被认为是符合规则的，因为我们可以始终以任何行为都符合该规则的方式解释规则。你正确地要求我们注意这个事实，即维特根斯坦强调语言是一种生活形式。这对他有很多影响，但最重要的一个影响是我们不能将语言与其他人类活动分开来看待。语言在任何地方都与我们的其他活动密切相关。

麦基：人们经常将后期维特根斯坦的哲学与弗洛伊德的精神分析进行类比。根据弗洛伊德的观点，神经症可能是由患者无意识的心理困扰引起的，在这种情况下，心理治疗师的任务就是找出问题的隐藏原因并将其揭露出来；当病人完全意识到他的问题的原因是什么时，问题就不再是一个问题，而病人也被治愈了。这与后期维特根斯坦的观点几乎一模一样。根据他的观点，我们的哲学问题是由概念混乱引起的，而概念混乱的根源在于对语言的深层滥用。哲学家的任务是找出并揭示混乱的原因，而当他们做到这一点时，问题就不再是一个问题。这甚至还有治疗作用：维特根斯坦将哲学难题视为他的方法可以治愈的一种疾病。

塞尔：确实如此。事实上，"治疗"（therapy）是维特根斯坦的用词之一。他将哲学家对问题的解决与医生对疾病的治疗进行了比较。人们经常将其与弗洛伊德进行比较，但在某些方面这是一种奇怪的比较，因为，当然，维特根斯坦对弗洛伊德有非常严肃的批评。他认为弗洛伊德自称科学是严重错误的。但维特根斯坦的"治疗"至少在这个方面类似于精神分析：我们因误解语言逻辑而陷入了巨大的混乱，而且这种混乱在很大程度上是无意识的。哲学家的任务是通过各种治疗，让我们有意识地看到事实的真实特征，从而使我们摆脱这些混乱。正如弗洛伊德认为神经症患者可以通过将导致其症状的压抑冲动带入意识来克服他的神经症一样，维特根斯坦认为，我们可以通过意识到我们对语言使用的真实特征来消除知识上的痉挛和困扰、知识上的障碍——这些都来源于我们理解语言的实际运作方式的失败。

麦基：不幸的是，有些人对后期维特根斯坦很着迷，就像其他人对精神分析很着迷一样。在这两种情况下，我有时会想起卡尔·克劳斯（Karl Kraus）的评论，即精神分析是唯一一种把自身误认为其疗法的疾病。

塞尔：是的。无论如何，维特根斯坦已经成为一种狂热人物。但至少到目前为止，这种狂热要比对弗洛伊德的狂热小得多。

麦基：我认为我们应该谈谈维特根斯坦著作不同寻常的写作方式——毕竟，这是让第一次拿起他的书的人印象深刻的第一件事。它们不是用连续的文章写成的。相反，它们写在单独的段落中，每个段落都有一个编号。通常很少有相互关联的论证。通常很难看出一个段落与它边上的两个段落之间的关系。其写作毫无疑问是独特的——充满了精彩的明喻、隐喻和例子，并且经常提

供直接和令人惊讶的洞见，但至少在一开始，很难看出这一切的
意义是什么。他为何选择这样写作？

塞尔：好，有几个原因。但首先，我完全同意你对他文章特
色的看法。它既令人着迷又令人恼火。当我在准备这次讨论时，
我想起了这个特色。我重读了几乎所有维特根斯坦已出版的著作，
一段时间后，它的文体魅力变得相当令人着迷。我喜欢的一个典
型例子是这样的："当一个人害怕真理时——就像我现在一样——
他所害怕的永远不是全部的真理。"

如果你读了足够多他的文章，你自己也会像他那样思考。你
开始用维特根斯坦的格言来称呼你的妻子，这可能会让她非常恼
火。此外，当你拿起他的一部晚期著作阅读时，你会有一种感觉，
这有点像获得一套飞机模型，但没有说明书告诉你如何将所有部
件组装在一起。这也可能非常令人沮丧。他后来的每一部著作都
可以说是一部 DIY 书。

那么他为什么要这样写呢？首先，我认为这是他觉得唯一完
全自然的方式。他经常描述，即使尝试将段落连续地组合在一起，
对他来说也是一种折磨，更不用说在传统书籍和论文集中写传统
文章了。但其次，我认为维特根斯坦的风格中有一种几乎可以称
之为傲慢的元素。维特根斯坦有意识地希望他的工作不同于做哲
学的标准方式。他讨厌期刊上出现的那种标准文章，以及由哲学
教授撰写的、供该学科本科生阅读的标准著作。但这不只是他想
刻意与其他人不同。他的风格还有第三个方面。我认为他诚实而
真诚地在努力说一些新的、不同的东西，他总有一种感觉，他没

有完全说出他真正的意思，他仍在努力寻找一种表达模式。而在他自己看来，他从未真正成功过。最后，我想我们需要对英语读者说，这种风格虽然在美国人看来很奇怪，但在德语中却并不罕见。德国哲学有用格言写作的传统。仅举几例，你可以在尼采、叔本华和格奥尔格·克里斯托夫·利希滕贝格（Georg Christoph Lichtenberg）等人那里发现这种传统。

麦基：尽管我们可能对他有一些我认为你我都同意的批评，但维特根斯坦的作品是写作的巅峰——出于对他的公正，我们应该明确说出这一点。他的文章可能既是伟人的又总是非凡的。

塞尔：是的，这是一种非常棒的风格。

麦基：一旦你读过他的一些句子，在你的余生中，它们都会一直留在你的脑海里。

塞尔：永远如此。

麦基：我在这场讨论的引言中提到了这样一个事实，即在最近几年——几十年来，在专业哲学之外，他几乎一直默默无闻——维特根斯坦已经成为我们整个文化中的一个人物，并且是一个具有国际重要性的人物。一个迹象是，他的名字如今在文学期刊的书评中一遍又一遍地出现。或者举一个更实质的例子：他在人类学领域具有重要的学术影响力。你能告诉我们在哲学之外他最有影响力的是什么领域吗？

塞尔：嗯，目前我认为，在哲学以外的领域中，大多数对维特根斯坦的提及实际上都是为了自抬身价。他已经变得时髦，他的名字是一个可以提及的名字。他当然在很多领域都被提到了。我相当确信的一点是，他自己也会觉得自己没有被充分理解。更重要的是——我觉得，我相信他也会觉得——他在哲学上还没有被充分理解。维特根斯坦经常被提及的一些其他领域通常是文学批评和美学。我认为，随着他的著作被当时的一般知识文化吸收，他的观点可能会变得更加有影响力。维特根斯坦在社会科学方面的著作也被大量提及，事实上，他认为他自己就在进行一种人类学研究。有一些书籍阐述了维特根斯坦的著作对政治理论的重要性。总的来说，维特根斯坦在美学和法国人所说的"人的科学"（the sciences of man）方面最具影响力。这也许是自相矛盾的，因为他写了很多关于数学哲学的文章。但无论如何，他的大部分影响并不在数学上。就他在哲学之外的影响力而言，他的影响主要是在文学研究和社会科学领域。

麦基：结构主义者（structuralist）不是声称维特根斯坦是他们的自己人，尽管他们甚至不是哲学家？

塞尔：我认为很有可能后结构主义者而非结构主义者对维特根斯坦的误解最严重。但深入探讨这个问题实际上将需要另一场讨论。

麦基：我必须承认我对此一无所知，所以我们不要再深入探讨了。

我想通过草拟一份平衡表来结束目前的这场讨论。如果你开始评价作为哲学家的维特根斯坦，你认为他主要的优点和缺点是什么？

塞尔：首先，我想谈一些对维特根斯坦著作的负面评价，然后我会以一个更正面的评价来总结。我相信维特根斯坦后期著作中最令人失望的一点是它的反理论特征。维特根斯坦不断地反对这样一种观点，即我们应该为困扰我们的现象，特别是语言现象和心灵现象，寻求一种普遍的理论或普遍的解释。现在，如果某个哲学家对我说，我不能有一个普遍的理论，比如说关于言语行为或意向性的普遍理论，那么我的自然倾向是将其视为一种挑战；我的自然倾向是去证明他是错的。在这两种情况下，我都恰恰尝试这样做；也就是说，我试图给出言语行为和意向性的普遍解释。我认为维特根斯坦说我们无法拥有关于语言如何运作或心灵如何与世界联系的具有哲学启蒙性的普遍理论还为时过早。如果我们不尝试形成和检验普遍理论，我们就不可能知道我们对普遍理论的尝试是否成功。现象的多样性本身不应让我们感到沮丧。想想，例如物理学。如果你想到瀑布、一壶开水和一个溜冰场，那么看起来水的现象是极其多样的。但事实上，我们现在有了一个很好的普遍理论，可以解释水可以采取的所有这些形式和其他形式。现在，我不明白为什么我们不应该在语言哲学或心灵哲学中寻求同样普遍的理论。有时在我看来几乎是这样，维特根斯坦可能无意识地认为，既然他未能在《逻辑哲学论》中得到一个好的普遍理论，那么任何普遍理论必定是不可能的。粗略地说，他似乎在想，如果我的普遍理论是行不通的，那么任何普遍理论都是行不通的。事实上，他的几个弟子对我说，既然我拒绝《哲学研究》的反理论方面，那么不管如何我一定相信《逻辑哲学论》。他们似乎认为这是唯二的两个选择。我想提出的是，还有很多其他选择。

但是他自己早期获得一个令人满意的普遍理论的失败只是他反理论倾向的一个理由。我认为其主要理由是一系列重大错误。我想提及其中两个错误，因为它们对于理解他的语言观和心灵观至关重要。在维特根斯坦的语言哲学中，他试图摆脱这个观点，即表征（representation）在某种程度上是语言的本质，转而支持这样一种观点，即我们应该将语言视为由不同种类的相互传递信号的工具组成的。正如我之前所说，这使他得到了这样的结论：语言使用和语言游戏的多样性是无限的。但如果你仔细观察这些语言的用法，你就会发现表征是几乎所有语言游戏的核心。如果我命令你离开房间，如果我问你是否要离开房间，如果我预测你会离开房间，或者如果我只是表达希望你离开房间，在每种情况下，我都在一个与其他情况不同的语言游戏中做出了一个举动。但请注意，每个单一语言游戏都必须能够表征你离开房间的事态。这个共同的命题内容贯穿于命令、愿望的表达、预测和问题等。现在，一旦你看到命题内容贯穿于几乎所有语言游戏中，那么你也可以看到表征是语言的中心。表征是语言的本质。一旦你看到这一点，你就会发现并不存在无限多的语言使用或无限多的我们用语言做的事，事实上只有有限的数量。

我们拥有的表征方式是数量有限的；我已经尝试对不同类型的言语行为中的各种表征模式如何实际发挥作用给出一个普遍的理论性解释。因此，在语言哲学中，我认为维特根斯坦的反理论倾向是基于一个巨大的错误。它是基于他没有看到表征是几乎每一个类型的语言游戏的中心。

在维特根斯坦的心灵哲学中，我认为也存在一个类似的巨大错误，那就是，他没有看到大脑对于理解心理现象的重要性。维特根斯坦对于大脑几乎没有什么可说的。但他关于精神生活现象的许多说法都是基于对这一事实的忽视，即大脑中的因果过程是任何我们的精神现象的充分条件。因此，举例来说，当他强调希望、恐惧、爱与恨等心理现象是在社会背景下发生的社会现象时，记住这些现象的纯粹心理部分完全是由大脑中的过程产生的也很重要；社会环境只有在对我们的神经系统产生影响的情况下才是重要的。当维特根斯坦告诉我们"'内在过程'需要外在标准"时，我们最好提醒自己，感觉到一种疼痛等内在过程完全是由丘脑和躯体感觉皮层中的神经生理过程引起的。大致地说，内部过程并不需要任何东西。它就是如此。

维特根斯坦对理论的厌恶以及他对哲学应该纯粹是描述性的而不是批判性的坚持，导致他在某些关键领域含糊其词。比如说，想想宗教话语。我相信维特根斯坦本人显然有一种深深的宗教渴望。他没有英美中产阶级对宗教的态度，即认为宗教只是周日早上的某件事情。在他更私人的著作中，他经常提到上帝以及如何与上帝和解的问题。尽管如此，我想大多数认识他的人都会说他是一个无神论者。在某种程度上，当你读到他对上帝的评论时，你几乎会觉得他想两全其美。他想谈论上帝，但仍然做一个无神论者。他希望坚持的一点是，要理解宗教话语，我们需要看到它在人们生活中扮演的角色。这当然是正确的。但是当然，除非你看到宗教话语的指称超越了它本身，否则你不会理解它在人们的生活中扮演的角色。说白了，当普通人祈祷，这是因为他们认为有一位上帝在上面聆听。但是否有上帝在聆听他们的祈祷本身并不是语言游戏的一部分。人们进行宗教语言游戏的原因是他们认为在语言游戏之外还有一些东西可以赋予它意义。如果你认为在语言之外没有任何真正的上帝在聆听你的祈祷，那么如果你还继续祈祷，你一定是一个罕见的宗教知识人。

负面评价就说这么多。让我说一下维特根斯坦著作中我认为令人印象深刻的地方。大多数钦佩维特根斯坦的当代哲学家都会说，他的主要贡献在于语言哲学和心灵哲学。在语言哲学中，他的主要贡献是他对以下观点进行了毁灭性的、我认为是决定性的打击，即词语要么通过代表世界上的对象获得其意义，要么通过与心灵中的某些内省过程相关联获得其意义。此外，他强有力地表达了这个观点，即说一门语言应该被视为人类活动的一种形式，言语也就是行为。他不是唯一强调这一点的哲学家，但他无疑是这样做的最有权威和最有影响力的哲学家之一。这包括对哲学和语言传统的重大突破，我们仍在研究其影响。

同样重要的是他在心灵哲学方面的贡献。他对笛卡尔传统进行了最有效的一个攻击，即他反对生命是由精神部分和身体部分这两个部分组成的观点。但我相信，他对笛卡尔主义的攻击如此有力，正是因为他没有犯大多数反笛卡尔主义者的错误，即如果你拒绝二元论，你就必须拒绝心理现象。大多数反笛卡尔主义者认为，在拒绝二元论时，他们必须接受某种行为主义或某种原始唯物主义。维特根斯坦的心灵哲学通过仔细检查描述心理现象的词语的使用来进行。在他的后期著作中，他用了数百个段落讨论了我们如何使用心理动词，如"意味"（mean）、"知道"（know）、"看到"（see）、"期望"（expect）、"恐惧"（fear）、"怀疑"（doubt）、"希望"（hope）以及许多其他心理动词。他详细地表明，如果你检查这个词汇的"深层语法"，你不会发现两种独立的现象，即精神现象和身体现象。在表层语法中，我们有"心灵"和"身体"或"精神"和"物质"等名词，这看起来好像存在两种包含其中的现象。但对深层语法的检查表明，词汇的使用是如何立足于实际情况的。当我们说"过去两个小时他一直在痛苦地呻吟"等类似的事情时，我们并不觉得我们混合了类别，即身体上的呻吟不应该与精神上的痛苦连接在一起。根据维特根斯坦的观点，如果正确理解我们的日常谈话方式，就不会导致笛卡尔主义。

到目前为止，我认为我说维特根斯坦的主要贡献在于心灵哲学和语言哲学，这可能反映了当前的哲学正统观念。但从我自己的角度来看，维特根斯坦著作中最有力的部分是他在他的最后一本著作《论确定性》（*On Certainty*）中最充分发展的那个部分，尽管这个观点（至少以初步形式）实际上出现在《哲学研究》中。这个观点是这样的。我们在西方哲学中有一个可追溯到柏拉图的悠久的传统，根据这个传统，我们所有有意义的活动都必须是某种内在理论的产物。例如，如果我理解你的行为，那只能是因为我对你和你的行为持有一种（毫无疑问无意识的）内隐理论（implicit theory）；如果我理解一门语言，那只是因为我掌握了该语言的理论。现在很明显的是，这种传统观点中包含了一定的真理。但维特根斯坦指出，对于我们的很多行为来说，我们只是在做这个行为。我们不需要内在的理论也能按照我们实际的行为方式行事。像往常一样，他用非常引人注目且丰富多彩的比喻来描述这种现象。例如，他问我们，松鼠储存坚果过冬是否是因为它们认为自己已经解决了休谟的归纳问题？也就是说，它们是否认为自己有充分的理由假设未来会像过去一样？不，它们只是做这个行为。或者他说，想想你自己，想象一下把你的手放进火里。你不把手伸进火里的原因是你认为你已经反驳了休谟，或者你认为你对其后果有很好的归纳证据吗？同样地，你只是不做这个行为。你不能被拉进火里；这并不是因为你有一种理论，而只是因为你学会了以某种方式行动。维特根斯坦劝我们记住，我们所做的很多事情都应被视为在生物学和文化上原始的事情。我们只是以某些方式行动。我们应该将这些行为方式视为动物的反应。现在，在我自己的著作中，我将我们拥有的这组非理论和非表征的能力称为"背景"（the Background）。在我看来，我们所有的精神生活，无论是有意识的还是无意识的，实际上都是在这些非表征和非理论的心理能力和倾向的背景下进行的。

现在看起来似乎我所赞美的维特根斯坦对一组非理论的背景能力的认可，与我之前所批评的他对发展一种理论的抗拒，是不一致的。但这并不是真的不一致的。我们在现实生活中经常缺乏一种理论这一判断本身就是一种理论性判断。因此，我对维特根斯坦过于抗拒理论的抱怨，不应该与另一个观点相混淆，即他正确地看到，在我们的很多行为中，我们都缺乏一种理论，我们只是行动。

麦基：你是否认为我们还可以通过应用维特根斯坦的观点得到更多的收获，还是你认为维特根斯坦本人几乎已经把它们榨干了？

塞尔：是的，我认为还有很多话可以说。坦白地说，我认为维特根斯坦只触及了表面。对于一名哲学家来说，这是一个非常激动人心的时刻，也许是该学科历史上最激动人心的时刻；这个机遇的出现在很大程度上要归功于维特根斯坦。

但这至少有一些讽刺意味，因为在我看来，维特根斯坦在哲学上还没有被恰当地理解。我认为，如果维特根斯坦已经被哲学传统恰当地理解和吸收，那么许多被当代学院哲学所接受的内容就会被排除在外，会被视为是一个非常深刻的错误。你看，我们说得好像维特根斯坦是一位公认的当代哲学天才一样。在某种程度上，这是真的，但更准确的说法是，他在哲学领域已经不再时髦了。在我看来，所发生的是，维特根斯坦发出了某种低沉的爆炸声，遥远的哲学警报响起，这让人们认为一些非常重要之事正在发生。有一段时间，主要是在 20 世纪 50 年代和 60 年代初，人们对维特根斯坦做出了很多回应。但最近，在我看来，人们已经心安理得地认为他已经得到了妥善处理，他已经被吸收，他们现在可以照常营业了。对此我有两个回答。首先，在我看来，我们还没有真正恰当地理解维特根斯坦。其次，他没有完成这项工作。他才刚刚开始。

译名对照表

Nagel, Thomas 托马斯·内格尔

Napoleon I 拿破仑一世

Nazism 纳粹主义

Newton, Isaac 艾萨克·牛顿

Nietzsche, Friedrich 弗里德里希·尼采

nihilism 虚无主义

Non-Contradiction, Principle of 非矛盾原则

Nussbaum, Martha 玛莎·努斯鲍姆

O

objective realism 客观实在论

Ockham, William of 奥卡姆的威廉

On Certainty 《论确定性》

On Psuche 《论灵魂》

On the Eternity of the World 《论世界的永恒》

ontological argument 本体论论证

Our Knowledge of the External World 《我们关于外间世界的知识》

Ovid 奥维德

P

Parmenides 《巴门尼德篇》

Pascal, Blaise 布莱士·帕斯卡

Passmore, John 约翰·帕斯莫尔

Pastoral Letter of the American Catholic Bishops on Nuclear Weapons and Nuclear Deterrence 《美国天主教主教关于核武器和核威慑的牧师函》

Peano, Giuseppe 朱塞佩·皮亚诺

Peirce, C. S. C. S. 皮尔士

perception 知觉，感知

pessimism 悲观主义

Phaedo 《裴洞篇》

Phaedrus 《斐德若篇》

phenomenology 现象学

Philosophical Investigations 《哲学研究》

philosophy of mind 心灵哲学

Physics 《物理学》

Pirandello, Luigi 路伊吉·皮兰德娄

Plato 柏拉图

Platonism 柏拉图主义

political philosophy 政治哲学

Popper, Karl 卡尔·波普尔

Posterior Analytics 《后分析篇》

post-structuralism 后结构主义

pragmatism 实用主义

Principia Mathematica 《数学原理》

Principle of Non-Contradiction 非矛盾原则

private language 私人语言

Protagoras 《普罗泰戈拉篇》

psychoanalysis 心理分析

Ptolemy 托勒密

Putnam, Hilary 希拉里·普特南

Pythagoras 毕达哥拉斯

Q

Quine, Willard Van Orman 威拉德·冯·奥曼·蒯因

Quinton, Anthony 安东尼·昆顿

R

rationalism 理性主义

realism 实在论

reason 理由

recollection, theory of 回忆说

Reformation 宗教改革

Types, Theory of 类型理论

U

unconscious 无意识

utilitarianism 功效主义

V

Vatican Council, Second 第二次梵蒂冈大
公会议

Vienna Circle 维也纳学派

Voltaire 伏尔泰

W

Wagner, Richard 理查德 · 瓦格纳

Warnock, Geoffrey 杰弗里 · 沃诺克

Whitehead, Alfred North 阿尔弗雷德 · 诺

思 · 怀特海

Wilde, Oscar 奥斯卡 · 土尔德

William of Orange 奥兰治的威廉

Williams, Bernard 伯纳德 · 威廉斯

will to power 权力意志

Wittgenstein, Ludwig 路德维希 · 维特根
斯坦

Wordsworth, William 威廉 · 华兹华斯

Wyclif, John 约翰 · 威克里夫

X

Xenophon 色诺芬

Y

Yeats, William Butler 威廉 · 巴特勒 · 叶
芝